La marcha de los jíbaros
1898-1997:
Cien años de música puertorriqueña
por el mundo

Cristóbal Díaz Ayala

La marcha de los jíbaros
1898-1997:
Cien años de música puertorriqueña
por el mundo

EDITORIAL PLAZA MAYOR

La marcha de los jíbaros
1898-1997: Cien años de música
puertorriqueña por el n:undo

Producción editorial: Mariíta Rivadulla & Associates
Diagramación: Mariíta Rivadulla & Associates
Ilustración de cubierta: Teatro Municipal de Mayagüez
(antiguo Teatro de la Ópera)

© FUNDACION MUSICALIA, INC., 1998
Apartado 190613, San Juan PR 00919-0613
© EDITORIAL PLAZA MAYOR, INC., 1998
Avda. Ponce de León 1527, int.
Barrio El Cinco
Río Piedras, Puerto Rico 00926
ISBN: 1-56328-137-6

Segunda edición, 1999

Impreso en San Juan, Puerto Rico
ESMACO Printers Corp.
Carretera 887 Urb. Ind. Martín González
Carolina, Puerto Rico 00987
Tel. (787) 757-4020

Al pueblo de Puerto Rico,
especialmente a sus músicos…
¡y que siga la marcha!

Índice

Parte IV

Parte V

Parte VI

Parte VII

dos los tiempos, *211*. Los nuestros en Argentina, *215*. En España: la salsa logra vencer la resistencia, *217*. Breve cronología de las actuaciones de salseros y merengueros boricuas en España durante los últimos 15 años, *218*. Que conste en récord, *221*. España pop: Ricky Martin, primer artista pop boricua que triunfa en España, *222*. Surge el fenómeno, *223*. Puertorriqueños en Francia, *224*. Movimiento rumbero, *225*. Que conste en récord, *225*. Boricuas en Italia, *226*. Boricuas en otros rincones del mundo, *226*. Nuestros músicos en Alemania, *228*. Cobran auge la salsa, el jazz afrocubano y el merengue, *229*. Japón acoge a nuestros salseros y jazzistas, *230*. Una plaza difícil para artistas de otros géneros, *232*. Arturo Somohano: otro de nuestros genios, *233*. Fotos, *235*.

Prólogo

El misterio de una portada

Para el año 1874 un grupo de vecinos de Mayagüez, posiblemente gente importante en la comunidad, habían decidido dotar a su ciudad, la tercera del país, con un teatro digno de ella. Con tal motivo, se formó, en 1878, la Sociedad Anónima Teatral de Mayagüez. No fue, sin embargo, hasta 1889, cuando dicho edificio de mampostería quedó terminado.

Se trata, como resulta de la foto original que pudimos conseguir en blanco y negro de dicho edificio, de una construcción de estilo morisco, que tan populares fueron en España a imagen y semejanza de la mezquita de Córdoba o los suntuosos palacios de Granada, con la exquisita mezcla del polícromo azulejo árabe, el laborioso trabajo en la piedra, o los primores en la madera, el suntuoso despliegue del color, en fin, ese sabor sensual a vida que transpira lo arábigo español.

Ese restallar de color bajo el azul turquesa del cielo hizo que, según cuentan los más viejos, los mayagüezanos bautizaran su flamante teatro como "El Bizcochón", quizás curándose en salud de las posibles críticas ante un teatro tan desenfadamente distinto, a diferencia de los más discretos de sus tiempos, como El Tapia, o la elegante severidad de La Perla de Ponce o el Yagüez de la propia ciudad.

Desgraciadamente poco disfrutaron los mayagüezanos de su nuevo teatro, que quedó seriamente afectado por el terremoto de 1917 hasta provocar su eliminación.

Pero extravagante y llamativo, y con su colorido muy tradicional dentro del estilo morisco, El Bizcochón era un elocuente alegato de la cultura hispánica traída a la América y en que lo africano, como parte de la cultura árabe, estaba incluido también.

Sobre todo, fue la demostración inequívoca de la voluntad de una población de mostrar su vocación de vida, de trascender, de distinguirse, de ser.

Por una coincidencia histórica, precisamente en el aciago año de 1898, el gobierno municipal mayagüezano adquirió de sus dueños el teatro has-

La marcha de los jíbaros

ta entonces llamado Teatro de la Ópera, rebautizándolo como Teatro Municipal. Simbólicamente era una reafirmación del pueblo mayagüezano de no abandonar sus tradiciones hispanas, de no perder su cultura.

Así, alegre, airoso, distinto y provocativo, lo vemos en esta cubierta en que, gracias al entusiamo y orientaciones del maestro Rafael Rivera Rosa, de Rubén Malavet, de la Galería Guatibirí, y del trabajo acucioso del laboratorio Tec, de Arlés Pagés y especialmente de su artista, Bob Liston, con la magia de la digitalización computarizada se ha restablecido una idea de cómo pudo ser el bello colorido de este teatro.

Y así nos contempla como contempló ese año de 1898 los avatares sucedidos en la población y el país entero. El teatro era así como la síntesis de una tradición popular que se había ido amasando en cuatro siglos, con concreciones de géneros como la danza, la mazurca, los cantos religiosos, la bomba, los seises y otros con la deliciosa mezcla de elementos africanos e hispánicos concretados ya en lo criollo, distinto a lo peninsular, y desde ya puertorriqueño.

El enigma de un título

Louis Moreau Gottschalk (1829-1869) fue el primer descubridor de la cultura musical caribeña. Hijo de criolla de Nueva Orleans y padre judío, este extraordinario pianista y compositor quedó prendado a mediados del siglo pasado de la riqueza cultural antillana, conviviendo largas temporadas en Cuba, Puerto Rico y otras Antillas. Llamado el padre del nacionalismo musical norteamericano, bien pudo ser el padrino del antillano. Durante 1857 vivió cierto tiempo en Plazuela, cerca de Barceloneta, y seguramente inspirado en alguna *trulla* campesina escribe una obra que titula *Souvenir de Porto Rico* con el subtítulo de *Marche des Gibaros* (Recuerdo de Puerto Rico: La marcha de los jíbaros). Para el resto de su vida en sus continuas giras por América y Europa, este número fue insistentemente usado en su repertorio. El nombre de Puerto Rico, musicalmente hablando, empezó a conocerse, gracias a Gottschalk.

Su melodía principal se inspira en el conocido aguinaldo boricua *Si me dan pasteles* y alguna premonición tuvo el artista al titular este número *Marcha de los jíbaros*, cuando bien pudo sencillamente dejarla en *Recuerdo de Puerto Rico*.

La marcha
de los jíbaros

Porque, efectivamente, a partir de 1898 en adelante, a consecuencia de los cambios políticos y económicos que la ocupación norteamericana produjo, comienza un movimiento poblacional interior del campesinado puertorriqueño, y poco después, un movimiento emigratorio en busca de mejores condiciones de trabajo que lo lleva tan lejos como Hawaii, y tan cerca como Cuba, pero, sobre todo, el destino más frecuentado será los Estados Unidos.

Y parte esencial del equipaje será la música, el cuatro, el pandero, el güícharo. Parece que Gottschalk tuvo la premonición de esa marcha musical, no militar, que llevaría a los boricuas a todos los confines del mundo en la siguiente centuria.

En el sentido de lo criollo, tan jíbaros como estos humildes campesinos lo eran los doctores, literatos y otras clases pudientes puertorriqueñas que antes y después del 1898 habían vivido por más o menos tiempo fuera de su tierra. Así entendemos lo de *jíbaro*, como sinónimo de lo *puertorriqueño*.

Y esa saga de los jíbaros, que han llevado la música puertorriqueña , o el arte interpretativo de los cantantes y músicos puertorriqueños por todo el mundo, dejando una huella, creando una imagen, estableciendo una presencia e influencia permanentes, merece ser contada.

Nuestro itinerario

Siguiendo un orden aproximadamente cronológico, Jorge Martínez Solá, con su capítulo "Comienza la marcha", nos hablará de las primeras figuras boricuas de relevancia internacional, Antonio y Amalia Paoli, con la sorpresa de una revaluación de Amalia, que seguramente causará controversia entre los entendidos; de figuras como Sanromá, con renombre pianístico internacional; y con una lista con más de cien figuras que se han destacado en el campo de la ópera y otras ramas del arte lírico, en que, claro, sobresalen nombres como Justino Díaz, Pablo Elvira, Margarita Castro y otros muchos.

En el siguiente capítulo, "Nuestros músicos en los Estados Unidos", Jorge Javariz nos narra la presencia jíbara, especialmente en Nueva York, hasta 1960, cuando se logra recrear el país recordado, remodelar a

**La marcha
de los jíbaros**

Borinquen a puro golpe de bolero, seis, plena y bomba, cuando los mejores compositores, como Pedro Flores y Rafael Hernández, residen allá. Es un afán vital de mantener, divulgar, para seguir siendo y creyendo, es la música como elemento esencial de la supervivencia cultural.

Seguidamente, en el capítulo "Tras la huella de los músicos puertorriqueños en Cuba", un cubano y una cubana, el Dr. Olavo Alén y Ana Victoria Casanova, nos dan la visión del otro, o sea del país que recibe el mensaje musical boricua. Aquí no se trata de refugio y defensa, como en el capítulo primero, sino de puente y abrazo extendido a un país hermano.

Miguel López Ortiz nos presenta la sección de "Boricuas en Quisqueya", capítulo donde explora nuestra presencia en esta isla antillana, en la que quizás la interrelación fue mayor que con Cuba y México.

En el capítulo siguiente, "Presencia musical de Puerto Rico en México", en que un mexicano, el Ing. Roberto Mac-Swiney, hace lo mismo con la presencia boricua en México. Y allí estarán presentes también figuras como Rafael Hernández y Pedro Flores, verdaderos heraldos de nuestra música, como lo estuvieron en Nueva York y en Cuba.

Elmer González en el siguiente capítulo, "Nuestros músicos en los Estados Unidos: 1960 a 1998", narra otro escenario. Los géneros y movimientos musicales que los boricuas empiezan a crear en esta etapa tienen ya una trascendencia universal, como sucede con la salsa. Ya hay una imagen mundial de Puerto Rico como productor musical importante en el mundo.

Por último, Miguel López Ortiz escribe "Jíbaros por todo el mundo", capítulo que recorre nuestra presencia musical en países como España, Italia, Francia, Alemania, Argentina, Japón, etcétera. Puerto Rico, a partir de los 50, va desarrollando toda la infraestructura del mundo de la música y la industria del espectáculo (sellos disqueros, una pujante red de radio y televisión, teatros, estudios de grabación, etcétera) que le permite lanzar figuras de recorrido mundial, como el grupo Menudo, Tito Puente, Marc Anthony, El Gran Combo, José Feliciano, Ricky Martin, Chayanne y otros. Encontrará el lector jíbaros presentes y sonantes en el mundo entero.

Esperamos que la Bibliografía y la Discografía les ayuden a recrear muchas de las páginas de oro de nuestra música, para lo que sirve de aperitivo el disco compacto que acompaña este libro.

Finalmente, nuestro agradecimiento al Dr. José Ramón de la Torre, Director Ejecutivo del Instituto de Cultura Puertorriqueña quien creyó en

**La marcha
de los jíbaros**

este proyecto. Al propio Instituto; a la Directora de su Archivo, Nelly Cruz; a Marisol Matos Pérez, Asesora Programática; a Arnaldo Vargas, Ayudante Especial del Director Ejecutivo; a los compañeros periodistas de los medios de comunicación, quienes han estado apoyando decisivamente este libro desde el lanzamiento de la idea; a los suministradores de las fotos que recogemos en este ejemplar, quienes, además de los propios escritores, fueron: Javier Santiago, Osvaldo Oganes y el fotógrafo Julio Costoso; a las casas disqueras que colaboraron con sus producciones para nuestro disco compacto; al guitarrista y profesor Luis Enrique Juliá; al pianista Félix Rivera y al técnico de grabaciones Carlos Lazarte, quienes unieros sus desvelos para producir *La marcha de los jíbaros* con que empieza nuestro disco compacto; al profesor Félix Ojeda; a doña Margarita Hernández; al profesor Chali Hernández; a Juanita Meléndez, de la Biblioteca del Conservatorio de Música de Puerto Rico y a Sandra Estada y Gladys Rodríguez de la Oficina de Información y Prensa del CAM, al igual que a José Eugenio Antúnez Astol, al profesor David Pastor Benítez y a Pedro Gómez Pita por su ayuda y colaboración en tareas de investigación y recopilación de datos; y a la pintora Carmen Vázquez, Néstor Murray Irizarry y Humberto Costa, quienes nos ayudaron en la búsqueda del misterioso teatro mayagüezano; también extendemos nuestro agradecimiento al Dr. José Fernández Beceiro, al Ing. José Luis Salinas y a Tony Évora. Los escritores participantes agradecen asimismo la ayuda de las múltiples personas que colaboraron en este empeño.

Cristóbal Díaz Ayala

**La marcha
de los jíbaros**

La marcha comienza: La Música
y los músicos "clásicos" en Puerto Rico
durante el siglo XX

La marcha
de los jíbaros

Jorge E. Martínez Solá

Ha sido profesor de Historia del Arte e Historia de la Ópera del Conservatorio de Música de Puerto Rico, desde 1978. Fue Director del Departamento de Actividades Culturales de la Universidad de Puerto Rico (1968-1975); gerente general de la Orquesta Sinfónica de Puerto Rico (1975-1980) y coordinador del Festival Casals. Se desempeñó como crítico de Música y Teatro del periódico El Nuevo Día, labor que realizó también en el periódico El Mundo y actualmente para The San Juan Star. Fue Director Ejecutivo de la Corporación de Artes Musicales de Puerto Rico durante los años 1985 al 1991.

A partir de entonces, dedica parte de su tiempo a escribir contándose en su haber un libro de historia de la ópera (publicado en 1996), artículos para revistas, así como notas al programa para conciertos y presentaciones. Escribió por encomienda, una historia de los primeros 20 años de la Asociación Pro Orquesta Sinfónica y un folleto sobre la fundación del Conservatorio de Música de Puerto Rico. Es autor de dos piezas teatrales que han sido estrenadas y actualmente labora en el libreto de una ópera, así como en un libro sobre el Puerto Rico de los años 20.

La marcha
de los jíbaros

La marcha comienza: La Música y los músicos "clásicos" en Puerto Rico durante el siglo XX

La afinidad y el gusto de los puertorriqueños hacia y por la música es un hecho innegable. La música llena cada una de nuestras actividades vitales como si colectivamente aborreciéramos el silencio y necesitáramos llenar ese tiempo y espacio con sonidos.

Evidencia de esto es fácil de obtener. Basta mirar a nuestro alrededor: los automóviles con el radio apabullantemente alto, la cacofonía de nuestros edificios multipisos, con música abarrotando las escaleras y pasillos; los jóvenes con radios y caseteras aplastadas contra las orejas, atronando el ambiente a su alrededor; el sonido de las *congas* desgarrando el silencio nocturno; la ruidosa e ineludible algarabía de nuestras campañas políticas, en fin un millón de instancias en las que la música lo inunda todo. ¿Y qué me dicen de la habilidad innata de nuestros jóvenes que, "de oído", tocan piano, guitarra, bajo, trompeta, cuatro, mandolina, clave, panderos y hasta violín? Y también cantan, ¡y cómo cantan! Bellas voces afinadas, con buen ritmo y fraseo, y una habilidad "extraña" para cantar en armonía, o como se dice "hacer la segunda voz" en un conjunto improvisado.

Es fácil concluir que esto siempre ha sido así. Existe prueba documental de que nuestros indios taínos tocaban tambores, maracas y caracolas y cantaban sus areytos. Durante los años de dominación española, las actividades musicales del país fueron, naturalmente, tiñéndose de hispanidad, aunque la fuerte influencia de música y ritmos africanos traídos por los esclavos eclipsó la tradición taína, cada vez más evanescente, y retó a la misma influencia hispana. Ya en los siglos XVIII y XIX, a juzgar por los escritos de nuestro cronista cultural, don Emilio Pasarell, empezó a ser notable una escisión cultural que, por ende, afectó el desarrollo cultural en general y el musical en particular en el país. Por

La marcha de los jíbaros

un lado, el mundo cada vez más burgués de los habitantes de los pueblos y las ciudades, y por el otro, el universo del hombre del campo, bien fuera blanco, libre y de la montaña o negro, esclavo y de las costas.

En los pueblos siempre aparecía algún que otro maestro de música, que si había dinero para ello, también organizaba una banda u orquesta para amenizar los bailes y las actividades públicas y del casino, organismo éste social-cultural que floreció en muchos pueblos a lo largo del siglo XIX, para ser sustituido hoy por los Clubes de Leones y de Rotarios, etc. En el casino se organizaban entonces, además de bailes, fiestas y banquetes, otras diversiones, como los llamados Juegos Florales, que abonaban el gusto popular por la literatura (esencialmente la poesía y el cuento), la música culta (recitales de canto y piano, y algún que otro violín y guitarra) y el teatro (representaciones dramáticas).

Ya en el siglo XIX, se construyeron teatros: La Perla en Ponce, Yagüez y el Teatro Municipal en Mayagüez (foto de portada), Municipal (después Tapia) en San Juan, Calimano en Guayama y otros más, y la vida cultural tuvo un incremento cualitativo con la visita de artistas españoles y también europeos y latinoamericanos y algún que otro norteamericano, algunos de ellos figuras de gran prestigio, como el pianista **Joseph Edelman** y la soprano sueca **Adelina Patti** y algún que otro grupo de zarzuelas u ópera en gira por tierras americanas.

Todo este desarrollo fue dando márgen para el surgimiento de artistas criollos (o jíbaros, si se quiere, dicho esto en el mejor sentido posible).

Encontramos algunos artistas locales notables, ya en las postrimerías del siglo XIX y muchos más en nuestro propio siglo XX. Ése es el fundamento de este capítulo, dar un vistazo al panorama del desarrollo de la música clásica o culta, a lo largo de este siglo XX, que se nos acaba pronto, y presentar algunas de las más importantes figuras de la música clásica en Puerto Rico, que se han proyectado hacia el mundo, abriéndose paso, de igual a igual, con las mayores estrellas europeas, norteamericanas y latinoamericanas.

Planteada, pues, nuestra agenda para este capítulo, pasemos de inmediato a algunas aclaraciones. En primer lugar, utilizamos el término música clásica o culta en su significado antónimo de la música popular que constituye el ámbito del resto de este libro. En segundo lugar hay innumerables artistas puertorriqueños que han dado lustre y honra al país, pero es totalmente imposible mencionarlos a todos. Por lo tanto, nos he-

**La marcha
de los jíbaros**

mos limitado a destacar artistas que en sus carreras respectivas han acumulados logros, a nuestro entender, significativos, labrándose un nicho en el panteón de los músicos puertorriqueños ilustres. Toda enumeración, por amplia que sea, siempre resulta excluyente. Por lo tanto, desde ahora, pido disculpas a cualquier artista que haya sido excluído inadvertidamente de esta crónica, que nunca pretendió ser exhaustiva ni definitiva en modo alguno.

Para efectos de este capítulo hemos dividido el quehacer artístico musical en diversas categorías, expuestas aquí sin ningún orden particular o preferencial.

Vamos a comenzar con los cantantes líricos. Continuaremos luego con los músicos instrumentistas en el siguiente orden: guitarristas, músicos de cuerdas, de metales y percusión, familias musicales, directores de orquestas y coros y pianistas.

De paso mencionaremos algunos organismos e iniciativas que han operado en diversos momentos del siglo, en beneficio y apoyo de las actividades musicales del país.

El mundo de las voces líricas

Empezamos con esta categoría porque estamos convencidos de que es la que más gloria y honor le ha traído a Puerto Rico en el mundo internacional de la música clásica, quizás por ello es que le hemos dedicado tanto espacio y esfuerzo.

Hemos decidido destacar, por razones de espacio, sólo una decena de cantantes operísticos puertorriqueños, a nuestro entender, aquellos cuyas carreras han trascendido, por mucho, los límites del país. Mas nuestros buenos cantantes son mucho más de una decena ciertamente. Al iniciar la recopilación de datos para este escrito, hicimos una lista rápida y, sin mucho esfuerzo, anotamos 65 nombres de cantantes de estas últimas generaciones que todavía están activos. Luego profundizamos más, con la ayuda de varios amigos, especialmente el profesor David Pastor Benítez y la lista creció hasta alcanzar la cantidad de 165 nombres. Es increíble que un país tan pequeño en territorio, sea tan grande en talento y produzca tantos y tan buenos cantantes. Pues bien, empecemos.

**La marcha
de los jíbaros**

Doña Amalia Paoli y Marcano, soprano (1861-1942)

En estricto orden cronológico, la primera gran figura del canto del siglo XX en Puerto Rico no fue, como todos creen, don **Antonio Paoli y Marcano** (1871-1946), sino su hermana **Amalia Paoli y Marcano**. La fama del tenor opacó en gran medida la gloria de su hermana doña Amalia, quien no sólo era 10 años mayor que aquél, sino que se le adelantó y prosiguió una exitosa carrera de cantante de *ópera* y *zarzuela*, dentro y fuera de la Isla y laboró como maestra de canto, primero que su hermano, y con tanto honor y gloria como él, a quien luego precedió en la muerte por sólo 3 años.

Debió ser lo que se denomina una soprano lírica "spinto", o sea de bello tono agudo pero con un color oscuro y sólido que le permitiría más tarde acometer roles más pesados. No sabemos mucho de su educación vocal, aparte de estudiar con varios maestros de música en Ponce y en España. Tal parece que su voz era bastante natural. Era tan buena cantante y tan valiente que debutó en 1890, a los 19 años, cantando "Marina" en el teatro La Perla de Ponce.

Tras marcharse a Madrid en 1885 con sus hermanos, debutó en el Teatro Real de Madrid, el 23 de febrero de 1891, cantando *Aida*, de Verdi, en un personaje que usualmente lo cantan sopranos mucho más experimentadas. Su debut había sido pospuesto por un año, por la muerte inesperada del tenor Gayarre, con quien iba a cantar, interpretando a "Margarita" en *Mefistófele*, de Boito, en 1890. Amalia cantó por dos temporadas más en el Real de Madrid, y luego, en 1894 se fue a Milán donde debutó en 1895 cantando "Leonora" de *La Favorita*, de Donizetti. Es un personaje que usualmente lo cantan mezzo sopranos. Esto nos da una idea de la flexibilidad de su voz y de la amplitud de su registro vocal. Cantó en Castel Franco y otras ciudades de Italia y luego regresó a España donde cantó *Mefistófele* en Valencia y luego en *Los Hugonotes*, de Meyerbeer y la "Elsa" de *Lohengrin*, de Wagner, en Valladolid. Regresa a Italia y canta *Mignon*, en un papel de soprano de coloratora, en Florencia y Venecia y luego canta *Carmen*, (una mezzo) en Bologna junto a *La Favorita* y "Santuzza" de *Cavalleria Rusticana*.

En 1899, su hermano **Antonio Paoli** debutó en París, cantando *Guillermo Tell*, de Rossini, e inicia su propia y brillante carrera. Amalia

La marcha de los jíbaros

continúa cantando por Europa y los caminos de ambos hermanos se cruzan en 1908, en el pueblo de Bagnacavallo, cerca de Roma. Allí cantan juntos una *ópera* completa, por primera y posiblemente única vez. Ella fue la "Elsa" de su **Lohengrin**, de Wagner. La lista de cantantes que compartieron el escenario con Amalia incluye las principales voces de su época.

Doña Amalia, quien nunca se casó, se retiró de los escenarios en 1922 tras una brillante carrera que había durado más de 30 años. Regresó a Puerto Rico y fundó una academia de música y canto, a la que luego se le unió su hermano.

Por todo lo anterior, es que proclamamos a doña Amalia Paoli la primera "gran diva puertorriqueña". Esta increíble e indómita mujer debutó en 1929, a los 68 años, como comediante teatral en el teatro Tapia.

En sus últimos años pasó grandes estrecheces y penurias económicas, hasta que el gobierno de Puerto Rico le aprobó una modesta pensión vitalicia de $100 mensuales. Falleció en Ponce, el 30 de agosto de 1942.

Don Antonio Paoli y Marcano, tenor (1871-1946)

No vamos a ahondar mucho en los detalles de la brillante carrera artística de don **Antonio Paoli y Marcano**, pues sobre él hay abundante información disponible. Se han publicado muchos artículos de periódico y, más aún, acaba de ser publicada una extensa y exhaustiva biografía suya, escrita por el distinguido e incansable investigador don Jesús M. López y publicada bajo el título de *Antonio Paoli, el león de Ponce*.

En ese enjundioso volumen, el lector encontrará todo tipo de información y datos sobre don Antonio, inclusive la razón para su designación de "rey de los tenores y tenor de los reyes".

Como si esto fuera poco, existe en Ponce, en la calle Mayor número 14, la Casa Museo Paoli y, en el segundo piso del teatro Tapia, una Sala Paoli dedicada a su memoria. El Instituto de Cultura Puertorriqueña editó un disco de arias de *ópera* grabadas por don Antonio en los años veinte, cuando competía con **Enrico Caruso** por la atención del público.

Hasta cierto punto, las carreras respectivas de Caruso y Paoli fueron bastante paralelas. Ambos cantaron por el mundo entero y ganaron mu-

**La marcha
de los jíbaros**

chísimo dinero. Paoli, por su parte, fue el primer cantante seleccionado para grabar una *ópera* completa en discos de 78 rpm. Fue *I Pagliacci*. Paoli era un tenor dramático absoluto, con fuerza y expresión vocal impresionante. Su papel principal fue *Otello*, de Verdi que cantó en 575 ocasiones por el mundo entero.

A su retiro, regresó a Puerto Rico y se dedicó a enseñar canto, creando escuela y tradición que más tarde varios de sus alumnos se encargaron de trasmitir. Los últimos años de su vida, reconociendo y anticipando la necesidad real de tener un centro avanzado de estudios musicales en la isla, para encauzar esa enorme cantidad de talento y aptitud musical que alberga este país, ofreció recitales y conciertos e hizo numerosos discursos y presentaciones públicas, abogando por la fundación de un conservatorio. Murió el 24 de agosto de 1946, víctima de cáncer, en San Juan. Fue enterrado en Isla Verde.

Sus prédicas por un conservatorio no fructificaron totalmente, excepto que tras su muerte se crearon las Escuelas Libres de Música, por ley impulsada y defendida por don Ernesto Ramos Antonini, miembro a su vez, de una distinguida familia musical que incluyó a don Heraclio Ramos y a don Juan Inés Ramos.

Graciela Rivera y Padilla, soprano (1921-)

Nació en Ponce pero pronto su familia se mudó a Cataño y luego a San Juan. Surgió a la luz pública como cantante aficionada, en los años entre 1937 y 1940, en las producciones que organizaba el profesor Dwight W. Hiestand, en la Escuela Superior Central. Ella apenas tenía 17 años y cantó *La Flauta Mágica*, *Aida*, *Il Trovatore* y *Lucía di Lamermoor*, y la *opereta* inglesa *H.M.S. Pinafore*, de Gilbert y Sullivan.

Luego se fue a estudiar a la Escuela Juilliard de Nueva York y tras graduarse, inició su carrera operística que la llevó por todos los Estados Unidos, Canadá, Europa, Centro y Sur América.

Graciela fue la primera cantante puertorriqueña en cantar en el Metropolitan Opera House. Su debut allí fue el 4 de febrero de 1951, cantando *Lucia di Lamermoor*. Revalidó su éxito en una segunda función que cantó el 15 de abril del mismo año.

La marcha de los jíbaros

Graciela cantó *Lucia* en San Juan, en la Segunda Temporada de Ópera, que se ofreció en el Teatro de la Universidad de Puerto Rico (UPR), en 1955, auspiciada por don Angel Ramos y las Empresas El Mundo. El año siguiente, 1956, cantó "Rosina" del *El Barbero de Sevilla* y "Gilda" de *Rigoletto*.

En 1953 se celebró un concurso de talento musical, bajo el título de Oro Nativo (una marca de ron local) en el Teatro de UPR. Graciela, junto a otros, organizó el concurso que ganó la joven cellista humacaeña **Marta Montañez**. Marta usó la beca obtenida para ir a Prades a estudiar con don **Pablo Casals**, iniciándose una concatenación de eventos que llevaron a la fundación del Festival Casals de Puerto Rico en 1957 y luego a la fundación de la Orquesta Sinfónica de Puerto Rico, en 1958, y del Conservatorio de Música en 1960. Graciela cantó en el Festival Casals de 1960.

Tras 20 años de carrera como cantante, Graciela se dedicó a la crianza de sus hijos, Virginia, nacida en 1960 y Joseph, en 1962.

Fue entonces que se mudó a Nueva York y se unió a la facultad del Hostos Community College donde dictó cátedra de Historia de la música puertorriqueña hasta hace sólo unos años. Vive en San Juan y todavía canta ocasionalmente en actividades religiosas y benéficas.

Justino Díaz Villarini, bajo y barítono (1940-)

Es, hoy por hoy, nuestro más importante y destacado cantante lírico de envergadura internacional. Sus logros comparan y hasta superan los obtenidos por el propio Paoli. Claro está, este es otro mundo artístico muy distinto que aquél de principios de siglo.

Aun así, la carrera de **Justino Díaz Villarini** es esplendorosa. Estudió en el Conservatorio de Música de Nueva Inglaterra, en Boston. Debutó en el Met de Nueva York en 1963 como bajo, cantando "Sparafucile", en *Rigoletto*, de Verdi. Inauguró el Nuevo Met, en Lincoln Center, cantando "Anthony", de la *ópera Anthony and Cleopatra*, de Samuel Barber. También inauguró el Kennedy Center de Washington, cantando el personaje de "Cenci" en la ópera *Beatriz Cenci*, del argentino Alberto Ginastera. Inauguró la Sala Paoli del Centro de Bellas Artes de Puerto Rico en un

**La marcha
de los jíbaros**

concierto en 1981 y el Centro de Bellas Artes Alejandro Cruz de Guaynabo, hace unos años.

Justino ha cantado regularmente y en numerosas ocasiones en todos los más grandes teatros de ópera del mundo: en Viena, Londres, París, Barcelona, Milán, Berlín, Salzburgo, Roma, Nápoles, Munich, Madrid, Tokio, Sidney, Canadá y en los Estados Unidos en general. Ha hecho, en cine, *Carmen* para *Herbert von Karajan* e "Iago" en el *Otello*, de Franco Zefirelli, junto a **Plácido Domingo**. Aquí en San Juan ha cantado casi todo su repertorio y es amado y respetado por sus compatriotas.

Recientemente, tras más de 25 años de cantar como bajo-barítono, ha cambiado su registro vocal y ahora canta exclusivamente como barítono con igual sino mayor efectividad. Es un excelentísimo actor. Su personificación del "Barón Scarpia" es una de las mejores del mundo, al igual que su "Iago". Recientemente ha comenzado a enseñar canto y ofrecer clases magistrales en el Conservatorio de Música de Puerto Rico para compartir sus experiencias y conocimientos con los estudiantes puertorriqueños.

Pablo Elvira, barítono (c. 1945-)

Pablito, como todos sus muchos amigos le llaman afectuosamente, inició su carrera musical como trompetista de música popular en la orquesta de su padre. Llegó al canto un poco tarde, pues tras graduarse de la Escuela Libre de Música, no se había percatado de que poseía una voz natural de barítono con posibilidades operísticas. Primero estudió canto privadamente y tras debutar, en 1966, cantando y grabando el oratorio *El Pessebre*, de Casals, fue finalista en las audiciones del Metropolitan Opera en Nueva York.

Extrañamente en ese momento no se dedicó a cantar sino a enseñar canto y se unió a la facultad de la Escuela de Música de la Universidad de Indiana, en Bloomington donde permaneció por ocho años, yéndose ocasionalmente a cantar en Alemania. En 1974 obtuvo un contrato como barítono residente de la New York City Opera Company donde permaneció por cuatro temporadas con gran distinción y cantando como artista invitado con otras compañías de *ópera*. En 1978, debutó oficialmente en el Met de Nueva York, cantando Tonio en *I Pagliacci*. Desde entonces ha

La marcha
de los jíbaros

cantado en Europa, África y por todos los Estados Unidos. Tiene dos videos de *ópera* del Met en el mercado internacional: **Manon Lescaut** junto a **Renata Scotto** y **Plácido Domingo** y *Lucia*, junto a **Alfredo Kraus** y **Joan Sutherland**. Organizó y dirige una compañía de *ópera* en Bozeman, Montana, donde reside.

Margarita Castro-Alberty, soprano (c. 1960-)

Oriunda de San Sebastián del Pepino, Margie se radicó en San Juan y estudió en la Escuela Libre de Música. La comunidad operística tomó conciencia de la existencia de Margie cuando ganó las audiciones locales del Met de 1976. Anteriormente cantaba música popular como pasatiempo. Ganó también en las finales de Nueva York y obtuvo una beca para estudios avanzados. Eventualmente ingresó en la Escuela Juilliard de Nueva York, graduándose en 1980. Aquí debutó cantando "Amelia" de **Un Ballo in Maschera**, en la primera producción ofrecida por la recién estrenada compañía Teatro de la Ópera, Inc.

Margie debutó oficialmente en el Met como "Donna Anna", en **Don Giovanni**, de Mozart. Más tarde debutó en París con tal éxito, que los críticos la proclamaron "la nueva Callas". En 1982 recibió el Grand Prix d'Opera de Francia, así como becas y premios de la Fundación Rockefeller y otras organizaciones similares. Ha cantado en prácticamente todos los principales teatros de *ópera* de Europa y Centro y Sur América, canta con alguna regularidad en Puerto Rico. Vive permanentemente en París.

Antonio Barasorda Barceló, tenor (c. 1965-)

"Toño" estudió aquí y en Nueva York y comenzó como tenor lírico ligero cantando roles mozartianos y rossinianos. Su carrera se ha desarrollado lenta, pero a paso firme y poco a poco ha ido acumulando créditos y logros que demuestran un talento envidiable. Su voz ha madurado y ahora acomete con firmeza roles veristas y de tenor "spinto" tales como

La marcha de los jíbaros

"Calaf" en *Turandot*, "Cavaradossi" en *Tosca* y "Tonio" en *I Pagliacci*. Ha cantado regularmente en el Met y en la New York City Opera y en Canadá, así como en Centro y Sur América y Europa.

"Toño" ha sido el inspirador y director artístico de Teatro de la Ópera, Inc., aquí en San Juan, pero cuando su carrera tomó vuelo, cedió el cargo a otros y se dedicó a cantar. Viaja constantemente para cumplir compromisos artísticos. Hace unos años grabó un CD de canciones y *boleros* populares y ha logrado éxito en ese tipo de repertorio, haciendo lo que hoy se denomina un *cross over*.

César Hernández, tenor (c.1970-)

César Hernández, estudió en el Conservatorio de Música y luego en Juilliard con la ayuda de un grupo de mecenas del arte lírico denominado "Amigos de Cantantes Jóvenes" que liderea el profesor David Pastor. Debutó formalmente en *ópera* cantando "Rodolfo" de *La Boheme*, en la Ópera de Nueva Jersey, en 1989.

Mucho antes de eso, cuando todavía estudiaba en el conservatorio de aquí, César debutó espectacularmente como solista con la Orquesta Sinfónica de Puerto Rico. La anécdota es muy simpática.

El Maestro **Odón Alonso**, titular de la Sinfónica, sabiendo del gusto y aprecio por la *zarzuela*, que hay aquí en la isla, decidió hacer en el Teatro de la Universidad de Puerto Rico, a fines de diciembre de 1986, un concierto especial de arias, duos y conjuntos zarzuelísticos.

Trajo de España un grupo de experimentados cantantes del género y, para completar los conjuntos, audicionó y reclutó jóvenes cantantes "del patio". Entre ellos entró César, quien le cantó al Maestro la única romanza que sabía: *Por el humo se sabe donde está el fuego...*, de *Doña Francisquita*, de Amadeo Vives.

Esa aria tan hermosa y exigente, le correspondía al tenor invitado en el concierto; César sólo estaba programado para cantar en dos o tres conjuntos como segundo tenor, por su condición de estudiante. Pero en medio del concierto, el tenor invitado enmudeció, quizás víctima del abrupto cambio de clima del frío seco de la meseta castellana, al calor húmedo del invierno tropical. Durante el intermedio, el Maestro Alonso le pre-

La marcha de los jíbaros

guntó a César si él se atrevía a cantar el aria, sin haberla ensayado con la orquesta. César aceptó, y tras el Maestro explicarle al público lo que había ocurrido, cantó el aria espectacularmente, con el apoyo cuidadoso del Maestro Alonso y de la orquesta. El teatro "se vino abajo" en aplausos y vítores y desde ese día todos supieron quién era César Hernández.

Entre los logros más impresionantes de César, se encuentra su participación, en 1991, en el Festival de Spoleto en Italia. Personalmente escogido por Gian Carlo Menotti para el reestreno de su *ópera* **Goya**, revisada tras su primer estreno por Plácido Domingo en el Kennedy Center de Washington, D.C. La grabación en CD de esta producción revisada es un documento histórico y también un logro personal de nuestro tenor. En 1992, César fue escogido por Pavarotti para intervenir en un concierto de "Pavarotti and Friends" de la serie "Live from Lincoln Center".

Desde entonces, la carrera de César ha ido de logro en logro y de éxito en éxito. Todavía va a dar mucho que hablar César pues para todos los efectos, aún puede cantar por quince o veinte años más, si se cuida y no hace disparates.

Carlos Conde, bajo barítono (c. 1970-)

Carlos Conde se inició en el Conservatorio de Música de Puerto Rico y luego se fue a Nueva York a estudiar en Juilliard. Buenas oportunidades le han ido abriendo puertas y su carrera internacional ya está lanzada. En 1995 ganó la competencia de la Fundación Sullivan y fue finalista de las audiciones del Met. En 1989 había ganado el primer premio del Concurso de Ópera de Palm Beach, Florida. Ha cantado en Israel y en Bélgica.

También su carrera merece atención pues es obvio que llegará lejos. Tiene más de 20 *óperas* diferentes en su repertorio.

Ana María Martínez-Colón soprano lírica (c. 1975-)

Ana María Martínez-Colón nació en San Juan y es la hija de la soprano puertorriqueña **Evangelina "Vangie" Colón**. Ganó las audiciones

La marcha
de los jíbaros

del Met en 1993 y luego en 1994, obtuvo el primer premio de la competencia Eleanor McCallum, del Houston Grand Opera. También ha ganado el Gluck Fellowship del National Endowment for the Arts y, más importante aún, en 1994, también fue ganadora del Premio Pepita Embil que otorgó **Plácido Domingo** como la mejor cantante latina del Concurso Internacional Operalia de ese año. Esto le ha significado convertirse en protegida de Domingo y cantar con él, o por recomendación suya, en importantes eventos operísticos a nivel internacional. Ha debutado en Houston y en París y en un par de años su carrera debe estar consolidada. Actualmente es una cantante muy solicitada. Les recomiendo que sigan con detenimiento la carrera de esta cantante que tiene toda una vida artística por delante.

Con este nombre completamos la decena. Se nos quedan muchos nombres en el tintero. Veamos algunos más, someramente:

El tenor **Eduardo Fernández Valdés** que ya canta regularmente en el Met. **Edgardo Zayas**, tenor lírico, que estudió en San Juan y en Viena y estuvo cantando por toda Austria, con una compañía de *ópera* austriaca, *óperas* de Mozart. **Puli Toro**, mezzo, ahora dedicada a la enseñanza, Puli fue por años, miembro estable del elenco del New York City Opera. **Ilca López**, mezzo, directora del Departamento de Canto del Conservatorio de Música de P.R. Ilca estuvo en el elenco estable del Teatro Colón de Buenos Aires y luego hizo carrera en Europa. **Noel Ramírez**, bajo, y su esposa **Teresa Pérez-Frangie**, soprano, cantaron por varias temporadas en el elenco estable de la Ópera del Estado de Viena. **Alejandro Vázquez**, barítono y luego tenor, cantó por más de diez años con la Compañía de la Ópera de Colonia, Alemania. **Marta Márquez**, soprano, la hija de **María Esther Robles**, ha estado cantando en Dusseldorf, Alemania por más de 10 años y ha cantado en varios países del este de Europa y en el Festival de Spoleto, **Elaine Arandes**, radicada en Alemania, al igual que lo está **Melba Ramos**, soprano, y lo estuvieron, el barítono **Oscar García de Gracia** y el tenor **Johnny Soto**. **Guillermo Silva Marín**, tenor, fundador y director de una compañía de *ópera* en Toronto, Canadá. **Gloria Vargas**, soprano que se ha destacado en Caracas y otras ciudades suramericanas. **Migdalia Batiz**, soprano que ha cantado en Nueva York y Miami y otros lugares del Caribe. **Eva de la O**, soprano, incansable promotora de los artistas puertorriqueños en Nueva York, donde ha cantado *ópera* e inclusive realizó un importante recital en Salzburgo hace un

**La marcha
de los jíbaros**

par de años. **Camelia Ortiz del Rivero de Roig**, soprano, pionera del movimiento de ópera aquí en los años 60. **Luisita Rodríguez**, especialista en canción de arte que cantó en el Festival de Santiago de Compostela en España. El barítono **Angelo Cruz Andino**, que cantó extensamente en Nueva York, Nueva Jersey y Baltimore y ha ayudado y respaldado a muchos otros jóvenes cantantes. El barítono **Pedro Gómez** que aunque no nació en Puerto Rico, ha luchado y triunfado aquí, y muchos otros más, del pasado, presente y futuro, que garantizan no sólo la llegada al milenio, sino el inicio de un nuevo siglo con cumbres que escalar y logros que alcanzar.

El mundo de los instrumentalistas

Los guitarristas

Contrario a lo que muchos podrían pensar, Puerto Rico se distingue internacionalmente entre los amantes e intérpretes de la guitarra clásica acústica a nivel mundial. No sólo se toca buena guitarra, sino que ésta se estudia y se perfecciona constantemente. Anualmente visitan la isla excelentes maestros de guitarra y también se celebran certámenes y festivales de guitarra.

Tenemos muchos excelentes guitarristas y compositores de música para guitarra. Se practican, exitosamente, varios estilos o escuelas de tocar: la española, la francesa e inclusive hay intérpretes del estilo italiano. Estas diferenciaciones estilísticas no significan gran cosa para el oyente promedio, pues se refieren a elementos y matices interpretativos y al repertorio.

Es claro que si hay una "buena guitarra" es porque hay buenos maestros del instrumento. El Departamento de Guitarra del Conservatorio de Música de Puerto Rico y el Departamento de Música de la Facultad de Humanidades de la UPR, Recinto de Río Piedras, poseen excelentes profesores y producen estupendos y entusiastas músicos. Muchos de nuestros guitarristas, tanto profesores como estudiantes, se han distinguido dentro y fuera de la isla. Mencionemos algunos nombres que, seguramente, les resultan familiares.

La marcha
de los jíbaros

Leonardo Egúrbida, estudió en España y ha tocado en Nueva York, Washington, D.C., y otras ciudades de Estados Unidos. Enseña guitarra en el Conservatorio. **José Rodríguez Alvira**, enseña y compone para guitarra. También ha ofrecido recitales fuera de Puerto Rico. **Juan Sorroche** es profesor en la UPR. Estudió en París y ha viajado extensamente por el Caribe y Centro y Sur América ofreciendo conciertos. **Ernesto Cordero**, estudió en Italia y ha compuesto y publicado obras para guitarra que se han interpretado a nivel mundial por las más importantes figuras de la guitarra actual. El Lcdo. **Federico Cordero**, presidente y fundador de la Sociedad de la Guitarra de Puerto Rico, ha viajado extensamente también, ofreciendo conciertos y conferencias aquí y en los Estados Unidos y ha sido productor de programas radiales y de televisión que han sido importantes en la difusión y aprecio del instrumento. Luis Manuel Álvarez, intérprete, compositor y estudioso del aspecto etnomusicológico de la guitarra, en el área del Caribe. **Luis Enrique Juliá**, admirado intérprete y explorador del uso de la guitarra en el teatro. **Manuel Gayol** y **Jorge Rubiano** (colombiano), cuasi legendarios maestros y descubridores de talento a nivel popular.

Es tan considerable el número de excelentes guitarristas puertorriqueños, que es imposible nombrarlos, sin riesgo de hacer parecer este capítulo como una guía de teléfonos. Sin embargo, hay uno que debemos destacar por su enorme talento, dominio técnico y reconocida habilidad; un joven sencillo, de origen humilde, que poco a poco ha ido acumulando premios internacionales. Se trata de **Ivan Rijos**, quien en un año (1994), ganó 5 premios en concursos a nivel internacional. Por tres años seguidos ganó el Concurso de Guitarra de la Casa de España. Le pidieron que se abstuviera de competir y lo nombraron parte del jurado. Ha ganado concursos en España, Italia, Estados Unidos y Europa en general. Ha viajado extensamente por Latinoamérica y Estados Unidos, ofreciendo recitales y conciertos con orquestas sinfónicas. Ha sido profesor de guitarra en el Conservatorio de Nueva Inglaterra y ha tocado en Carnegie Hall y otras salas de concierto de Nueva York y apenas tiene 30 años. También compone y está trabajando en un CD que promete ser espectacular. Ha sido solista con la Sinfónica de Puerto Rico en varias ocasiones. Recientemente salió a la luz un CD suyo tocando el Concierto Antillano de Ernesto Cordero.

La siguiente anécdota es indicativa de su enorme talento. En 1987, Iván solicitó, y fue admitido, en las clases magistrales que ofrecía el maes-

**La marcha
de los jíbaros**

tro **Andrés Segovia**, en Nueva York. Cuando le tocó y subió al escenario, el Maestro, tras escucharlo unos minutos, lo detuvo y le preguntó de dónde venía y cómo era posible que nunca lo hubiese escuchado antes. Allí mismo, lo invitó para que participara en un concierto que se ofrecía unos días después en Carnegie Hall en honor de Segovia donde participarían varios de los más grandes guitarristas del mundo.

Las cuerdas

Un factor determinante en el auge y existencia de una tradición de músicos en general, y violinistas e instrumentistas de cuerdas en particular en Puerto Rico, ha sido el fenómeno fascinante de la presencia en la isla de una serie de familias de músicos, algunas más conocidas que otras, pero que incluyen, en primer lugar, la familia **Figueroa-Sanabria** y luego los **Hutchinson-Negrón**; los **Peña** de Humacao, los **Moriá** y los **Madera**, de San Juan y los **Ramos**, de Arecibo, que señalamos antes y más recientemente los **Morales Matos** de Cayey.

Estas familias pueden servir de ejemplo al resto de la comunidad, de que la música es y puede ser una profesión digna y productiva. Se preocuparon en prepararse muy bien musicalmente y luego han sido maestros y divulgadores de las virtudes de sus respectivos instrumentos a varias generaciones de jóvenes puertorriqueños.

No se puede hablar de violín en la isla sin mencionar de inmediato al hombre que lo identifica, quizás el músico más conocido en todo Puerto Rico, **José (Pepito) Figueroa**. Concertino de nuestra Orquesta Sinfónica por más de 30 años es el patriarca actual del clan **Figueroa**. Ha sido maestro de violín de varias generaciones de jóvenes y ejemplo de sencillez y humildad. Nunca se le ha oído alzar la voz o hablar mal de nadie.

Una vez le pregunté cuántos días corridos había estado sin tocar el violín y me confesó que en una ocasión se fue de vacaciones, pero se llevó el violín claro está, y aunque trató de olvidarlo, a los tres días, "no pude más y practiqué por cuatro horas". Piensen ustedes que Pepito empezó a tocar violín a la edad de 5 años y ahora ronda los 90 años. A los 17 ya era famoso en todo Puerto Rico.

Durante los años 50, salió al mercado mundial un violín *Stradivarius*. Hecho que no es frecuente, pues sus dueños suelen atesorarlos o legarlos

**La marcha
de los jíbaros**

en sus testamentos. El periódico El Mundo organizó una campaña de recaudación de fondos para adquirir ese violín y entregárselo a Pepito. A través de donativos de niños y jóvenes estudiantes de escuelas elementales, intermedias y superiores, a nivel de toda la isla, se recaudó, vellón a vellón y chavito a chavito, el dinero que luego don Angel Ramos completó, y Pepito tuvo su violín. Todavía lo toca y lo guarda celosamente.

Además de Pepito, el otro violinista importante de la familia Figueroa ha sido **Jaime**, a quien llaman "Kachiro", también maestro distinguido y figura importante en el Programa de Cuerdas para Niños del Conservatorio de Música de Puerto Rico. Es inevitable que haya quien pretenda comparar a Pepito, su estilo y sonido, con "Kachiro". Nunca, que yo sepa, ha habido comunidad de criterios sobre quién es el mejor de los dos.

El más versátil es **Guillermo Figueroa**, que toca violín o viola por igual y además puede tocar con notable eficiencia el piano, contrabajo, acordeón y algunos otros instrumentos de viento. Es un excelente arreglista y orquestador y por años dirigió la Orquesta de la Escuela Libre de Música de San Juan.

El más tímido y callado de todos fue **Rafael Figueroa**, el cellista, ya fallecido, también maestro de la Escuela Libre de Música. Los cuatro (Pepito, Kachiro, Guillermo y Rafael) junto a **Narciso**, el pianista y compositor del grupo, han compuesto por varias décadas el famoso **Quinteto Figueroa**, que prácticamente le ha dado la vuelta al mundo como quinteto oficial del pueblo de Puerto Rico, tocando innumerables conciertos en los lugares más diversos del mundo, a manera de embajadores musicales de Puerto Rico.

Las otras figuras importantes del violín aquí han sido, primero **Henry Hutchinson** (padre) y luego su hijo **Henry Hutchinson-Negrón**. Ambos han estado en la Sinfónica por años y de hecho Henry (hijo) tomó el cargo de concertino o primer violín tras la jubilación de Pepito Figueroa.

De las manos de Pepito, Kachiro, Henry (padre) y Henry (hijo), han surgido muchos jóvenes que luego prosiguieron estudios superiores fuera del país. Algunos de ellos se han convertido en solistas o concertistas y otros han optado por ingresar en el elenco permanente de importantes orquestas.

Este es el caso de **Narciso Figueroa**, violín, hijo de Kachiro, que toca en la Orquesta del Metropolitan Opera House. **Rafael Figueroa**, cellista,

**La marcha
de los jíbaros**

también hijo de Kachiro, fue finalista en el Concurso de Cello Tchaikowsky, de Moscú y Profesor Invitado de la Escuela de Música de la Universidad de Indiana, en Bloomington. Ahora persigue una carrera de solista con orquestas sinfónicas a través de los Estados Unidos. "Rafaelito" es un cellista de reconocido prestigio mundial.

También es imprescindible mencionar a **Guillermo Figueroa** (hijo), violinista y ahora también director de orquesta. La carrera de "Guillermito" ha sido siempre ascendente y distinguida. El hecho de haber pertenecido a una orquesta de cuerdas muy famosa llamada Orpheus, lo ubica dentro de la élite de las cuerdas, en los Estados Unidos.

Además del los mencionados, existen otros violinistas puertorrique-ños de gran prestigio, entre los que se encuentran **José Madera**, cuyo padre fue violista de la Sinfónica. Es concertino de una orquesta impor-tante en Suiza tras haber sido concertino en la Sinfónica de Bogotá por muchos años. **Wilfredo Degláns**, es concertino de la Orquesta Sinfónica de Buffalo, Nueva York. De **José Cueto**, lo último que supe es que estaba tocando con la Sinfónica de Baltimore. **Christian Colberg**, también con la Orquesta de Baltimore, persigue además una carrera de concertista en un dúo de violín y guitarra por Europa, durante los veranos. Otros violi-nistas que ahora se están abriendo paso son: **Omar Falcón** e **Inoel Jirau**, así como el asistente de concertino de la Sinfónica **Omar Velázquez**, joven músico con un enorme potencial.

En el contrabajo se ha distinguido **José David Torres**, quien repre-sentó a Puerto Rico en Argentina y ofreció un concierto como solista de la Orquesta de Cámara Banco Mayo en el Teatro Colón, de Buenos Aires.

Conjuntos e intérpretes de viento-maderas y de metales

En este tipo de instrumentos se han destacado tres conjuntos de cáma-ra. Uno de ellos formado por miembros de nuestra Orquesta Sinfónica bajo el nombre de **Quinteto Aulos**. Se compone de **Rubén López**, flau-ta; **Luis Arroyo**, trompa; **Harry Rosario**, oboe; **Roberto López**, fagote y **George Morales**, clarinete. Todos ellos son, individualmente, excelen-tes músicos. Se han juntado para explorar un repertorio de música de

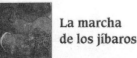

**La marcha
de los jíbaros**

cámara, que de lo contrario, quedaría ignorado aquí. Han tocado en el Festival Casals, en el Festival Interamericano, en la Cancillería de la República de Venezuela, en España y Estados Unidos.

El otro conjunto, similar al anterior, está formado por profesores del Conservatorio de Música de Puerto Rico y tocan bajo el nombre de **Camerata Caribe**. Los integrantes son: **Peter Kern**, flauta; **David Bourns**, oboe; **Kathleen Jones**, clarinete; **Alan Brown**, fagote y **Vanessa Vasallo**, piano. Han tocado en Puerto Rico y en Estados Unidos.

El otro conjunto actuó independientemente, en el período entre 1988 y 1995. Es el **Conjunto Gabrieli**, de metales, formado por dos trompetas: **Roberto Ramírez** y **Roberto Gándara**; una trompa, **Javier Gándara**; un trombón, **Jaime Morales Matos** y una tuba, **Rubén Ramírez**.

El conjunto, después de tocar en muchos lugares aquí en la isla y en Nueva York, se radicó en España donde sus integrantes se presentaron en el Pabellón de Puerto Rico durante la Exposición Universal de Sevilla, en 1992, convirtiéndose más tarde en el Conjunto Oficial de Metales del Principado de Asturias. De allí se mudaron a La Coruña, en Galicia, además de viajar extensamente dando conciertos en España, especialmente en Mérida, León, Valencia, Sevilla y Madrid.

Un joven trombonista de excelente técnica y musicalidad, **Luis Fred Carrasquillo**, es actualmente músico de la Sinfónica, pero al finalizar sus estudios en Estados Unidos, se fue a Europa donde tocó con orquestas y ganó premios en concursos celebrados en Inglaterra, Portugal y Alemania.

Percusión

Aunque la mayoría de nuestros percusionistas se distinguen más en la música popular, cabe destacar aquí a un joven egresado del Conservatorio de Música de Puerto Rico, **Freddie Santiago**, de Ponce, que fue miembro de la Orquesta Sinfónica y estudió luego en Estados Unidos. En Munich, Alemania, entre 1989 y 1991, fundó y operó una academia de percusión clásica y popular, tan exitosa, que atrajo atención a nivel europeo y recibió el respaldo y la ayuda del gobierno de la República Federal de Alemania.

La marcha de los jíbaros

Freddie ayudó a popularizar el *funk* en Alemania; hizo grabaciones y colaboró en varias ocasiones en proyectos especiales con Airto Moreira y Flora Purim, dos figuras importantes en la música contemporánea brasileira.

Directores de coros y orquestas

Aunque habría que remontarse a los años 50, no podemos menos que consignar aquí la importante labor de divulgación y muestra de excelencia musical que realizó a nivel internacional el maestro **Augusto Rodríguez**. Él requiere más de una página en nuestra historia musical, que está por escribirse. En la tradición de Augusto Rodríguez han habido otros buenos e importantes directores corales. Al hablar de excelencia a nivel internacional, podemos mencionar a **Evy Lucío** y su Coro de Niños de San Juan, organismo que ha viajado en representación honrosa y distinguida de la cultura musical puertorriqueña, a ciudades y festivales corales a nivel mundial. En la tradición de las familias musicales del país, la sobrina de Evy Lucío es también una importante directora coral. **Carmen Acevedo Lucío** dirige la Coral Filarmónica de Puerto Rico y el Coro de la Universidad de Puerto Rico, con el que ha viajado fuera del país con éxito. Y no olvidemos a **Pablo Boissén**, que es director de coros de una de las principales casas de ópera de Suiza.

En el campo de directores de orquesta puertorriqueños, la lista se inicia con **Roselín Pabón**, director asociado de nuestra Sinfónica. Pabón ha logrado destacarse, durante casi 20 años, dentro y fuera de nuestras playas. Ha dirigido conciertos en México, Uruguay, Guatemala, El Salvador, República Dominicana, Venezuela y España, además de los Estados Unidos.

También hay que mencionar a **Genesio Riboldi**, que divide su tiempo en Europa, tocando clarinete y dirigiendo orquestas de cámara, como recientemente la de Leningrado, en el Festival Casals.

Otro director de quien no se conoce lo suficiente, es **Carlos Molina**, egresado de nuestro Conservatorio y que actualmente dirige una importante orquesta en Cataluña. Del mismo modo **Roberto González**, organista y director orquestal, tiene a su cargo una orquesta regional en

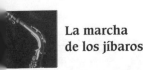

La marcha de los jíbaros

California. También hay que recordar a **Salvador Caro**, que dirige la orquesta de una de las principales compañías de ballet de Alemania. Hay un señor muy activo en la comunidad puertorriqueña de Nueva York, pianista, compositor y director de orquesta. Su nombre es **Julio Mirón**.

El otro nombre ya lo hemos mencionado como violinista, Guillermo Figueroa, quien está tratando de abrirse paso como director de orquesta y ha dado muestras de su talento aquí como Principal Director Invitado de la Sinfónica de Puerto Rico.

Los pianistas

Durante los pasados cien años que constituyen el ámbito de este libro, han habido esencialmente cinco grandes figuras puertorriqueñas del piano con proyección internacional. También hay varios otros pianistas distinguidos que se han destacado y alcanzado, consistentemente, altos niveles de reconocimiento mundial.

En estricto orden cronológico la primera pianista en alcanzar reconocimiento internacional fue **Ana Otero** (1860-1905), una mujer humacaeña que se distinguió como artista del piano en su patria y fuera de ella. Tras darse a conocer aquí, viajó a Europa a fines del siglo XIX y llegó a tocar con éxito en la Salle Pleyel de París en 1889 y en Barcelona y Madrid, España. Luego, en 1892, Ana Otero triunfó en Caracas y luego en San José de Costa Rica. Más tarde, ese mismo año, en Nueva York, Filadelfia y Boston. Tras su retorno a la isla por la muerte de su padre en 1896, Ana trasladó su residencia a San Juan y se dedicó a ofrecer clases de piano y también a componer danzas. Fue maestra de **Monsita Ferrer**, entre muchas otras alumnas. Su academia de piano operó por 8 años. Su contemporáneo, **Juan Morel Campos**, le dedicó una danza titulada *Anita*. Murió el 4 de abril de 1905, en San Juan.

El siguiente gran pianista fue **Jesús María Sanromá** (1903-1984), nacido en Fajardo, el 7 de noviembre de 1903. Creció en Carolina y desde muy niño, dio muestras de talento. Estudió con beca en Boston y luego en París, con el legendario Arthur Schnabel, y llegó a ser el pianista residente de la Orquesta Sinfónica de Boston, bajo Serge Koussevitsky y profesor de piano del Conservatorio de Nueva Inglaterra, así como pia-

**La marcha
de los jíbaros**

nista estable de la Boston Pops Orchestra bajo Arthur Fidler por más de tres décadas.

Perteneció al circuito nacional e internacional de solistas que operaba la firma Columbia Artists Management. Bajo ella viajó a todos los entonces 48 estados, ofreciendo recitales y conciertos con orquestas. Su amigo Igor Stravinsky le dedicó una sonatina y luego él colaboró con George Gerhswin preparando una versión para piano solo del *Rhapsody in Blue*, que estrenó con la Boston Pops y realizó varias grabaciones en disco de esa obra y del *Concierto en Fa* del mismo autor. Las grabaciones de Sanromá de los conciertos del compositor norteamericano Edward MacDowell, sirvieron para atraer la atención pública a este autor y todavía se consideran a nivel antológico.

Sanromá participó desde el primer día en el proceso de crear y organizar el Conservatorio de Música de Puerto Rico y fue el Director del Departamento de Piano hasta su muerte, acaecida el 12 de octubre de 1984.

Sigue en orden, el pianista ponceño **Elías López Sobá**. Es el pianista que más preparación académica tiene, pues tras estudiar en el Bennington College en Vermont, obtuvo una beca Fullbright que le permitió continuar estudios en la Akademie fur Musik de Viena, entre 1953 y 1955, donde obtuvo su Diploma en piano *magna cum laude*. Allí compartió estudios con figuras de la talla de Alfred Brendel y Zubin Mehta. Luego, entre 1955 y 1960, formó parte de un reducido grupo de artistas seleccionados para recibir tutorías especiales en privado con el legendario pianista italiano Arturo Benedetti Michelangeli. Entre 1965 y 1967, hizo su Maestría en Música en la Universidad de Boston, y entre 1979 y 1986, completó sus estudios y su tesis, recibiendo su Doctorado en Filosofía y Letras de la Universidad de Valladolid. López Sobá ha dividido su tiempo entre labores académicas y tareas administrativas, en cierto modo sacrificando su labor pianística. Fue Director del Departamento de Actividades Culturales de la UPR entre 1967 y 1975; Presidente de Festival Casals, Inc., entre 1975 y 1980; Director Ejecutivo del Instituto de Cultura Puertorriqueña entre 1985 y 1993. Ha participado en numerosos congresos y simposios de música a nivel internacional y ha tocado recitales y conciertos en Estados Unidos, España, Austria e Italia, así como en Centro América y el Caribe. En 1995, ganó la Medalla de Oro en el Concours International d'Interpretation Musicale en Ginebra, Suiza.

**La marcha
de los jíbaros**

Una artista muy distinguida, y la pianista puertorriqueña que más grabaciones importantes tiene a su haber en compañía de una impresionante lista de estrellas internacionales, es **Irma Luz Vallecillo**. Estudió con su madre, la pianista **Irma Isern**, y luego, tras finalizar sus estudios superiores con Adele Marcus en Juilliard, y con Angélica Morales von Sauer en Kansas, e iniciar su carrera de concertista y maestra de piano, se dio cuenta de que le interesaba más la música de cámara y ha encaminado su carrera en esa dirección. Ha ofrecido conciertos junto a Jean Pierre Rampal, James Galway, Richard Stoltzman, Martina Arroyo, Nathaniel Rosen, Benita Valente, el Cuarteto Cleveland, Jeffrey Solow, entre otros. Ha tocado, no sólo en Estados Unidos, sino también en Latinoamérica y Canadá. Actualmente es profesora en el Vasar College de Nueva York.

El pianista puertorriqueño cuya carrera artística ha sido la más espectacular y exitosa a nivel nacional e internacional hasta la fecha es **José Ramos Santana**. "Kiko" como se le conoce cariñosamente, ha sido solista con la Filarmónica de Nueva York y la de Chicago, así como las sinfónicas de Detroit, Baltimore, St. Louis, Oakland, Springfield y San Antonio. Ha participado en los festivales de Grand Park, Spoleto, Caramoor y Brevard. Ganó las prestigiosas competencias de piano Gina Bachauer y la de Música Internacional Americana. Ha sido becado de la Fundación Martha Baird Rockefeller y de la Fundación Van Cliburn. Ha tocado en España, Francia y Suiza, y recientemente, grabó un CD con la Royal Philharmonic de Londres. Actualmente es profesor del prestigioso Westminster Choir College, adscrito a la Universidad de Princeton.

Y bien, me imagino que algunos de ustedes se estarán preguntando que pasó con otros pianistas que no he nombrado. Figuras como **Samuel Pérez**, **José Enrique Pedreira**, **"Tati" Moreno**, **Hilda Andino**, doña **Elisa Tavarez de Storer**, **Rosita Escalona**, **Nydia Font**, **Vanessa Vasallo**, **María del Carmen Gil**, **José Luis Cáceres**, **Diana Figueroa**, **Luz Negrón de Hutchinson**, **Cecilia Talavera**, **Rosita Casanova** y **Violeta de la Mata**, **Awilda Villarini** y **Marilú Alvarado Rapaport** y otros muchos nombres más. Pues bien, todos ellos han sido distinguidos pianistas y maestros, esencialmente a nivel local, aunque muchos de ellos han viajado y ofrecido conciertos fuera de Puerto Rico, con notable éxito en la mayoría de los casos. No hay duda que todos le han dado lustre al país con sus ejecutorias, pero no han sido figuras de nivel internacional por las circunstancias que fuesen. Ya lo hemos expresado anteriormente,

La marcha
de los jíbaros

el país es una cantera de talento musical. Artistas como **Harry Aponte**, **Eric Villegas** y otros más, se vislumbran como nuestros pianistas destacados del siglo XXI.

Los compositores

Ciertamente, no me gustaría finalizar ese capítulo sin hacer mención de nuestros principales compositores clásicos del siglo XX. Podríamos comenzar por mencionar a **Juan Morel Campos**, que hizo incursiones en la llamada música seria, y definitivamente hay que señalar a **José Ignacio Quintón**, que puso al día nuestra literatura pianística, incorporando las corrientes del impresionismo europeo.

No fue sin embargo hasta mediados del siglo, cuando surgió la corriente musical que se conoce como el período del nacionalismo, cuando los compositores se inspiran en las formas y ritmos autóctonos para componer su música de cámara y sinfónica. Es entonces que se destacan **Héctor Campos Parsi**, con su *Divertimento del Sur*, **Amaury Veray**, con su *Cuando las mujeres…* y **Jack Delano** con sus *Brujas de Loíza Aldea*. Poco después se les incorpora **Luis Antonio Ramírez** con *Tres piezas breves para orquesta* y sus *Nueve cantos antillanos*. La próxima generación de los años 60, la integran **Rafael Aponte Ledeé** con su *Elejía* para orquesta, luego se nos incorporan el norteamericano Francis Schwarz con sus *happenings* vanguardistas. Ya en los setenta, aparece el grupo de la UPR, **Ernesto Cordero** y **Luis Manuel Álvarez**, que bregan con música de guitarra; **Carlos Vázquez**, que explora la música electrónica junto a **Carlos Cabrer**. De Nueva York nos llega **William Ortiz Alvarado** y **Roberto Milano**. Pero en los 80 destacan **Roberto Sierra**, **Ignacio Morales Nieva** y **Ovidio de Jesús** y **José Daniel Martínez** junto a **José Rodríguez Alvira**. Ya en los 90 las figuras activas, además de casi todos los anteriores, son: **Raymond Torres Santos** y **Alfonso Fuentes**.

Conclusión

Un elemento recurrente en la trayectoria de casi la totalidad de los artistas que hemos mencionado aquí, es el alto nivel de preparación mu-

La marcha de los jíbaros

sical alcanzado. Quiero decir que, si al talento, la predisposición y habilidad natural de los puertorriqueños hacia la música en todas sus manifestaciones, le añadimos la oportunidad de recibir una sólida educación a manos de buenos maestros y figuras estimulantes y retadoras, ese talento saldrá a flote. Es obvio que se está haciendo buen trabajo educativo de base, para preparar a nuestros músicos para continuar y aprovechar sus estudios fuera de la isla. Lo que falta por hacer, es establecer organismos e instituciones que, tras aquilatar los talentos, los encaucen y faciliten la realización de estudios superiores mediante becas, subsidios y ayudas económicas de toda índole. Si se hiciera esto de manera sistemática, en el siglo XXI Puerto Rico sería el asombro del mundo por sus logros y alcances en el campo musical mundial.

Lista de cantantes líricos que se han distinguido desde el siglo XIX hasta ahora

Acosta, Flavia - contralto

Alicea, Mercedes - soprano

Arandes, Elaine - soprano

Asencio (Scalvini), Carmen - soprano

Barasorda, Antonio - tenor spinto

Batiz, Migdalia - soprano

Baker, Rosa María - soprano

Belaval, Emilio (Chuco) - tenor

Bithorn, Francisca - soprano

Bonilla, Daniel - barítono

Broitman, Rubén - tenor

Caballero, Félix - tenor

Cabrera, María Teresa - soprano spinto

Calderín, Delia - soprano

Callejo, Margarita - soprano spinto

Camuñas, Roberto - tenor spinto

Castro Alberty, Margarita - soprano

Castellanos, Marta - soprano

Castañer, Gladys - soprano

Cay, Patricia - mezzo

Conde, Carlos - bajo-barítono

Colón, Evangelina - soprano

Comas, Esther - soprano

Cornier, Carmen - mezzo

Cruz Andino, Angelo - barítono

Cruz Falú, Aixa - soprano

Cuevas, Eduardo - tenor

De la O, Eva - soprano

Díaz, Justino - bajo y luego barítono

Díaz (de Riboldi), Ruth - soprano

Elvira, Pablo - barítono

Escribano, Tamara - soprano-spinto

Felici, Alicia - soprano de coloratura.

Felici, Palmira, - contralto

La marcha de los jíbaros

Félix, Luis - tenor

Fernández Valdés, Eduardo - tenor

Fernández Buitrago, Valentín - tenor

Figueroa, Annie - soprano

Furniz, Zoila Luz - soprano

García de Gracia, Oscar - barítono

Gierbolini, Edgardo - tenor

Goicochea, Francisco - tenor lírico

González, Eusebio - tenor lírico ligero

González Gierbolini, Manuel - barítono

Grifo-Monserrate, Luisa - soprano
    dramática

Guillermety, Josefina - soprano lírica

Gómez-Pita, Pedro - barítono

Gutiérrez, Virginia - soprano

Hernández, César - tenor lírico-spinto

Ithier,Thelma - soprano

Iglesias, Olga, - soprano lírica

Isales, Darysabel - mezzo

Jarabo, José Ronaldo - tenor

Laracuente, Aileen - mezzo

Lebrón, Rafael - barítono

Ledesma, Ricardo (Quiñones Ledesma,
    Jesús) - tenor dramático

Lind-Oquendo, Abraham - barítono

López, Ilca - mezzo

López, Héctor - barítono

Llorca, Adolfo - tenor lírico ligero

López, Zoraida - soprano

Lugo, Ricardo - bajo-barítono

Márquez, Marta - soprano

Martínez, Ana María - soprano lírica

Martínez , Ilia - soprano

Medina, Alfredo - tenor lírico

Medolago (Albani), Olga - soprano

Meléndez, Ramonita - soprano

Menchago, Alicia - soprano

Montilla, Antonia - soprano

Morales Munera, Alvaro - tenor lírico

Morell, Pedro - bajo

Moreno Calderón, Teresita - contralto

Moreno, Madja - mezzo

Nadal Santa-Coloma, Juan - bajo

Ocasio, Benjamín - tenor

Oller, Francisco (Frasquito) - bajo-barítono

Oller de Paniagua, Isabel - soprano
    lírica ligera.

Ortiz del Rivero (de Roig),
    Camelia - soprano

Pacheco, María del Coral - soprano lírica

Palma, Raúl de (Raúl Díaz) - tenor
    lírico ligero

Paoli, Antonio - tenor dramático

Paoli, Amalia - soprano

Peña Montilla, Angeles - soprano lírica

Pérez, Ana del Pilar - soprano lírica

Pérez-Frangie, Teresa - soprano dramática

Poventud, Irem - soprano lírica

Raben (Rabaine), Virgilio - tenor

Ramos, Hilda - soprano

Ramos, Melba - soprano

Ramírez, Noel - bajo-barítono

Rivera, Graciela - soprano de coloratura

Robledo, Aura Norma - soprano
    lírico-spinto

Robles, María Esther (Maria D'Atili) - soprano

Rocher, Mario - tenor spinto

Rodríguez, Aixa - soprano

Rodríguez, Luisita - soprano

Rubio, Elio - tenor lírico

**La marcha
de los jíbaros**

Seise, Carlos - tenor
Serrano, Carlos - barítono
Silva Marín, Guillermo - tenor lírico ligero
Stubbe, Frieda - soprano
Soto, Johnny - tenor
Toledo, Rina de - soprano lírica
Toro, Puli - mezzo
Torréns, Rafael (Kaki) - barítono
Tur, Elisa - soprano
Valdés, Francisco - barítono

Vázquez, Alejandro (Alex) - barítono
   y luego tenor
Vázquez, MariaCristina - soprano
Vázquez, Margaret - soprano
Vera, Antonio - tenor
Verdejo, Awilda - soprano spinto
Villafañe, Diana - soprano
Villalobos, Bernardo - tenor
Zayas, Edgardo - tenor

Maestros de canto

Alfredo Medina
Ramón Fonseca
María Esther Robles
Antonio Paoli
Amalia Paoli
Ángeles Otéin
Rina de Toledo
Vilna Echenique

Susan Young
Darisabel Isales
Maria Justina Pereira de Aldrey
Serjige Rainis
Raquel Gandía
Zoraida López
Ilca López

**La marcha
de los jíbaros**

Antonio Paoli

Héctor Campos Parsi (1980).

Graciela Rivera, interpretando a Gilda, en **Rigoletto**.

La marcha
de los jíbaros

Jesús María Sanromá.

Pablo Elvira.

Justino Díaz.

Margarita Castro.

La marcha
de los jíbaros

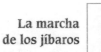

*Músicos puertorriqueños
en Nueva York:*

1898 - 1960

La marcha
de los jíbaros

Jorge Javariz

Cursó estudios primarios y secundarios en Aguadilla. Posteriormente obtuvo el Bachillerato en Educación de la Universidad de Puerto Rico. A principios de los años 60, fue reclutado por el periódico El Mundo, donde se desempeñó como traductor, reportero, editorialista, columnista y crítico musical, esto último bajo el pseudónimo de Beto Analfa. Trabajó en el Departamento de Regalías de Autor de la Peer International Music Publishing Company, de Nueva York, donde vivió varios años.

Ha producido y animado programas radiales en distintas emisoras sobre música popular y folclórica latinoamericana, usando su extensa discoteca y conocimientos.

**La marcha
de los jíbaros**

Músicos puertorriqueños en Nueva York
1898 - 1960

El año 1898 significó para Puerto Rico mucho más que un cambio de soberanía. La llegada de los estadounidenses trajo consigo una cultura diferente, expresada en términos no sólo lingüísticos, sino en expresiones artísticas prácticamente desconocidas hasta entonces en la Isla.

Cuando por primera vez las fuerzas invasoras pusieron pie en suelo borincano se produjo un choque cultural que habría de resultar más importante y permanente que el conflicto bélico que conocemos como la Guerra Hispanoamericana. Como dijera José Limón de Arce en su obra inédita *Trovadores Populares de Arecibo*, Puerto Rico era un pueblo que tenía honda cultura básica, historia, tradiciones, usos y costumbres propias, llevándole más de un siglo de existencia a Estados Unidos.

Teníamos, entre otras cosas, nuestra propia manera de hacer música, tocarla y bailarla. Contábamos con grandes poetas e inspirados compositores, amén de un rico folclore como genuina expresión del alma pueblerina.

El choque de las dos culturas, sin embargo, no desplazó la nuestra totalmente. Cien años después podemos afirmar que hay una cultura puertorriqueña. Pero no es menos cierto que ésta ha sufrido un desgaste, una innegable transculturación en algunas de sus manifestaciones mas conspicuas, como es la *música popular*, tema de este trabajo.

Cuando comienza el cruce de culturas, predominan en la Isla los géneros bailables de origen europeo; *valses, mazurkas, pasodobles, rigodones* y el aristocrático *cotillón* francés. De la música popular netamente puertorriqueña sólo la *danza* ocupa lugar preferencial en los salones de baile de la alta sociedad puertorriqueña.

**La marcha
de los jíbaros**

No habría de transcurrir mucho tiempo para que esto cambiara. Aunque todavía diez años después de establecido el nuevo régimen, la Orquesta de Domingo Cruz (Cocolía) amenizaba bailes en los centros sociales de la Isla con programas mayormente de *danzas*, se incluyen ya piezas de géneros musicales norteamericanos. En el año 1910, la revista **Puerto Rico Ilustrado** da cuenta de una fiesta en el Union Club, centro social del americano. En el estilo florido y zalamero que caracterizó la crónica social de aquellos tiempos, el redactor de la nota nos dice que "la orquesta presentó un repertorio bien escogido". Se empezó la fiesta con un *cotillón* y sucediéronse después *valses, two steps* y *danzas*.

Ese mismo día la afamada artista parisiense, Melle Vail Heda, debuta en el *Teatro Municipal de San Juan*, con sus números de variedades **Globe of love**.

Esta tendencia a incluir piezas populares y espectáculos en inglés toma impulso en los años 20, con ritmos del norte como el *charleston,* el *fox trot,* el *shimmy,* el *camel trot* y otros que entonces gozaban de gran popularidad en la metrópoli.

Contrario a la música bailable, la canción popular puertorriqueña continuó siéndolo totalmente en sus principales expresiones: la romántica y la festiva, como había sido desde su origen.

La música campesina, en sus varias manifestaciones, también escapó a la contaminación extranjera, conservando sus formas y modos tradicionales hasta el presente.

Puerto Rico fue desde bien temprano en su historia tierra de trovadores. La mayoría de ellos guitarristas sin escuela, músicos de oído. Limón de Arce, quien conoció y departió con muchos de ellos, los describe como "bardos trashumantes y bohemios". A ellos debemos nuestros primeros clásicos de la canción popular, melodías inolvidables de autores olvidados que le cantaron al amor y a la patria en el período más estremecedor de su historia.

El cambio de moneda y de mercados, consecuencia de la ocupación americana, sumió al país en una profunda crisis económica a partir del 1900. En 1902 prominentes residentes de Puerto Rico emigraron a España y a otros países de habla hispana.

Para el 1917 ya la crisis había amainado y se nos otorgó la ciudadanía de los Estados Unidos de América, lo que abrió las puertas de la nación

**La marcha
de los jíbaros**

a los emigrantes puertorriqueños de todas las clases sociales. Es precisamente en 1917 cuando comienza el éxodo de músicos puertorriqueños al continente.

Para 1916, los Estados Unidos se preparaban para una inminente guerra con Alemania. En septiembre de ese año, un destacado músico negro, de nombre James Reese Europe, quien se encontraba en el pináculo de la fama como director de orquesta, decidió alistarse como voluntario en la Guardia Nacional de Nueva York. Fue asignado al Décimoquinto Regimiento de Infantería, que contaba con una pequeña banda militar bajo la dirección de Egberth E. Thompson. Pero no era fácil reclutar músicos para la agrupación, particularmente ejecutantes de instrumentos de viento, debido a que los que había en Nueva York se resistían a abandonar sus bien remunerados servicios para trabajar por una mínima paga en el ejército. Con esta realidad en mente el Coronel William Hayward, comandante del Regimiento, le pidió a Europe, quien ya había sido ascendido al grado de teniente, que organizara la mejor banda del Ejército de los Estados Unidos.

Europe sabía que no tenía mucho tiempo para organizar la banda, por lo que necesitaba reclutar músicos experimentados y así se lo informó a su comandante. Hayward entonces le preguntó a Europe cuál era la solución al problema y éste le respondió: Puerto Rico.

Europe vino a Puerto Rico a principios de mayo de 1917. Estuvo aquí sólo dos días, reclutando para su banda músicos puertorriqueños experimentados y diestros en las cañas y los metales. Regresó a los Estados Unidos con 15 instrumentistas destacados pertenecientes a la Banda Municipal de San Juan que dirigía **Manuel "Manolo" Tizol**. Todos ellos ingresaron al ejército voluntariamente y fueron asignados al Regimiento 369 de Infantería de los Estados Unidos, entre ellos dos que estaban destinados a destacarse como compositores de música popular: **Rafael Hernández** y **Rafael Duchesne**.

El total de los músicos reclutados por Europe es el siguiente:

Nombre	Número de Servicio	Fecha de Reclutamiento	Fecha de Licenciamiento
Rafael Duchesne	102824	11 de mayo, 1917	24 de febrero, 1919
Antonio González	102825	11 de mayo, 1917	24 de febrero, 1919

**La marcha
de los jíbaros**

Nombre	Número de Servicio	Fecha de Reclutamiento	Fecha de Licenciamiento
Rafael Hernández	102827	11 de mayo, 1917	24 de febrero, 1919
Severino Hernández	102828	11 de mayo, 1917	24 de febrero, 1919
Gregorio Félix	102835	11 de mayo, 1917	24 de febrero, 1919
Froylan Jiménez	102838	11 de mayo, 1917	24 de febrero, 1919
Eleuterio Meléndez	102839	11 de mayo, 1917	24 de febrero, 1919
José R. Rosa	102840	11 de mayo, 1917	24 de febrero, 1919
Nicolás Vázquez	102841	11 de mayo, 1917	24 de febrero, 1919
Janero Torres	102846	11 de mayo, 1917	24 de febrero, 1919
Arturo B. Ayala	104496	11 de mayo, 1917	24 de febrero, 1919
Sixto Benítez	DOB Oct. 1898	11 de mayo, 1917	24 de febrero, 1919
Eligio Rijos	102829	24 de julio, 1917	24 de febrero, 1919
Jesús Hernández	102837	25 de julio, 1917	12 de abril, 1919
Leonardo Cruz	102834	12 de agosto, 1917	24 de febrero, 1919

Este grupo de músicos puertorriqueños constituyó una avanzada; cabeza de playa para la virtual invasión de músicos puertorriqueños a Nueva York que se disparó en los años 30.

Para comprender la magnitud de este exilio basta saber que la mayor parte de la música popular puertorriqueña, esto es, de autores puertorriqueños, se escribió en Nueva York, por lo que Puerto Rico puede hacerse acreedor al dudoso honor de ser el único país latinoamericano cuya música se compuso en otra nación de idioma y cultura diferentes.

Para el tercer decenio de siglo residían y trabajaban en Nueva York la flor y nata de los exponentes de la canción puertorriqueña: Rafael Hernández, Pedro Flores, Plácido Acevedo, Augusto Coén, Manuel "Canario" Jiménez, Alberto "Tití" Amadeo, Rafael Duchesne, Juan Sanabria, los Hermanos Morales (Noro, Ismael y Humberto), Johnny Rodríguez, Eufemio Vázquez "Vaguito", Pedro Marcano, Bobby Capó, Pedro Ortiz Dávila "Davilita", Fausto Delgado, Manuel Jiménez "Pulguita", Johnny López, Pastor Villa, Angel de la Rosa, Daniel Santos, Rafael Rodríguez, Eladio "Yayito" Maldonado, José "Pepito" Arvelo, Julio Roqué, Myrta Silva, Rafael González Levy, los Hermanos Berríos (Luis, Pedro, Rosita), Claudio Ferrer, Inocencio "Chencho" Moraza, Olga Medolago Albani, Virgilio Rabén, José Díaz Armengol "Mengol", Ramón Quirós, José

**La marcha
de los jíbaros**

"Pepito" López, José Piña "Piñita", Juan Tizol, Luis "King" García, Víctor "Vitín" Mercado, Lalo Martínez, Carlos Martínez "Chovevo", Pedro Ramírez, Francisco López Cruz, Johnny Nieto, Manrique Pagán, Cándido Vincenty, Francisco Carballo, Amparito Cruz, Rafael Seijo, Pedro Serrano "Pellín", Rafael Audinot, Roberto "Bobby" Quintón, Héctor Pellot, Chemin de Thomas, Joaquín Portalatín, Rafael Font, Eddie Gómez, Celso Vega, Heriberto Torres, Juan Hernández, Bartolo Hernández, Diosa Costello, Juan Cotto, Elsa Miranda, Juan Pratts, Arturo Cortés y muchos más que se destacaron como músicos, autores o intérpretes de la canción popular, como evidencia la extensa discografía que nos legaron.

Para los dos primeros decenios del siglo, Nueva York ofrecía a los artistas puertorriqueños por virtud de la ciudadanía común, una accesible fuente de empleo, además de la oportunidad de alcanzar renombre mundial mediante las grabaciones fonográficas, cosa que en la Isla era apenas posible por la ausencia de plazas bien remuneradas y estudios de grabación. Sólo el sello disquero Brunswick estableció en San Juan un estudio de grabación para el año 1932, pero no operó por mucho tiempo. Para grabar había que hacerlo en Nueva York, y allá se fueron en busca de fama y fortuna los forjadores de la música puertorriqueña que hoy constituye el grueso de nuestra herencia musical.

Un aspecto interesante del período neoyorquino de los años 20 a los 30 es que nunca antes, ni después, se escribieron tantas *canciones patrióticas*. Tal vez movidos por la nostalgia del terruño añorado, quizás porque a dos decenios del cambio de soberanía ya comenzaba a desvanecerse el encanto de la luna de miel con el nuevo régimen. O quizás por el resentimiento al prejuicio y al discrimen presente en el medio ambiente en que les tocó desenvolverse. Cualquiera que haya sido la motivación, lo cierto es que muchas de estas canciones son lamentos, condenas o gritos de rebeldía, hijas de un sentimiento de inconformidad con la condición política y económica de la Isla.

En la primavera de 1928, el Trío Borinquen grabó de Rafael Hernández su canción **Oh, patria mía,** cuya letra lee como sigue:

> *Oh, patria mía*
> *mi bello vergel*
> *cuanta alegría*
> *si volviera a ver*
> *tus lindos campos*

**La marcha
de los jíbaros**

cubiertos de flores
y con amor sacrosanto
cantarle mis amores.
Si tu supieras
Borinquen idolatrada
lo que sufren tus hijos
cuando dejan tus playas
mi pecado es la ausencia
si no que quisiera
verte libre para siempre
con tu bandera.
Oh, patria mía
que triste es pensar
que no hay un día
de dicha en tu lar
nadie en el mundo
te brinda alegría
pero mis cantos
serán para ti.
Patria mía.

Esta es una de tantas *canciones patrióticas* escritas y grabadas en Nueva York por artistas puertorriqueños. No podemos afirmar que sea la primera en este género, pero si es la primera de varias escritas por Hernández.

Ese mismo año el Trío Borinquen lleva al disco otra de sus canciones patrióticas: **Mi patria tiembla**, donde por primera vez se alude al régimen imperante en la Isla como "tiranía":

Mi patria tiembla
yo sé por que
nadie mas sabe.
Es un misterio
que en ella se encierra
y que nadie podrá adivinar
si no, los buenos patriotas
que ha tiempo murieron
por su libertad.
Aquellos nobles patriotas

**La marcha
de los jíbaros**

que yacen en sus tumbas frías.
No han muerto, no.
Y al ver, las infamias y las tiranías
parece que quieren su patria salvar.
Y siendo imposible
se muestran rebeldes
agitan sus tumbas
se sienten temblar
pues ellos prefieren
Borinquen se hunda
antes ser esclava
se la trague el mar.

El período comprendido entre los años veinte y treinta se nos revela como uno de masiva emigración de músicos puertorriqueños a la gran urbe neoyorquina y como indicador de que prevalecía entre ellos un concepto negativo de la situación del país, exacerbado por la nostalgia del terruño lejano. Usos, costumbres e idioma les hermanaban. La mayoría de ellos habitaban el Barrio Latino, como si fuera una sola familia. No era raro que en una misma orquesta hubieran tres o cuatro músicos provenientes de una misma familia o un mismo pueblo. Se buscaban, se encontraban y trabajaban juntos, unidos por lazos raciales, culturales y fraternales.

Fue aquella la edad de oro de la canción patriótica puertorriqueña, aunque no todas fueron en tono de crítica o rebeldía como las anteriormente señaladas. La mayor parte de ellas son expresiones de amor a la patria y sus cosas. Se le cantó a las bellezas naturales de la Isla, a la mujer borincana, a la madre ausente, a la bandera, al jíbaro y a todo lo que les fue grato en el terruño que dejaron atrás para hacer carrera en Nueva York.

En 1935 Rafael Hernández compone **Preciosa** y ese mismo año Pedro Flores compone **Sin bandera**. De estas dos piezas, una de ellas **Preciosa**, habría de ser objeto de una controversia en la Isla, donde la alusión al "tirano", que había pasado inadvertida la primera vez que apareció en una canción de Hernández, esta vez fue objetada por ciertos elementos políticos y sustituida por la palabra "destino". Este hecho, aparentemente insignificante, fue sin embargo señal importante de la cambiante apreciación que se tenía del sistema político de la Isla cuando se genera la polémica, entrada ya la cuarta década del siglo.

**La marcha
de los jíbaros**

La producción musical de Rafael Hernández en Nueva York fue voluminosa. Tanto así que eclipsó a todos los que como él se asentaron en la Babel de Hierro al concluir la Primera Guerra Mundial. Para sacarlos a la luz pública y otorgarles el mérito que merecen como creadores e intérpretes de la canción popular puertorriqueña, sería necesario mucho más tiempo y espacio del que tenemos disponible. Muchos nombres son sólo eso, nombres en algún catálogo de discos fonográficos. Poco o nada sabemos de ellos más allá de saberlos puertorriqueños. En todo caso, sus obras, perpetuadas por la magia del fonograma, también han perpetuado sus nombres, que ya es algo.

Es pues de rigor que nos limitemos a aquellos que como Rafael Hernández se destacaron y son conocidos internacionalmente como músicos o cantantes.

Intentando seguir un orden más o menos cronológico, hay que empezar por **Manuel Jiménez "Canario"**, nacido en Orocovis el primero de enero de 1895. Canario llegó a Nueva York en 1920 y se enlistó en la Marina Mercante, donde un capitán de barco le oyó cantar y le puso el mote de "Canario", apelativo que habría de llevar hasta su muerte en 1975.

Canario fue siempre un hombre emprendedor, que a pesar de carecer de instrucción musical, se labró un sitial de honor en la historia musical de Puerto Rico. Algunos conocedores de la materia le atribuyen ser el primer puertorriqueño en grabar discos en la metrópoli. Poseedor de una buena voz de tenor fue seleccionado por Rafael Hernández para hacer la voz prima de su Trío Borinquen, organizado en Nueva York para 1925, pero su participación en el trío fue fugaz, pues Rafael lo sustituyó por el tenor dominicano Antonio Mesa.

Todavía corrían los años 20 cuando Canario organizó su propia agrupación: Canario y su Grupo, con el que grabó música puertorriqueña de diversos géneros, mayormente *plenas*, que alcanzaron impresionantes cifras de ventas en el mercado disquero.

Fue Canario el primero en grabar el *Lamento Borincano* de Rafael Hernández, fonograma realizado el 14 de julio de 1930 para la RCA Victor Corporation de Nueva York.

La principal fuente de ingresos de los músicos radicados en los Estados Unidos durante los años 20 y 30 eran las grabaciones. Muchas agrupaciones se formaron con el único propósito de grabar discos. Y muchas

La marcha de los jíbaros

canciones que hoy son populares en el gran escenario mundial fueron escritas para cumplir compromisos con la industria del fonógrafo. Siguiendo la práctica establecida por los estudios de grabación, estos fijaban una fecha para grabar una "sesión", que generalmente consistía de cuatro piezas, por una suma de dinero previamente acordada entre las partes. De la suma cobrada, que en ningún caso pasaba de dos dígitos, la parte del león correspondía al director de la agrupación y el resto a los integrantes por partes iguales.

En justicia, hay que decir que la oportunidad de perpetuarse y darse a conocer mediante los discos, conllevaba para estos músicos un valor intrínseco nada despreciable que se traducía en fama y mejores oportunidades de trabajo.

Rafael Hernández fue durante su prolongada estadía en Nueva York un incansable obrero de la música. Se levantaba con los primeros rayos del sol y se sentaba al piano a darle forma a sus inspiraciones. Sus mejores canciones, las más populares y queridas melodías nacieron entre el trajín y el bullicio de la Gran Manzana.

Pedro Flores llegó a Nueva York en 1926. Como tantos otros que emigraron a Nueva York, buscaba más amplios horizontes. Y como otros tantos, no pudo vivir de la música por varios años. Subsistió trabajando como obrero de la construcción.

Pedro Flores fue el típico músico de vocación, sus credenciales musicales no pasaban de ser más que un elemental conocimiento de la guitarra. No empece esta limitación, se cuenta entre los más prolíficos y populares autores de la canción puertorriqueña fraguada en la metrópoli. Dotado de una vena melódica inagotable escribió canciones de antología en una tónica pueblerina identificada con el proletariado. Su contribución al cancionero puertorriqueño es impresionante, si consideramos que proviene de un autor desconocedor del pentagrama. Pedro Flores, después de Rafael Hernández, fue el más importante artesano de la canción que usando un vocablo entonces inexistente, podemos llamar *neoyorican*.

Augusto Coén, trompetista nacido en Ponce en 1896, arribó a Nueva York en 1920 y trabajó con varias orquestas locales, entre ellas la excelente banda de Vicente Sigler, antes de organizar su propia orquesta. Coén compuso *boleros, rumbas, congas, sones, plenas* y *danzas*. En enero de 1936 graba siete piezas para el sello Columbia, de las cuales tres son de su autoría. Entre los años 1937 y 1940 lleva al acetato sobre 50 seleccio-

**La marcha
de los jíbaros**

nes para el sello Victor al frente de una agrupación que llamó Augusto Coén y sus Boricuas.

La contribución que desde su base de operaciones en el norte hiciera Augusto Coén fue significativa y patriótica. Una ojeada a géneros y títulos de sus canciones es suficiente para adivinar en él un entrañable amor a la patria, obras como la danza *Reminiscencia* y la canción *Ponce*, para mencionar sólo dos, lo dicen todo.

Augusto Coén figura entre los autores que más han escrito sobre el origen de la *plena*. Sus artículos publicados en la revista Alma Latina durante los años 1951-1955 despertaron el interés público en nuestro país por conocer más a fondo las raíces de este género autóctono.

Sin duda alguna, Augusto Coén merece mención especial entre los músicos puertorriqueños que forjaron nuestra cultura popular.

El doctor **Julio Roqué**, un dentista puertorriqueño que fue además violinista, pianista, compositor, arreglista, letrista y director de orquesta se radicó en Nueva York para los años veinte. Provenía de una distinguida familia aguadillana, pero era un bohemio, enamorado de la música y la practicaba con más entusiasmo que la odontología. En su libro, *Gardel en Nueva York*, Terig Tucci lo describe como de seis pies de estatura y 265 libras de peso, de cabeza noble, leonina y peluda.

El doctor Roqué, nos dice Tucci, era bien conocido y apreciado en la colonia hispana. Su consultorio parecía una agencia teatral. Artista que llegaba a la ciudad, difícilmente dejaba de visitarlo.

Julio Roqué fue uno de esos muchos boricuas que hicieron una importante aportación a la música puertorriqueña allende los mares. Aunque sus circunstancias raciales, sociales y económicas distaban mucho de ser las típicas de los músicos puertorriqueños en Nueva York, su natural simpatía y su pasión por la música lo llevaron a compartir y colaborar con músicos y cantantes de distintas nacionalidades como Carlos Gardel, Pilar Arcos, José Moriche, Antonio Machín, Juan Arvizu, Margarita Cueto y muchos más que encarnan la flor y nata de la canción popular latinoamericana. Su lujoso apartamento en la aristocrática Quinta Avenida adquirió características de embajada para los artistas hispanoparlantes en Nueva York.

Las primeras grabaciones realizadas por la Orquesta de Julio Roqué datan de 1933. Fueron seis selecciones, de las cuales cinco son de su

La marcha de los jíbaros

propia inspiración. Dos de ellas, *Jibarita* y **Borinqueña de los ojos negros**, siguen el patrón establecido por los más prominentes autores boricuas en la metrópoli, que casi sin excepciones le cantaron al terruño y sus características definitorias.

Otras piezas de Julio Roqué, en la misma tónica, son **Bendito**, **La plena** y **La llave**. Esta última escrita cuando los Estados Unidos hicieron de Puerto Rico la llave del Canal de Panamá:

> *A mi islita desgraciá*
> *malo muy malo le sabe*
> *que le hayan hecho llave*
> *del canal de Panamá*
> *y con espíritu honrao*
> *hemos de advertir al tío*
> *que la llave que ha cogío*
> *le puede romper el candao.*
> *Para ser llave de puerta*
> *no nacimos por fortuna*
> *si no encuentran otra alguna*
> *pues que la dejen abierta*
> *y aunque peligre mi vida*
> *yo he de reñir porque quiero*
> *que la saquen del llavero*
> *en que la tienen metida.*

Una de las canciones románticas más populares del cancionero puertorriqueño lo es sin duda *Mujer Boricua*, una adaptación del poema *Capricho* del poeta y autor teatral aguadillano **Gonzalo O'Neill** (1867-1942) musicalizada por **Julio Roqué**.

Otro poema musicalizado por Julio Roqué es de su compueblano José de Diego; el intitulado *Irreverencia*. Esta pieza fue grabada por el tenor español *José Moriche*, una de las mejores voces de su tiempo.

Pilar, una *rumba* de Roqué que cantó la tiple cubana Pilar Arcos, obtuvo el primer premio en el musical de Cine Mundial celebrado en Nueva York en 1932.

Alberto "Tití" Amadeo nació en Bayamón pero vivió la mayor parte de su vida en la ciudad de Nueva York, donde se destacó como compositor. En 1935 organiza un grupo musical con el que grabó una docena de

**La marcha
de los jíbaros**

piezas para la compañía RCA Victor, de las cuales ocho son de su autoría. En 1942 vuelve a los estudios de grabación con su grupo. Esta vez deja para la posteridad otras dos de sus canciones en el sello Decca.

La canción definitoria de su estilo creativo es el *bolero **Adorada ilusión***, grabado en Nueva York por el Grupo Victoria de Rafael Hernández el 23 de abril de 1934 y por el Cuarteto Flores que dirigía Pedro Flores el 5 de junio de ese mismo año. Con este éxito bajo el brazo, Alberto Amadeo inició una larga trayectoria de triunfos en el campo de la composición, estableciéndose como uno de los principales creadores de la canción puertorriqueña en Nueva York. Entre sus títulos más conocidos figuran *Rosa Linda*, *Perdóname*, *Herminia*, *Ámame*, *Corazón y adoración*, *Flor de té* y *Guaracha amorosa*. Esta última alcanzó amplia difusión y popularidad durante los años de la Segunda Guerra Mundial en interpretación de Daniel Santos y el Cuarteto Flores.

Aunque un oído puede percibir diferencias de estilo, modismos o peculiaridades entre nuestros autores en Nueva York, hasta un sordo puede advertir la corriente patriótica común a todos ellos. No sabemos de pueblo alguno que cuente con tantos cantos a la patria como Puerto Rico. Pareciera que la distancia entre la Isla y el Continente fue salvada por un cordón umbilical tendido entre la patria añorada y la patria optada.

Plácido Acevedo Sosa nació en Aguadilla el 13 de junio de 1903. Igual que su compueblano Rafael Hernández, comenzó como músico de circo y como otros tantos músicos boricuas que emigraron a Nueva York, lo hizo en busca de mejores oportunidades de trabajo. Cuando llegó a su destino, aún no era el compositor que todos conocemos. Se ganaba la vida tocando la trompeta donde quiera que solicitaban sus servicios, hasta recalar en el Cuarteto Machín, una agrupación mitad cubana y mitad puertorriqueña que en 1932 integraban los cubanos Antonio Machín, voz primera; Daniel Sánchez, voz segunda, con los puertorriqueños **Cándido Vincenty** en el tres y Plácido Acevedo en la trompeta.

La primera composición de Plácido Acevedo llevada al disco, *Blanca estrella*, fue grabada en Nueva York a fines del 1933 por el Cuarteto Flores, integrado entonces por **Pedro Marcano**, **Fausto Delgado**, **Cándido Vincenty** y **Plácido Acevedo**, todos puertorriqueños establecidos en la Gran Urbe.

Otro paralelo con Rafael Hernández es que ambos se distinguieron más como autores que como ejecutantes, sin que esto se entienda que no fueran buenos músicos en sus respectivos instrumentos.

**La marcha
de los jíbaros**

guarachas) pasaran a formar parte del repertorio de agrupaciones cubanas y puertorriqueñas activas en la metrópoli para los años 30.

Una somera ojeada a los títulos de sus canciones dicen más que mil palabras: **Desde mi bohío, Mi mulata la menea, El hípico chiflado, Aguinaldo borinqueño, Papá Roosevelt, Jala la cadena, Caté cola, Dámele un solito de güiro, Cómo se monda la caña, Pica pica, Dale chance, Los sufrimientos de un catre, Los Jardineros bombeando** y **El alambiquito** son sólo una muestra de su vena festiva y humorística.

En el género más formal de la canción romántica sobresalen sus *boleros* **Un lago azul, Flores marchitas** y **Alma**.

Para la primera mitad de la década del treinta se imponía el *tango* en América y es obvio que Berríos no pudo escapar a su influjo. Escribió varios *tangos*, tal vez más que ningún otro compositor puertorriqueño, y lo hizo tan bien que al día de hoy pasan por genuinas obras del cancionero argentino.

Pedro Berríos, como otros músicos puertorriqueños en Nueva York, trabajó en distintas orquestas populares integradas y dirigidas por músicos de otras nacionalidades, particularmente en la del músico catalán Xavier Cugat que por muchos años ocupó la tarima del lujoso hotel Waldorf Astoria y en la que se desempeñó como guitarrista y cantante.

Habla muy bien de los músicos puertorriqueños en la Gran Urbe el gran número de ellos que formaron parte importante de renombradas *bands* de la ciudad. En la que dirigía Cugat siempre hubo puertorriqueños, algunos de ellos destacados instrumentistas como **Ismael Morales**, extraordinario flautista; **José Piña "Piñita"**, magnífico trompetista; **Alberto Calderón**, maestro de timbaleros; **Jorge López**, trompetista; **Catalino Rolón**, maraquero y vocalista; **José Luis Moneró**, cantante; **Felín Angulo**, pianista y otros cuyos nombres se nos escapan.

Como suele suceder con los músicos populares en todas partes, la mayoría de ellos son analfabetos del pentagrama. Muchos sólo poseen conocimientos rudimentarios de la técnica y otros sólo lo imprescindible para integrar pequeños conjuntos (tríos, cuartetos, quintetos y sextetos) donde la instrumentación se compone principalmente de guitarras, percusión y uno que otro de viento que casi siempre era una trompeta. Los músicos con escuela, los que podían leer a primera vista una partitura, no fueron tantos como los primeros, pero probaron ser tan buenos como cualquiera. **Ramón "Moncho" Usera** fue uno de ellos. Músico "de atril",

La marcha
de los jíbaros

como le llamaban entonces a los que conocían los secretos del pentagrama, dominaba la técnica de la flauta, el saxofón y el clarinete. Sobresalió como director de orquesta y aún más como arreglista. Por algún tiempo residió en París, donde se desempeñó como Director Musical de un famoso club nocturno.

A su regreso a Nueva York a principios de los años 40 se unió al grupo de Pedro Flores como arreglista y director. Se le considera uno de los mejores en esta rama de la música, al extremo de que buena parte de la fama que tiene Pedro Flores como compositor se la debe a los arreglos que para él hiciera Moncho Usera. Este talentoso músico nuestro pertenece a un grupo de ejecutantes que lograron salvar las barreras del prejuicio prevalecientes en la ciudad para formar parte de varias orquestas integradas totalmente por músicos estadounidenses.

Juan Tizol, miembro de una distinguida familia de músicos de San Juan, llegó a los Estados Unidos en 1920. Excelente ejecutante del trombón de llaves, se unió a la orquesta del foso en el Teatro Harvard en Washington, D.C. y luego tocó durante algunos años con otras orquestas del área. Para ese tiempo, el célebre director Duke Ellington estaba organizando su orquesta. Juan Tizol se unió a ésta en septiembre de 1929 y permaneció en ella durante los próximos 15 años.

Tizol fue uno de los músicos excepcionales que le dieron a la orquesta de Ellington su extraordinaria variedad y virtuosismo, particularmente cuando esto se combinaba con los geniales arreglos musicales de Ellington. Tizol fue un solista melifluo, criticado a veces por los fanáticos de jazz porque sonaba demasiado "dulce", como se decía que sonaban las orquestas de *swing*. No obstante, Ellington y sus músicos le consideraban un músico completo, algo más que un solista capaz de hacer con su trombón de llaves lo que no se podía hacer con el trombón de vara; para así explorar nuevos efectos en sus orquestaciones.

En 1944 Tizol pasó a formar parte de la Orquesta de Harry James, con base de operaciones en California, donde estaba viviendo su esposa. La retribución también era mejor, pues James se encontraba en el apogeo de su éxito comercial, y con él estuvo por siete años. En 1951 Ellington logró que Tizol, junto al percusionista Louis Belison y el saxofonista Willie Smith, regresaran a su orquesta. Tizol abandonó la orquesta de Ellington dos años después y se radicó en Los Ángeles, donde continuó

**La marcha
de los jíbaros**

participando en grabaciones, particularmente con las orquestas de Nelson Riddle y Frank Sinatra.

Tizol escribió sólo algunas piezas, la mayor parte durante el tiempo que estuvo con Ellington, pero dos de ellas se convirtieron en clásicos del *jazz*: *Caravan* y *Perdido*.

Otras composiciones de Tizol son *Bakiff*, *Pyramid*, *Moonlight fiesta*, *Conga brava*, *Sphinx* y *Keb-lah*. Todas fueron grabadas por Ellington. *Caravan* está considerada por algunas autoridades en la materia como la primera pieza en la modalidad del *jazz latino*. Ciertamente Juan Tizol fue a bailar a la casa del trompo y lo hizo mejor que el trompo.

Norosvaldo "Noro" Morales, pianista, compositor, arreglista y director de orquesta, nació en San Juan el 4 de enero de 1911. Arribó a la ciudad de Nueva York a mediados de los años 30, donde tocó con varias orquestas locales, entre los que se cuenta la muy conocida agrupación que dirigía **Alberto Socarrás**. En 1938 organizó su propia orquesta y con ella sus primeros discos en el sello Decca. Ese mismo año grabó 14 piezas para el sello Columbia con el célebre vocalista puertorriqueño **Pedro Ortiz Dávila, "Davilita"**.

Sin duda alguna a Noro Morales hay que contarlo entre los músicos boricuas que triunfaron plenamente en la ciudad de los rascacielos. Su nombre está ligado a lo más granado de la canción popular y su presencia estará siempre presente en sus múltiples grabaciones, que nos legó cuando el 14 de enero de 1964 se durmió para siempre bajo el frío cielo neoyorquino.

Celso Vega fue otro de los músicos boricuas que triunfaron en Nueva York. Durante los años de la Segunda Guerra Mundial dirigió su propia agrupación: El Quinteto de Celso Vega, con el que realizó un considerable número de grabaciones. Este conjunto fue uno de los escogidos por La Voz de América, para transmitir música popular latinoamericana al hemisferio sur como parte de un programa de solidaridad que se llamó "panamericanismo".

La destreza de Celso Vega en la trompeta, principalmente cuando utilizaba la sordina, fue considerada por los aficionados a esta modalidad como superior a todos los trompetistas de su tiempo.

Siguiendo lo que era ya uso y costumbre entre los músicos latinos en Nueva York, Celso Vega tocó y grabó con otros conjuntos, mayormente con el Grupo Marcano. Como compositor, Celso Vega no produjo canti-

La marcha de los jíbaros

dad, pero sí calidad. Sus *boleros* fueron grabados por varios cantantes de fama internacional, entre los que se cuentan Antonio Machín.

Los cantantes

Pedro Ortiz Dávila, "Davilita", es el cantante puertorriqueño más identificado con nuestra música popular en la metrópoli. Nacido el 21 de mayo de 1912 en Bayamón, emigró a Nueva York a la temprana edad de 13 años y a principios de los años 30 se inicia como cantante con el Sexteto de Pedro Flores, con el cual realizó sus primeras grabaciones. En 1933 se desliga del conjunto de Pedro Flores y ocupa la primera voz en el Grupo Victoria de Rafael Hernández, integrado por sus compatriotas **Francisco López Cruz**, primera guitarra; **Rafael Hernández**, segunda guitarra y **Rafael Rodríguez,** segunda voz.

Debemos tener presente que en los años en que Davilita grabó discos en Nueva York, éste era el único medio de difusión disponible para dar a conocer en la Isla la labor artística de nuestros músicos en el Continente, por lo que eran más conocidos en su base de operaciones que en Puerto Rico debido principalmente a que las diferentes agrupaciones musicales en la ciudad actuaban en teatros, clubes nocturnos y actividades privadas que les daban a conocer al público latino en Nueva York, donde el hispano le aplaudía, les admiraba y se identificaba con ellos. Al lado de acá tuvimos que conformarnos con escuchar sus discos en los primitivos fonógrafos de entonces. Los discos fueron tarjetas de presentación para muchos hermanos puertorriqueños que nunca tuvieron la oportunidad de conocer personalmente a sus músicos.

Al día de hoy, cuando escribimos estas líneas, una caterva de artistas boricuas que en alguna medida contribuyeron a perpetuar la tradición musical puertorriqueña en suelo norteamericano yace olvidada o ignorada por la presente generación. Rescatarlas del limbo en que se encuentran precisaría un trabajo enciclopédico. Davilita es una de las contadas excepciones, pues dada su abultada discografía y su enorme popularidad a ambos lados del océano, escapó al anonimato para constituirse en símbolo de la canción popular puertorriqueña.

La modalidad predominante en la canción popular puertorriqueña de los años 30 al 40 fue el dueto de voces masculinas, particularmente en los conjuntos pequeños —tríos, cuartetos, quintetos y sextetos— que

La marcha de los jíbaros

usualmente utilizaban una voz primera y una voz segunda cantando en armonía. A juzgar por el número de grabaciones de este tipo registradas en Nueva York por los cantantes puertorriqueños, podría afirmarse que hicieron de esta práctica una especialidad. Forman legión los vocalistas que destacaron en el canto armónico. Algunos botones de muestra son **Salvador Ithier**, **Fausto Delgado**, **Enrique Rodríguez**, **Inocencio "Chencho" Moraza**, **Claudio Ferrer**, **Rafael Rodríguez**, **Perín Vázquez**, **Manuel Jiménez** y otros que contribuyeron admirablemente a la interpretación de las canciones puertorriqueñas nacidas en Nueva York hasta los años 30.

La década del 40 acusa una preferencia por los cantantes solistas y las orquestas. Atrás iban quedando los conjuntos pequeños para dar paso a agrupaciones de diez o más músicos con una mayor variedad de instrumentos que generalmente incluían saxofones, trompetas, piano, flauta, guitarra, clarinete y batería. Con este marco musical grabaron infinidad de discos las distintas orquestas que se disputaban las mejores tarimas de la gran urbe del norte. De ellas recordamos las dirigidas por **Juanito Sanabria**, **Juan Rosado**, **Noro Morales**, **Pedro Flores**, **Mario Dumont**, **Augusto Coén**, **Manolín Morell** y **Armando Castro**.

Con la proliferación de orquestas de baile como las mencionadas, que casi sin excepciones utilizaban cantantes solistas, éstos vinieron a ser figura principal, foco de atención y, en consecuencia, ídolos del público hispano en Nueva York. Davilita fue cantante solista con Noro Morales y posteriormente con Augusto Coén.

De esta misma etapa son los vocalistas **Johnny López**, **Juan Ramón Torres "El Boy"**, **Polito Galíndez**, **Eladio Peguero "Yayo el Indio"**, **Doroteo Santiago** y muchos más que en mayor o menor grado aportaron su arte a la canción popular puertorriqueña desde las tarimas neoyorquinas.

Merece párrafo aparte **Tito Rodríguez**, quien comenzó lo que habría de ser una fabulosa carrera artística como cantante de conjuntos pequeños en la Isla y terminó como solista de fama internacional frente a su propia orquesta en Nueva York.

En 1939, a la edad de 16 años, Tito tocaba las maracas y cantaba con el conjunto de su hermano Johnny y grabó su primer disco el 8 de febrero de 1940. Ese mismo año, Tito sustituyó a su hermano Johnny como vocalista de Enrique Madriguera, músico español radicado en Nueva York, y con esta orquesta grabó el 28 de marzo de 1941 dos selecciones para la RCA Victor: *Acércate más* y *Se fue la comparsa*. Un año después aban-

La marcha
de los jíbaros

donó la orquesta para sustituir al cantante cubano Miguelito Valdés en la Orquesta de Xavier Cugat. Su primera y única grabación con Cugat fue la *rumba* de Noro Morales **Bim bam bum**, registrada para la Columbia Records el 20 de julio de 1942. Después de un año en las fuerzas armadas, cantó con la Orquesta de Noro Morales y grabó una serie de discos para el sello Seeco. Posteriormente trabajó para **Eddie Le Baron** y **José Curbelo**. El 7 de febrero de 1947, Tito Rodríguez grabó cuatro discos para la Orquesta de Chano Pozo, que en realidad era la orquesta del cubano Frank Grillo "Machito".

Tras su salida de la Orquesta de José Curbelo en 1948, Tito organizó su propia agrupación, The Mambo Devils, con la que se presentó por varias temporadas en el club nocturno Roadside de Brooklyn. En 1963 organizó su gran orquesta, integrada por músicos cubanos y puertorriqueños competentes y experimentados. A partir de ese momento su nombre se disparó al estrellato, tanto entre los públicos norteamericanos como latinoamericanos. En 1963 su proficiente talento fue aclamado a través del hemisferio. La venta de 1,500,000 copias del disco *Inolvidable*, le merecieron titulares de prensa y su presencia fue reclamada por todos los países de habla hispana.

No todo fue color de rosa para Tito Rodríguez. Como tantos otros latinos en Nueva York fue víctima del prejuicio y la discriminación. Por un tiempo no pudo conseguir empleo en Nueva York y para subsistir se veía precisado a trabajar con agrupaciones de otros lugares. Después de sus grandes triunfos en la metrópoli, Tito decidió establecer residencia en Puerto Rico. En una entrevista que su esposa concedió a una revista de Nueva York dijo que Tito quería vivir en San Juan, hasta que comprendió que a los puertorriqueños de Nueva York se les cerraban las puertas en Puerto Rico. Venciendo los obstáculos que se le presentaron en su patria logró un espacio en un canal de televisión, donde presentó El Show de Tito Rodríguez, un espectáculo musical con estrellas invitadas tales como Sammy Davis Jr., Shirley Bassey, Tony Bennett, Sarah Vaughn, José Ferrer, Xavier Cugat, Joe Loco, Vitín Avilés y muchas otras celebridades de renombre internacional. Su programa era visto en Nueva York, Los Ángeles, México, Panamá y a través de toda la América Hispana.

Cuando la industria televisiva adjudicó los premios anuales, el espectáculo de Tito fue ignorado. La razón para negarle el merecido reconocimiento fue que no se le podía premiar porque sus compatriotas lo consi-

**La marcha
de los jíbaros**

deraban "neoyorquino". Fue este desaire de los medios en Puerto Rico lo que lo llevó a mudarse a Coral Gables, Florida.

A partir de 1968 su salud comenzó a deteriorarse y se descubrió que padecía leucemia. Falleció el 28 de febrero de 1973 en un hospital de Nueva York.

Tito Rodríguez, como todos los músicos boricuas que hicieron carrera en la Gran Urbe, nunca dejó de ser y sentirse puertorriqueño. Aunque resentido por el trato que recibió en Puerto Rico por considerarle *neoyorican*, nunca dejó de amar el suelo donde nació. Quienes le conocieron íntimamente afirman que su deseo era que sus restos mortales descansaran en la Isla. No fue así, pues su cadáver fue cremado en una funeraria de Hialeah, Florida y las cenizas le fueron entregadas a su esposa.

Tito Puente (Ernest Anthony Puente Jr.) sí es *neoyorican*. Nació en Nueva York, hijo de padres puertorriqueños, el 20 de abril de 1925. Sus pasos en la música comenzaron cuando a temprana edad tomó clases de piano con **Victoria Hernández**, hermana de Rafael Hernández. Según contaba Victoria, no fue un discípulo consecuente y dedicado, por lo que abandonó los estudios del piano para dedicarse enteramente a los instrumentos de percusión, en los que no tardó en descollar. A la edad de 13 años debutó como percusionista con la Orquesta de Noro Morales. Más tarde tocó con las orquestas de **Machito**, **José Curbelo** y **Pupi Campo**. En 1940 organizó su propia orquesta, los *Picadilly Boys*. Esta agrupación actuó regularmente en el Palladium Ballroom y grabó una larga lista de éxitos. Desde entonces y hasta el presente, Tito Puente, es la más relevante figura de la música latina en Nueva York. Se le conoce como el "Rey del timbal", compositor, arreglista y director de orquesta. Actualmente continúa activo en la música. Su valiosa aportación a la música popular desde su base de operaciones en Nueva York le ha valido merecidos reconocimientos de la comunidad boricua en la Gran Urbe, así como muestras de admiración del público anglosajón expresadas en forma de premios prestigiosos y extraordinarias ventas de sus discos.

La presencia de los músicos puertorriqueños en Nueva York contribuyó substancialmente a la caribeñización de la ciudad. A partir de aquellos pioneros que emigraron en 1917 el número de ellos fue aumentando continuamente hasta constituir la mayoría de los hispanos que vivían del oficio. De esa primera generación quedan pocos. Actualmente tenemos una segunda y una tercera generación que mantienen la vigencia de la

**La marcha
de los jíbaros**

música caribeña en y fuera de los Estados Unidos, aunque utilizando para ello otras formas de expresión musical más a tono con los tiempos. El género conocido como *salsa*, más que ningún otro, identifica la música caribeña del presente, y la gran mayoría de ella nace y se hace en Nueva York por músicos latinos de ascendencia puertorriqueña o cubana.

Si hay algo que puede explicar en breves palabras este fenómeno de un pueblo que por tres generaciones hace lo mejor de su música popular en Nueva York, es el hecho de que en los años 40, cuando la situación económica de la Isla mejoró sustancialmente, muchos de los músicos que habían tomado la ruta del exilio voluntario, comenzaron a regresar al terruño para dirigir orquestas, amenizar bailes y grabar discos. **Mario Dumont**, **Miguelito Miranda**, **César Concepción** y **Moncho Usera**, para mencionar los más conocidos, regresaron a la Isla para hacer historia musical puertorriqueña en casa.

Con los años 50 vino el principio del fin de las grandes orquestas de baile en Puerto Rico y nuevamente, comienza el éxodo de músicos a la Gran Urbe del norte. Claramente, el fenómeno es uno de índole económico y no guarda relación alguna con cambios políticos o culturales en la Isla. Esta segunda oleada de músicos y cantantes puertorriqueños, sin embargo, difería de la primera por cuanto la integraban veteranos del quehacer musical que ya habían hecho carrera en Nueva York y regresaban en busca de empleo. Tales fueron los casos de **Mario Dumont**, **Armando Castro** y **Don Rivero**, todos directores de orquesta, así como el de los cantantes **Joe Valle**, **Manolín Mena**, **Juan Ramón Torres "El Boy"**, **Santos Colón**, **Félix Caballero** y **Bobby Capó**, quienes continuaron activos en la música hasta los años 60.

Para este tiempo ya era evidente que la música latina que se hacía en Nueva York dejaba atrás los viejos moldes y comenzaba a perfilarse una música híbrida, latina pero con una marcada influencia del *jazz*, ejemplificado en la persona del pianista y arreglista **José Esteves "Joe Loco"**, quien tocó con las orquestas de Machito, Noro Morales, Pupi Campo y Tito Puente, así como las de Vincent López, los hermanos Dorsey, Xavier Cugat y Count Basie.

Esteves había estudiado música en la Universidad de Nueva York y se especializó en el Método Shillinge. Valiéndose de su sólida preparación musical, Esteves prefería interpretar canciones populares de los Estados Unidos con un fondo rítmico latino y grabó un buen número de ellas.

**La marcha
de los jíbaros**

Si bien es cierto que los músicos puertorriqueños en Nueva York tuvieron que lidiar con el prejuicio y la hostilidad del entorno en que les tocó desenvolverse, no es menos cierto que un buen número de ellos alcanzaron en la gran ciudad del norte, fama y fortuna. Las oportunidades de trabajo, que a principios del siglo eran escasas y mal remuneradas, fueron mejorando con el paso de los años. La música latina, que para los norteamericanos era algo exótico y ajeno a la cultura del país, se fue haciendo indispensable para el creciente número de latinos establecidos en la nación y en gran medida, para los propios neoyorkinos, particularmente para aquellos relacionados con la industria disquera y los espectáculos.

Como todo grupo étnico, el latino en Nueva York precisaba diversión y alguien debía proveerla. Fue un caso de demanda y oferta, en el que los puertorriqueños participaron destacadamente, como evidencian la realidad de las numerosas salas de baile a través de la ciudad, donde se celebraban bailes regularmente amenizados por orquestas latinas integradas por músicos puertorriqueños. Varios de estos salones eran administrados por boricuas, como por ejemplo, el Club Caborrojeño, localizado en la calle 145 y Broadway; el Caravana Club, localizado en la calle 149 y Tercera Avenida, administrado por **Salvador Merced**, quien fue además productor de programas de radio dirigidos a la audiencia hispana de la Ciudad. Casita María, en el mismo corazón de El Barrio, ofreció también a muchos músicos latinos, la primera oportunidad de ser escuchados.

Salones de baile como Casa Galicia, Golden Casino, Gran Concourse Ballroom, Hunts Point Palace, Tropicana Club, Village Gate, Audubon Ballroom, Broadway Casino, Club Caborrojeño y el Golden Casino, este último, donde se celebró el principal baile latino en 1930, cuando el local fue alquilado por una noche por un club social puertorriqueño.

Son tantos los salones de baile identificados con la música latina en Nueva York, que sería prolijo mencionarlos en su totalidad. Pero hay tres que es de rigor mencionar, porque fueron virtualmente templos de la música latina en la Gran Manzana: el Palladium Ballroom, en Broadway; el China Doll, también en Broadway y La Conga, en la calle 52 y Broadway, desde cuyas tarimas las mejores orquestas latinas en Nueva York hicieron las delicias del público, que consecuentemente acudía a escucharlas y bailar los ritmos de moda.

**La marcha
de los jíbaros**

La música, como toda expresión artística, genera actividades tangenciales que pertenecen a la esfera de la economía, como son la producción, difusión, promoción y distribución del producto. En todas estas facetas encontramos nombres de puertorriqueños que se distinguieron en una de ellas y en algunos casos, en todas ellas. En los años 30, Rafael Hernández y su hermana Victoria, establecieron una tienda de discos, instrumentos musicales y artículos relacionados con la música. Eventualmente otro emprendedor puertorriqueño, **Luis Cuevas**, compró el establecimiento y bajo su administración el negocio se expandió. Cuevas fundó el sello disquero Verne, donde se perpetuaron las voces e interpretaciones de los artistas boricuas más sobresalientes de la época.

También incursionó en el mundo de los negocios, el saxofonista y director de orquesta **Bartolo Álvarez**. La manera como hizo fortuna en Nueva York, es ejemplo del espíritu de superación del músico puertorriqueño en la Ciudad.

Bartolo Álvarez dirigía la orquesta del club nocturno Broadway Casino. Después de siete años frente a su orquesta en esta tarima, fue cesanteado por el dueño del local para darle paso a otra orquesta. Días después, Bartolo se encontró con su amigo **Ney Rivera**, cantante dominicano que a la sazón, se desempeñaba como vendedor de los discos Seeco, y le contó sus cuitas; estaba desempleado y no sabía qué hacer. "Mira, —le dijo Ney— están vendiendo una tienda de discos en la calle 11. Se llama Casa Latina".

Allá se fue Bartolo. Se sentó en una barra que estaba directamente frente a la tienda de discos y notó que había un gran movimiento de gente, de distintos sectores de la ciudad, entrando y saliendo del local. Esto lo decidió a hablar con el propietario del establecimiento, un señor mucho mayor que él, que nada sabía de música.

— ¿Es cierto que usted está vendiendo este negocio?

— Sí nene, sí. Lo estoy vendiendo.

— ¿Y cuánto pide por él?

— Tres mil dólares. Pero me puedes dar la mitad ahora y la otra mitad después.

Bartolo se fue a su casa y le contó lo sucedido a su esposa, quien a duras penas había hecho unos ahorros, suficientes para cubrir el primer abono de $1,500.00.

**La marcha
de los jíbaros**

Un golpe de suerte vino en auxilio de Bartolo. Contrataron su orquesta para tocar tres noches en una sala de baile. Le pagaron $750.00, pero le dijo a los músicos que no les pagaría por su trabajo, porque necesitaba el dinero, que fueran la próxima semana a la tienda que acababa de comprar y allí recibirían el dinero que les correspondía. Los músicos entendieron y estuvieron de acuerdo.

Bartolo Álvarez probó ser un extraordinario comerciante. Bajo su administración, la Casa Latina se convirtió en uno de los principales centros de distribución de discos en la Ciudad. Fue tan dramática la importancia alcanzada por este establecimiento en Nueva York, que poco después, quien se lo vendió, ofreció comprárselo por $5,000.00. Bartolo le dijo que no lo vendería aunque le ofrecieran $25,000.00.

En un viaje a la Isla, Bartolo Álvarez habló con los dueños de la casa disquera Martínez Vela, que era entonces la más importante distribuidora de discos de Puerto Rico. Allí le dijeron que tenían 50,000 discos de 78 revoluciones y que querían salir de ellos para darle paso a los discos de larga duración que habrían de suplantarlos. Bartolo les ofreció 5 centavos por disco, los envió por barco a Nueva York y desde su establecimiento, vendió todos los discos a dólar cada uno.

Esta historia no sólo demuestra la sagacidad de un comerciante puertorriqueño, también demuestra que Nueva York ofrecía a nuestros músicos la oportunidad de labrarse un futuro mejor si se esforzaban por superarse.

Rafael Pérez, hombre de negocios puertorriqueño, fundó en Nueva York el sello disquero Ansonia Records.

Gabriel Oller nació en Santurce, Puerto Rico. Se trasladó a Nueva York en plena juventud y trabajó para RCA Víctor y Columbia Records en los años 30. En 1934 fundó Dynasonic Record Company. Esta compañía se especializó en producir acetatos para los músicos latinos que aspiraban a vender sus grabaciones a las principales casas disqueras de aquellos años: RCA Víctor, Columbia y Decca. En los años 40 abrió una tienda de música dedicada a la música latina, en la calle 46 y Sexta Avenida. Fundó dos sellos disqueros, CODA y SMC, en los que recogió con dedicación y esmero la música representativa de Puerto Rico. Por muchos años estuvo al frente del Spanish Music Center, punto obligado para los amantes de la música latina en Nueva York.

No fue menos atractiva a los músicos latinos en Nueva York, la fuente de empleos que significaban los teatros donde se exhibían películas en

**La marcha
de los jíbaros**

español, se presentaban agrupaciones musicales latinas y artistas de variedades. Es significativo que varios teatros de la Ciudad, que originalmente llevaban nombres en inglés, optaron por cambiarlos a nombres en español, para atraer al siempre creciente público hispanoamericano, ávido de diversiones. De éstos recordamos dos: Teatro Campoamor, que originalmente se llamó Teatro Mount Morris, y el Photoplay Theatre, que luego pasó a llamarse Teatro San José.

Hermán Díaz fue un puertorriqueño productor de discos, que por muchos años se desempeñó como Director de Artistas y Repertorio para la División Latina de RCA Víctor y que en gran medida fue responsable del éxito alcanzado por artistas como Dámaso Pérez Prado, Tito Rodríguez y Noro Morales.

No podemos concluir esta síntesis, sin mencionar el papel preponderante que jugaron las compañías editoras de música de Nueva York, particularmente la Peer International Music Publishing Company. Esta editora de música, con sucursales en las Américas, Europa y Asia, ha sido y es la que más ha impulsado la música latina a través de todo el mundo. Desde su sede en la Avenida Broadway de Nueva York, donde se encuentran registradas la mayoría de las canciones de Rafael Hernández, Pedro Flores y cientos de autores hispanos, el Departamento de Música Latina ha llevado nuestra música a todos los confines del mundo. Por muchos años, ese Departamento Latino fue dirigido por una extraordinaria mujer puertorriqueña, de nombre **Providencia García**.

Este trabajo ha de ser por fuerza inconcluso. Los músicos puertorriqueños, actualmente bajo condiciones más favorables que las de sus predecesores, continúan haciendo música latina en la metrópoli, como quien dice, con una pierna en Nueva York y la otra en San Juan. Es una historia larga que aún no termina...

La marcha
de los jíbaros

Carmita Jiménez

Pedro Flores.

Olga Medolago Albani

Tito Rodríguez

La marcha
de los jíbaros

En la foto Antonio Mesa y Salvador Ithier, quienes junto a Rafael Hernández, formaron el Trío Borinquen.

Noro Morales.

Cuarteto Marcano (1950).

La marcha de los jíbaros

Cuarteto Victoria. Desde la izquierda: Bobby Capó, Myrta Silva, Pepito Arvelo, Rafael Rodríguez y debajo Rafael Hernández.

Trío de Johnny Rodríguez (al centro), con Chencho Moraza (izq.) y Perín Boria (derecha).

Davilita (1986).

La marcha de los jíbaros

Plácido Acevedo
y Cuarteto Mayarí.

Trío de Johnny Albino.

Orquesta original de Xavier Cugat en el Waldorf. Trompeta debajo de marimba,
José Piña (Piñita). En marimba, Rey González; en guitarra, Pedro Berríos; Catalino
Rolón, con maracas (todos boricuas). La muchacha es Dorothy Miller, quien can-
tó con Cugat en los principios de su orquesta.

La marcha
de los jíbaros

Tras la huella de los músicos puertorriqueños en Cuba

La marcha
de los jíbaros

Dr. Olavo Alén Rodríguez

Nació el 23 de diciembre de 1947. Desde 1979 es director fundador del Centro de Investigación y Desarrollo de la Música Cubana (CIDMUC).

Estudia musicología en la Universidad de Humboldt de Berlín, Alemania, donde en 1979 obtiene el título de Doctor Phil.

Sus artículos e investigaciones sobre la música cubana y caribeña han sido publicados en español, inglés, alemán, francés, danés y árabe. Ha impartido clases y conferencias en diversas universidades y conservatorios del mundo, entre ellas: las universidades de Ottawa, Montreal, Brasilia, Sao Paolo, Helsinki, Tampere, Juvaskula, Puerto Rico (Río Piedras), Humboldt y Lüneburg, así como el Instituto Jean Sibelius de Finlandia.

Ha colaborado con artículos para el Diccionario de la música española e hispanoamericana (España), Musik in Geschichte und Gegenwart MGG (Alemania) y The New Grove Dictionary of Music and Musicians (Inglaterra).

Entre los libros publicados deben mencionarse "La música de las sociedades de tumba francesa en Cuba", premio de musicología Casa de Las Américas y "De lo afrocubano a la salsa".

Lcda. Ana Victoria Casanova Oliva

Nació el 23 de diciembre de 1959. Se graduó del Conservatorio Amadeo Roldán en 1979. En 1984 concluyó la Licenciatura en Musicología en el Instituto Superior de Arte (ISA) y comenzó a trabajar en el CIDMUC. Premio de Musicología Casa de Las Américas en 1986, por su libro "Problemática organológica cubana".

Contribuyó para el "Diccionario de la música española e hispanoamericana". Es coautora de la obra "Instrumentos de la música folklórico popular de Cuba", Atlas.

Sus artículos sobre música cubana y caribeña aparecen en revistas nacionales y extranjeras, integrando el proyecto La música en la vida del hombre, auspiciado por la UNESCO. Autora de producciones musicales y notas especializadas para múltiples discos compactos y series discográficas. Conferenciante en diversos eventos nacionales e internacionales.

Tras la huella de los
músicos puertorriqueños en Cuba

La historia de la música puertorriqueña está tan cerca de la historia de la música cubana, que muchas frases que identifican rasgos o acontecimientos esenciales de una, pueden ser utilizadas para identificar la otra. El poblamiento y la historia política de ambos países corrieron la misma suerte hasta finalizar el siglo XIX, y cuando este momento llegó, ya se habían definido en ellos muchas de las características que identifican sus culturas musicales. Incluso, común es también el hecho de que la cultura musical externa que más las ha influenciado durante el presente siglo es la norteamericana. Son precisamente estas verdades históricas las que crean una plataforma cultural de una particular relevancia en la música, sobre la cual se interrelacionan las culturas musicales de Puerto Rico y Cuba.

El presente ensayo pretende hurgar en uno de los aspectos vitales de esta interrelación: la historia y el aporte de los músicos puertorriqueños durante el proceso de evolución y desarrollo de la música cubana. Decisivo en este sentido fue la presencia esporádica o de cierta permanencia de determinados músicos puertorriqueños influyentes en Cuba, sobre todo en este siglo. Una esencial importancia para este tema muestra también la ciudad de Nueva York, por cuanto allí ocurrieron significativos encuentros entre músicos cubanos y puertorriqueños que permitieron un positivo intercambio de experiencias con el consecuente enriquecimiento de ambas partes.

Cristóbal Díaz Ayala señala, refiriéndose al bolero y la canción cubana en Puerto Rico, que "la relación mayor se produce en Nueva York, donde para los fines de la década del 20 y toda la del 30 está lo que sería la élite de los compositores populares puertorriqueños: **Pedro Flores**, **Rafael Hernández**, **Plácido Acevedo** y otros. Ahí el contacto con los

**La marcha
de los jíbaros**

músicos cubanos como el **Trío Matamoros, Machín, Panchito Riset**, fue muy intenso compartiendo en muchas ocasiones en los mismos grupos" [1]. Díaz Ayala señala después en el mismo trabajo las transformaciones que se verifican en el bolero puertorriqueño con motivo de la influencia cubana [2]. Asimismo tendríamos que indicar las transformaciones que hicieron los intérpretes cubanos al crear sus propias versiones de las obras de los compositores puertorriqueños que enriquecían sus repertorios.

Muchos y muy variados fueron los acercamientos entre puertorriqueños y cubanos. Según **Bobby Collazo** se debe a la compañía disquera puertorriqueña Montilla el "haber plasmado en el acetato a distintas zarzuelas cubanas, entre ellas *El Cafetal, Cecilia Valdés, María la O, Rosa la China* y otras más..." [3]. Collazo también recuerda en su libro que el *Lamento cubano* de **Eliseo Grenet** fue censurado por varios gobiernos de Cuba. Esta obra hasta ese momento contaba con una sola grabación hecha por la cantante **Esther Borja** con la orquesta de **Fernando Mulens**. La grabación fue recogida en un disco del puertorriqueño, **Fernando Montilla**[4].

A principios de la década del cuarenta la emisora radial Mil Diez "dió a conocer la primera orquestación en Cuba —y tal vez la única existente— de la *Danza puertorriqueña* de **Marín Varona**, cubano avecindado una vez en Puerto Rico; y de la *Danza cubana* de **Gonzalo de J. Nuñez**, puertorriqueño que, como si fuera en respuesta a Marín Varona, fue vecino de Cuba. Y esa rara singularidad sirvió de base a un programa especial..." [5].

Así serían innumerables las anécdotas e historias a contar sobre encuentros entre cubanos y puertorriqueños en el vasto campo de la música. Hoy día el espacio de la música *salsa* ofrece un terreno fértil para continuar el enriquecimiento mutuo entre cubanos y puertorriqueños.

La revista no.1, *Tropicana Internacional* del año 1996 recoge una entrevista al pianista puertorriqueño **Papo Lucca**, reconocido como uno de los grandes virtuosos entre los pianistas salseros. Durante la misma Lucca

---

[1] DÍAZ AYALA, Cristóbal: *Cuando salí de La Habana*, 1998: p.77.

[2] Ob cit, p: 77-78.

[3] COLLAZO, Bobby: *La última noche que pasé contigo*, 1987, p: 297.

[4] Ob cit, p: 338.

[5] LÓPEZ, Oscar Luis: *La Radio en Cuba*, 1981, p: 319.

La marcha de los jíbaros

afirmó que "la música que se hace hoy en Cuba, vuelve a ser una referencia obligatoria para todos nosotros" [6].

El cantante boricua **Andy Montañez** afirmó en un artículo titulado *La música cubana siempre ha estado presente en mí*, que en estos momentos "se están creando las condiciones para que vuelva a darse esa fusión de otros tiempos entre la música de las dos islas" [7].

Realmente estas músicas nunca se separaron, aún en los momentos de mayor aislamiento político; en Nueva York y en otras ciudades del mundo, se siguieron encontrando los músicos cubanos y puertorriqueños, dando fruto así a una de las relaciones más bellas que se halla establecido entre las músicas de dos países vecinos.

A finales del siglo XIX y hasta los primeros años del XX se produce una corriente migratoria desde Puerto Rico hacia Cuba. Aunque pocos de los inmigrantes fueron músicos, algunos de ellos legaron a la cultura cubana el fruto de su obra creadora.

Manuel Duchesne Cruz nació en Fajardo, Puerto Rico, en 1871 y llegó a Cuba a finales de 1898 con una formación musical como clarinetista. Ingresó el 15 de agosto de 1899 en la Banda de Música Municipal del Cuerpo de Policía en La Habana. Hasta 1904 estuvo entre los clarinetes primeros, y a partir de esa fecha ocupó la plaza de Clarinete Principal de dicha banda.

Como miembro de la Banda estuvo en las giras que la misma hiciera a las exposiciones de Buffalo y Nueva York en 1901, y de Boston y Nueva York en 1914. Participó además en los ciclos de "Conciertos Históricos" que organizó el afamado compositor y director cubano **Guillermo Tomás**, así como en todas las grabaciones que hizo la banda tanto para películas como para la radioemisora PWK de la Cuban Telephone Company.

Manuel Duchesne Cruz fue además compositor y muchas de sus creaciones enriquecieron el repertorio de la banda donde él tocaba. Entre sus obras más importantes están *Conchita* (*danzón*, 1908) *Cuba y América* (*danzón*, 1908), *Gratos recuerdos* (*danza puertorriqueña*, 1909), *Albert*

---

[6] Entrevista a Papo Lucca realizada por Leonardo Padura en artículo De Ponce al cielo, revista Tropicana Internacional, No.1, 1996, p: 35.

[7] RÍOS VEGA, Luis y García, Magali: *La música cubana siempre ha estado presente en mí*. Entrevista a Andy Montañez en revista Tropicana Internacional, No. 5, 1997, p: 6.

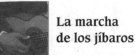

La marcha de los jíbaros

(*pasodoble*, 1913), **Todo Corazón** (*danza puertorriqueña*, 1913), **Marcha borinquen** (*marcha*, 1917), **Himno de Puerto Rico** (*himno*, 1917), **Viva mi Patria** (*pasodoble*, s.f.). Escribió además un estudio para flauta con acompañamiento de piano [8].

En 1924 trasladó su residencia a Ciego de Ávila, donde funda y dirige la Banda Municipal de Música de esa ciudad. Con ella obtiene un año más tarde el primer lugar en el Concurso Nacional de Bandas de Cuba. Manuel Duchesne Cruz falleció en Ciego de Ávila el 12 de mayo de 1951.

Sin embargo, si bien importantes fueron los aportes de Manuel Duchesne Cruz a la música cubana como excelente músico de atril, director de banda y compositor, su gran legado a Cuba fue fundar en La Habana toda una importante familia de músicos que hasta hoy enriquecen el acontecer cultural de Cuba. Su hijo **Manuel Duchesne y Morrillas** estudió música con él, se hizo flautista y tocó con las orquestas más importantes de La Habana. Llegó a dirigir la Orquesta Filarmónica de La Habana en los años cuarenta, y en 1957 asumió la subdirección de la Banda Municipal de La Habana donde había tocado su padre. En 1973 se le nombró Director Titular de dicha banda, plaza que ocupó hasta su jubilación en 1986 con la edad de 84 años.

Su nieto, **Manuel Duchesne Cuzán,** recibió una excelente formación musical que lo llevó a convertirse en uno de los mejores directores de orquesta del siglo XX en Cuba. Su infatigable actividad aún hoy lo ha puesto al frente de prácticamente todas las orquestas sinfónicas y los más afamados conjuntos de cámara en el país.

Muchos amantes de la música cubana piensan que **Rafael Hernández** es un compositor cubano. No porque confundan simplemente el lugar de nacimiento de tan insigne músico, sino porque están convencidos de que muchas de sus composiciones llevan un inconfundible sello de cubanía.

El hecho es, que Rafael Hernández utilizó los géneros musicales más importantes de Cuba para crear algunas de sus obras musicales de mayor trascendencia. Es posible que las versiones que hicieron los músicos cubanos de algunas de sus obras influenciaran al autor de tal forma que su estilo creativo se fue acercando cada vez más a las sonoridades más au-

---

[8] CORRAL, Carmen: *Catálogo de la Banda Nacional de Concierto*, manuscrito, 1998.

La marcha de los jíbaros

ténticas de la música cubana. Es posible también que el contacto de Rafael Hernández con los músicos de Cuba convirtieran al propio Rafael en un portador de ritmos, estilos, formas de armonizar e incluso de determinados "manerismos" utilizados en la música tradicional nacida en Cuba.

Muchos fueron los contactos de Rafael Hernández con los músicos cubanos. No sólo durante sus dos visitas a Cuba, sino también en Nueva York, ciudad hacia donde viajaban con frecuencia los más destacados músicos de todo el continente para grabar discos y tocar y triunfar en el turbulento ambiente musical de esa ciudad durante la primera mitad del presente siglo.

La primera visita de Rafael Hernández a Cuba se realizó a principios de la década del 20. La información más precisa sobre ella se encuentra en un artículo del musicólogo cubano Rodolfo de la Fuente. En el mismo se indica que la visita tiene lugar entre finales de 1919 y 1922. Durante este tiempo el joven Rafael trabaja como trombonista en la orquesta del Teatro Fausto en La Habana. Aquí hace contacto con el cantante cubano **Pablo Quevedo**, quien posiblemente es el primero que incorpora a su repertorio algunas de las composiciones de Rafael Hernández [9].

Años más tarde, ya en la década del treinta, *Campanitas de cristal* se convierte en uno de los grandes éxitos de Pablo Quevedo, quien a su vez era ya uno de los cantantes más populares del momento.

A pesar de que los integrantes del famoso trío cubano Matamoros habían conocido en 1928 a Rafael Hernández en Nueva York, no es hasta 1930 que ellos escuchan en Santo Domingo *Buche y pluma na'ma* [10] e incorporan inmediatamente a su repertorio esta conocida pieza del maestro. La versión del trío Matamoros de *Buche y pluma na'ma* se convirtió en el primer gran éxito de Rafael Hernández interpretado por músicos cubanos. Un año más tarde el mismo Trío Matamoros lanzaba también a la fama otra de las creaciones trascendentales de Rafael Hernández: *Capullito de Alhelí* [11].

Esta obra tuvo después múltiples versiones en las voces de diversos cantantes cubanos, sobre todo de intérpretes vinculados al teatro vernáculo,

---

[9] FUENTE, Rodolfo de la: *Rafael Hernández y Cuba*. En revista Universidad de América. Año 5. No.1, 1993, p :4 y 5.

[10] Ob cit, p: 5.

[11] Ob cit.

**La marcha
de los jíbaros**

y se convirtió, después de la filmación de la película cubana *La Bella del Alhambra*, ya en la década del 80, en el símbolo musical de éste, el más famoso de los teatros de La Habana en esa época.

La segunda visita de Rafael Hernández a La Habana se produce en 1939. Ya transformado en gran maestro y admirado por todos los cubanos, Hernández llega a Cuba comisionado por el sello discográfico Victor para realizar grabaciones con conjuntos y orquestas cubanas. Las agrupaciones escogidas fueron la **Habana Riverside**, dirigida por el maestro **Enrique González Mantici** y la **Orquesta de Alfredo Brito** que dirigió el propio Rafael Hernández debido a un gesto de cortesía del maestro Brito. Los cantantes seleccionados fueron **Miguelito García**, **María Ciervide** y el tenor **René Cabel** [12]. Posteriormente, Cabel continuó cantando obras de Rafael Hernández que popularizaba en la emisora RHC, Cadena Azul de Cuba.

En el mismo año de 1939 sale publicado el libro *Música Popular Cubana*, en inglés y en español, con la finalidad de ser presentado como documento oficial de Cuba a la Feria Mundial que se celebró en la ciudad de Nueva York. En él, a manera de una antología, Emilio Grenet revisa y edita 80 composiciones que él consideró representativas de la música cubana hasta ese entonces. Las partituras son precedidas de un ensayo escrito por el propio Grenet que se convirtió en uno de los artículos más esclarecedores publicado sobre la música de Cuba.

De las 80 composiciones, dos no fueron creadas por un cubano propiamente, pues ambas fueron escritas por Rafael Hernández. No se trata de un error de Grenet, pues *Buche y pluma na'ma* y *Cachita* son magníficos modelos en sus correspondientes géneros. *Buche y pluma na'ma* es clasificado por Grenet como un *son* y *Cachita* como una *canción rumba*, ambos géneros musicales de Cuba [13].

Rafael Hernández compuso *sones*, *canciones rumbas*, *son-afro*, *canción-afro*, etc., abordando las mismas temáticas que los autores cubanos contemporáneos con él. El lenguaje que utilizó para sus textos contenía las formas y estilo del habla del cubano de esa época. Sus arreglos musicales estaban pensados o fueron transformados para ser tocados por formatos instrumentales característicos de la música cubana como tríos,

---

[12] Ob cit, p: 6.
[13] GRENET, Emilio: *Popular Cuban Music*, 1939.

**La marcha
de los jíbaros**

septetos de *son*, *charangas francesas*, incluso muchas de sus obras integraron los repertorios de las *jazz bands* cubanas y conjuntos cubanos. A la par que él escribía música cubana se iba convirtiendo en uno de los grandes compositores de esta música, para ello le sobraba talento. Queda hoy Rafael Hernández incluido, no sólo en la famosa antología de Grenet como uno de los grandes creadores de la música cubana de todos los tiempos, sino también en esa más rigurosa selección que hace la historia de un país musical como es Cuba.

El aporte boricua a la música cubana no se limitó sólo a la creación. Importantes intérpretes marcaron a los músicos y al público cubanos.

Fue precisamente la puertorriqueña **Myrta Silva** una de las mejores intérpretes de *guarachas* en Cuba. Este género, uno de los más gustados de la música popular —tanto por su música, como por las peculiaridades humorísticas del texto que reflejan la idiosincrasia picaresca del cubano—, requiere de ciertas dotes interpretativas muy particulares, tanto de carácter histriónico y de proyección escénica, como en cuanto a los aspectos estrictamente musicales y Myrta Silva lo interpretó como nunca antes nadie lo había hecho.

La "Gorda de Oro", realizó su primer viaje a Cuba en 1942, y a partir de este año y hasta 1950, en distintas etapas, paseó su arte por los escenarios más exclusivos de La Habana, el cabaret Tropicana, las emisoras de radio y televisión más importantes de la época: Radio Progreso (en San José y Prado) y la CMQ. Cantó e hizo famosas numerosas *guarachas* como **Rumba Matumba** del cubano **Bobby Collazo** y en especial, el número *Camina como Chencha*, compuesto para ella por el eminente guarachero cubano **Ñico Saquito**. El montaje que realizó Myrta Silva de esta obra fue asesorado por el propio autor, quién trabajó muy estrechamente con ella, sobre todo en la creación de la proyección escénica del personaje "Chencha" y en su interpretación musical. Ya con la garantía de la labor de estas dos estrellas, y el carisma y la valía de la "Gorda...", sólo faltaba el remate: la **Sonora Matancera**, y en 1950, Myrta tuvo un éxito sensacional.

Fue la primera vez que la Sonora acompañaba a un artista "extranjero" —entre comillada esta última palabra, porque nadie como ella había entendido y expresado la idiosincrasia del cubano— y este éxito rotundo en los estudios de Radio Progreso, en otras emisoras radiales y en nume-

**La marcha
de los jíbaros**

rosos escenarios de la capital, le abrió el camino a otros intérpretes internacionales junto a la gran Sonora Matancera.

Su labor profesional al lado de artistas cubanos quedó recogida en las distintas grabaciones discográficas que realizó con orquestas como las de **Pérez Prado**, **Julio Gutiérrez**, los **Hermanos Palau**, **Bebo Valdés**, la Sonora Matancera, y con la agrupación de **René Touzet**, ésta última en Nueva York [14].

Myrta estableció un estilo de interpretación muy particular, que trascendió e influenció a otros artistas cubanos, y que marcó notablemente a glorias posteriores de la música cubana, entre ellas la famosa cantante **Celia Cruz**.

En 1950, cuando se eligió por votación popular a la artista extranjera más famosa en Cuba, Myrta Silva quedó en primer lugar y superó así, a personalidades de la talla de **María Félix**, **Jorge Negrete** y el **Trío Los Panchos**, quienes aunque gozaban de una extraordinaria fama en el resto del continente, quedaron en esta oportunidad en los lugares del segundo al cuarto respectivamente.

Precisamente en esos momentos, el puertorriqueño **Hernando Avilés** ocupó también un importante lugar en la votación popular, como integrante del Trío Los Panchos y junto a los mexicanos **Chucho Navarro** y **Alfredo Gil**.

Hernando Avilés, había visitado Cuba por primera vez en 1935 "acompañando como primera voz a un grupo de músicos que animaron una excursión de maestros que organizó la West Indies Advertising a Santo Domingo, Cuba y Florida" [15]. Pero a partir de 1948 y hasta 1951 como integrante del Trío..., es aclamado en La Habana por sus interpretaciones de *boleros* en presentaciones en las emisoras radiales más importantes de la época, en la televisión y los teatros.

Entre 1952 y 1959, el Trío Los Panchos estuvo integrado en distintas etapas por los también puertorriqueños **Julio Rodríguez** y **Johnny Albino**, además de Avilés, quien regresó a esta agrupación entre 1956 y 1958, después de haber visitado Cuba en 1955 con su **Cuarteto Avilés** [16]. Du-

---

[14] DÍAZ AYALA, Cristóbal: *Discografía musical cubana*. Vol II y siguientes; inédito.

[15] ORTIZ RAMOS, Pablo Marcial: *A tres voces y tres guitarras*, 1991 , p: 154.

[16] Ob cit: 316.

La marcha de los jíbaros

rante este período citado, el Trío Los Panchos, con el integrante boricua de turno, frecuentó Cuba anualmente, obtuvo los más sonados éxitos y se mantuvo siempre en la preferencia popular [17].

El Trío Los Panchos grabó muchas de las mejores creaciones de la música cubana para distintos sellos discográficos; entre ellas las de compositores como **Marcelino Guerra** —quién se relacionó con esta agrupación desde su fundación en Nueva York en los primeros años de la década del cuarenta— y **Ernesto Lecuona**.

La influencia de este trío en Cuba se evidencia sobre todo en la asimilación de una forma de interpretación que marcó pautas que siguieron los más afamados tríos cubanos, desde aquella época hasta el presente.

En 1946, llega a La Habana otro puertorriqueño, el cantante y compositor **Bobby Capó**, quien rápidamente fue contratado por Amado Trinidad alias "el guajiro", entonces dueño de una de las más importantes emisoras radiales de Cuba: RHC Cadena Azul. Un año después cuando Gaspar Pumarejo funda Unión Radio con ventiuna emisoras a lo largo y ancho del país, Bobby Capó estuvo entre los artistas contratados desde un inicio, junta a la cubana **Paulina Alvarez** conocida como "la emperatriz del danzonete", el cantante mexicano **Pedro Vargas**, **María Luisa Landín** y la orquesta Cosmopolita [18]. Todas estas transmisiones radiales, y en especial las realizadas por Unión Radio, le garantizaron una fama creciente en todo el país, como cantante y compositor.

También su fama se acrecentó después de las grabaciones que realizara en Cuba entre 1947 y 1950 para el sello disquero Seeco, acompañado de la orquesta Suaritos bajo la dirección de **Roberto Ondina**. En estas oportunidades grabó mayormente obras de compositores cubanos como: *Llevarás la marca*, de **Luis Marquetti**; *No, no y no* y *Piensa bien en lo que dices*, de **Osvaldo Farrés**; *Dos Gardenias*, de **Isolina Carrillo**; *Hasta mañana vida mía*, de **Rosendo Ruiz Jr.**, y *Satira*, de su propia inspiración. Pero uno de los éxitos más aclamados en Cuba fue el *bolero moruno Maldición gitana*, del panameño **Avelino Muñoz**.

Bobby Capó se relacionó con muchos artistas cubanos, pero fue con **Miguelito Valdés** con quién estableció especiales relaciones artísticas. Sus presentaciones conjuntas, en las que vestían pantalones cortos tuvie-

---

[17] ABRUÑA RODRÍGUEZ, Edna. *Los Panchos*, 1991.
[18] FAJARDO ESTRADA, Ramón: *Rita Montaner. Testimonio de una época*, 1997, p: 287.

**La marcha
de los jíbaros**

ron tanta fama en Cuba como en el Teatro Hispano de Nueva York. De estas relaciones también salió un número que ha recorrido el mundo: *Piel Canela*, dedicado por Bobby a la vedette cubana **Elsy Brizueta**, de nombre artístico *Piel Canela*; que fue grabado por éste junto a la Sonora Matancera en La Habana, bajo el sello Seeco, en 1952.

Las relaciones de Bobby Capó con artistas cubanos no estuvieron limitadas a nuestro territorio, ni a la labor profesional en lo que se refiere a la actuación conjunta, como fue el caso de **Miguelito Valdés**, y las grabaciones que realizó en Nueva York con agrupaciones cubanas como el Cuarteto Caney, las orquestas de Machito y sus afrocubanos, y la de René Hernández. El apoyo que tuvo de artistas como la ya consagrada **Rita Montaner**, también fue, en especial valioso, en algunos momentos de su carrera artística. Al respecto, **Ramón Fajardo** en su libro *Rita Montaner: Testimonio de una época*, cita estas palabras del puertorriqueño Bobby Capó:

"Estaban actuando en un show en el Royal Windsor de Nueva York bajo la batuta de Xavier Cugat, /.../ un grupo de artistas célebres /.../ Rita acababa de abandonar el micrófono, y Cugat que iba sencillamente presentando los artistas sin darle mayor importancia a la cosa, informó que enseguida la orquesta seguiría el curso del programa, teniendo a su cargo la parte vocal Bobby Capó. Entonces Rita Montaner le quitó el micrófono /.../, y anunció: 'ahora cantará para ustedes el cantante puertorriqueño Bobby Capó...la canción...' y me preguntó el título y lo anunció acto seguido. Esas son cosas inolvidables /.../ Me dio personalidad, en una palabra" [19].

Años después, en la ficción de una secuencia del film Anacleto se divorcia (coproducción cubano mexicana basada en el sainete español homónimo, dirigida por Joselito Rodríguez, y filmada en los estudios CLASA de México), es Bobby Capó quien después de cantar en el espectáculo de un cabaret, invita a Rita a que cante y baile *Pídeme lo que quieras*, un *bolero-mambo* de **Rafael de Paz**, en correspondencia con la trama de la película en la que se resalta la faceta artístico musical de la cubana, pero en la que también participa activamente el puertorriqueño [20].

A este boricua se debe también el haber dado a conocer en Cuba el *porro* colombiano *La Múcura*, que tantos lauros dio posteriormente a

---

[19] Ob cit, p: 179.
[20] Ob cit, p: 326

La marcha de los jíbaros

músicos cubanos como **Pérez Prado**, quien lo arregló en correspondencia con los ritmos cubanos [21].

Sus *boleros*, sumamente gustados por el pueblo cubano, han sido incluso arreglados a *chachachá* por distintas orquestas. En este caso sobresale el realizado a ***Pobre Luna*** por la orquesta Riverside con su estelar cantante el cubano **Tito Gómez**; que fue también un éxito dentro de éste género de la música cubana. Tal es el grado de actualidad que tienen las creaciones musicales de Bobby Capó en Cuba que uno de los cantantes más populares de la música cubana actual, **Paulito F.G.**, junto a su orquesta, ha incluido en su último CD algunas obras del insigne boricua.

Al igual que otros puertorriqueños su estancia en La Habana era alternada con viajes a Nueva York, Colombia, México, Puerto Rico y otros países latinoamericanos, de acuerdo con los contratos que les eran ofrecidos. Por eso sus entradas y salidas del país fueron numerosas durante la segunda mitad de la década del cuarenta y los años cincuenta. En muchas oportunidades coincidía con **Myrta Silva** y **Daniel Santos**.

A finales de 1946, Bobby Capó presentó a Daniel Santos a Amado Trinidad en la RHC Cadena Azul de Radio en La Habana. De este encuentro le resultó a Santos un contrato para un programa que empezaba con la canción *Anacobero*, escrita por el pianista puertorriqueño **Andrés Tallada.** Una equivocación del locutor presentó a Daniel Santos como el "Anacobero" y se le quedó el nombre que lo hizo famoso en Cuba. Su carácter y personalidad llevaron a que después se le añadiera lo de "inquieto" y así el "Inquieto Anacobero" se fue convirtiendo en el músico puertorriqueño más carismático de todos los que habían llegado a este país.

La Habana de los años cuarenta impresionó tanto a Daniel Santos como él mismo había impresionado a La Habana. Josean Ramos, en su libro sobre este gran músico puertorriqueño, recoge testimonios de él sobre esta ciudad: "Era delicioso caminar durante los atardeceres por aquella Habana que entonces poseía los mejores cabarets del mundo con las mujeres más eróticas que hayan visto ojos humanos" [22]. Después añade: "Allí se presentaban los mejores espectáculos del momento con **Esther Borja** y **Jorge Negrete**, **Celia Cruz**, la 'Dama de los puñales', Los Panchos, la Orquesta de Curbelo, la rumbera **Ninón Sevilla**, y por la

---

[21] BETANCOURT ALVAREZ, Fabio: *Sin clave y bongó no hay son*, 1993, p: 249.

[22] RAMOS, Josean: *Vengo a decirle adiós a los muchachos*, 1991, p: 109.

**La marcha
de los jíbaros**

radio se escuchaba a **Miguelito Valdés**, la Sonora Matancera, **Panchito Riset**, 'Cascarita' y todos los cantantes, rumberos y músicos preferidos por los públicos exigentes" [23].

Y fueron precisamente estos públicos exigentes de Cuba los que poco a poco fueron moldeando a Daniel Santos como uno de los grandes cantantes del mundo hispano de la época. Durante quince años, Daniel Santos estuvo entrando y saliendo de Cuba hacia Nueva York o hacia otras ciudades del continente sudamericano y en cada entrada reafirmaba su condición de gran intérprete de la música cubana.

El verdadero inicio de Daniel Santos en la música de Cuba había ocurrido algunos años antes del encuentro entre Daniel y el "Guajiro". En 1941 debido a una disputa entre Xavier Cugat y el cantante cubano Miguelito Valdés, Cugat se queda sin cantante y manda a buscar a Daniel Santos para que cantara con él durante unas presentaciones en el hotel Waldorf Astoria en Nueva York. En aquel momento ya Daniel cantaba en el Cuban Casino y había empezado a darse a conocer por el público cubano.

Después de RHC Cadena Azul vinieron épocas de altas y bajas, y entradas y salidas de La Habana. Hasta que es contratado por la Cadena Radial Suaritos donde cantó durante una corta temporada alternando con intérpretes de la altura de "**Toña la Negra**". Después pasó a Radio Progreso donde cantó acompañado del conjunto musical hispano más famoso de todos los tiempos: la Sonora Matancera. El propio Daniel Santos afirmó que: "Hay quienes sostienen que yo hice a la Sonora Matancera. Otros que la Sonora me hizo. Creo que nos beneficiamos mutuamente..." [24]

De Radio Progreso, Daniel y la Sonora pasaron al programa *Cascabel* de la CMQ televisora cubana que era quizás el de mayor teleaudiencia en el momento. Después vino su primer disco con la Sonora y así Daniel Santos alcanzaba la cúspide de su fama desde La Habana.

Con la Sonora Matancera, Daniel Santos grabó obras que trascendieron en el tiempo a su propia vida. *Dos Gardenias,* de **Isolina Carrillo** y *Noche de Ronda*, de **Agustín Lara** son sólo dos ejemplos a mencionar. Josean Ramos agradecería después a Daniel Santos en nombre de Isolina porque sus gardenias "no se marchitan desde que él las cultivó con su

---

[23] Ob cit, p: 110.
[24] Ob cit, p: 124.

La marcha
de los jíbaros

canto" [25]. Importantes obras de otros autores cubanos fueron interpretadas también por él contribuyendo así a su inmortalidad, tal es el caso de la *guaracha* **Cuidadito compay gallo** del legendario **Ñico Saquito**.

En Cuba y en La Habana según Daniel Santos "me ocurrieron cosas que sirvieron de inspiración a muchas de mis 400 composiciones" [26]. Tal es el caso del *bolero* titulado **El columpio de la vida**, inspirado mientras caminaba por el malecón habanero, o **Déjame ver a mi hijo**, escrito a su esposa Eugenia quien le impidió ver a su hijo Danielito. Incluso en la cárcel del Príncipe de La Habana compuso la **Virgen de la Caridad,** cuyo texto clama por una amnistía para los presos de ese recinto penitenciario. Sin embargo, posiblemente su intensa vida nocturna quedó reflejada en la canción **Amigotes**, mejor que en ninguna otra de sus creaciones.

En 1957, Daniel Santos se encontraba en Maracaibo, Venezuela. Un día mientras se daba tragos en una barra, lee en un periódico la falsa noticia de que Fidel Castro había muerto durante una emboscada en la Sierra Maestra de Cuba y que de su ejército quedaban sólo doce hombres. Sobre una servilleta escribió entonces la canción **Sierra Maestra**. Nadie quiso grabarle esta canción en Venezuela y entonces se fue para Nueva York donde lo logra recibiendo como pago los primeros mil discos que se produjeron. Poco a poco fue vendiendo los discos y cuando le quedaban sólo diecisiete los envío a Cuba, uno de ellos dirigido a Castro en la Sierra Maestra. La canción comenzó a ser utilizada en la emisora clandestina del Ejército Rebelde para alentar sus tropas y llegó a convertirse en un himno para los alzados. Debido a ello, Daniel Santos fue acusado de comunista e incluso de ser amigo personal de Fidel Castro. En enero de 1959, Daniel Santos se encontraba en La Habana y presenció la entrada de los rebeldes en esa capital. Después hizo un último viaje a Cuba, pues se percató de que el giro social por el que estaba pasando el país se alejaba cada vez más de sus intereses. Nunca más regresó al país que le había dado su gran fama.

Daniel Santos contribuyó, quizás más que ningún otro puertorriqueño, a fundir en un solo estilo los modos de crear y cantar de Puerto Rico y Cuba. Su estrecha amistad con el gran compositor puertorriqueño **Pedro Flores** acentuó los rasgos de la cultura musical boricua en sus

---

[25] Ob cit, p: 193.
[26] Ob cit, p: 112

**La marcha
de los jíbaros**

creaciones e interpretaciones, pero su contacto con lo mejor de la música cubana de las décadas del cuarenta y del cincuenta le añadieron un inconfundible sello de cubanía que se dejó percibir en todas y cada una de sus composiciones y actuaciones dentro y fuera de Cuba. Daniel Santos ocupa así un meritorio lugar entre los grandes cantores de la música cubana del presente siglo.

La actividad del boricua Pedro Flores dentro de la música popular cubana fue ardua, por la importancia que tuvieron sus presentaciones y grabaciones junto a artistas cubanos en La Habana y en otras partes de América, y por su labor como compositor de géneros cubanos, en especial el *bolero*.

Aunque vivió largos períodos en Cuba, entre los finales de los años cuarenta y principios de la década del cincuenta, la relación profesional de Pedro Flores con artistas cubanos, como **Panchito Riset**, data de mediados de los años treinta. En esta época el cubano cantó junto a la agrupación de este boricua e hizo numerosas actuaciones en los más importantes centros nocturnos de La Habana [27].

Durante esta etapa realizó creaciones como ***Bajo un palmar*** y ***Blancas Azucenas***, obras que se incluyen dentro del estilo de *bolero soneado*, que son valiosos exponentes de las características que iba tomando nuestra música popular y en las que este puertorriqueño jugó un importante papel. Participó a través de sus composiciones, del proceso evolutivo de un género como el *bolero*, que en esta época comenzaba a integrar a su lirismo textual las peculiaridades musicales propias de lo *sonero*, sobre todo en el aspecto rítmico del acompañamiento del conjunto. A esta línea estilística se le llamó *bolero soneado*, variante ésta diferente del *bolero-son*. Así, y sobre todo con las obras mencionadas, Pedro Flores formó parte indisoluble de la historia de nuestra música popular [28].

Entre algunas otras obras, ***Blancas Azucenas*** se convirtió en uno de los más grandes éxitos del popular cantante cubano Panchito Riset. Con ella, este intérprete ganó gran fama nacional e internacional, y la labor de Pedro Flores, jugó en ello un papel trascendental.

Otras importantes composiciones suyas, de trascendencia para la música cubana, han sido interpretadas a lo largo de todos estos años por

[27] COLLAZO, Bobby: *La última noche que pasé contigo*, 1987, p: 148
[28] LOYOLA, José: *En ritmo de bolero*, 1997, p: 81.

La marcha
de los jíbaros

figuras de la valía de **Benny Moré**, quien sobresalió en la interpretación de obras como *Perdón y Obsesión*, grabadas por este cantante cubano a dúo con el mexicano **Pedro Vargas** para el sello RCA Victor[29]. El acompañamiento lo asumió la propia orquesta de Benny Moré.

El *bolero Bajo un palmar*, fue popularizado en la década del cincuenta en ritmo de *chachachá*, por la gran Orquesta Riverside con el cantante cubano **Tito Gómez**. Otras creaciones como *Obsesión*, aparecen en las secuencias de *boleros* o *mosaicos* que hicieron muy famosa, en la década del 70 a otra agrupación cubana: **el Conjunto Roberto Faz**.

Desde las primeras décadas del presente siglo fueron aclamados por el público cubano muchos artistas puertorriqueños, quienes junto a figuras nacionales participaban en las puestas en escenas de las obras del *teatro musical vernáculo* y de *zarzuelas* cubanas y españolas.

En el *teatro vernáculo* cubano de los años veinte se destaca la presencia de la vedette puertorriqueña **Raquel Abella** con la compañía de **Arquímedes Pous**, que daba sus funciones en el Teatro Popular Cubano (Galiano entre Concordia y Virtudes) de La Habana, junto a figuras cubanas estelares como **Fernando Mendoza**, **Alvaro** y **Guillermo Moreno**, **Margot Rodríguez**, **Conchita Lauradó** y **Blanca Becerra**, quienes acompañados por la orquesta dirigida por Jaime Prats con su hijo Rodrigo al piano, llevaron al éxito rotundo obras que hicieron historia, entre ellas: *Magazín de fantasía* y *Las cuatro esquinas*.

En especial se destaca la participación de Raquel en una de las representaciones más recordadas de esa época: la revista *Las Mulatas de Bombay*, junto a **Luz Gil** y **Margot Rodríguez** en los roles protagónicos. Otra de las obras sonadas fue *De México vengo*, donde se destacaron —según señala Bobby Collazo en el libro *La última noche que pasé contigo*— "los hermanos Abella"[30], por lo que se puede inferir que Raquel no era la única puertorriqueña del elenco. Así, también los borinqueños pasearon su arte entre los típicos personajes vernáculos de "el gallego" y "el negrito". Pero esto sólo era el comienzo.

A finales de la década del treinta, el barítono puertorriqueño **Fernando Cortés**, ocupaba lugares estelares en la interpretación de *zarzuelas* con la compañía de **Lydia Rivera** en el Teatro Nacional. Una de sus

---

[29] NASER, Amín Emilio: *Benny Moré*, 1985, p: 199.

[30] COLLAZO, Bobby: *La última noche que pasé contigo*, 1987, p: 57.

**La marcha
de los jíbaros**

actuaciones más destacada fue la que realizó en el rol del "Conde Danilo", de *La viuda alegre*, papel que alternó con su colega mexicano Jorge Negrete y las sopranos cubanas **Zoraida Marrero** y **Estelita Echezábal**. *La duquesa del Bal Tabarin*, y *El conde de Luxemburgo*, además, las mejores *zarzuelas* cubanas de todos los tiempos como *El Cafetal* y *María la O* de Ernesto Lecuona y *Amalia Batista* de Rodrigo Prats, también contaron con las actuaciones de este excelente barítono [31].

Pero la versatilidad de Fernando Cortés, se haría efectiva junto a su esposa, la vedette puertorriqueña **Mapy Cortés**, quien en 1940, debutó en Cuba en la famosa Cadena Crusellas, primera serie espectacular de audiciones radiales con figuras extranjeras que se estableció en el país. Junto a ella realizó numerosos *sketchs*, en el Teatro Nacional, compartieron entonces con **Alberto Garrido**, **Federico Piñero**, **Esther Borja** y **Aníbal de Mar**, entre otros, y alternaron con la famosa artista cubana Rita Montaner.

Le cabe a Fernando y Mapy Cortés haber participado como protagonistas del primer programa con características de *vaudéville* que fuera realizado en nuestra radio: *La hora Bacardí*, por la emisora habanera CMQ —entonces en Monte y Prado— que fue la "hora" del espectáculo variado más famoso y más escuchado de esa época. En él, esta pareja puertorriqueña, participaba en una serie de diálogos picarescos, con guión del cubano **Emilio Medrano**. A la labor de estos artistas se debe el establecimiento del género *sketch* por vez primera en la radio cubana [32].

Hacia finales de la década del cuarenta se hizo también famosa, la cantante boricua **Aida Pujol**, quién había sido contratada por la sociedad Pro Arte Musical para realizar una serie de conciertos en La Habana.

Su alta calidad artística, su carisma y gran versatilidad fueron tomadas en cuenta por otros empresarios, no precisamente de música de concierto. Así es contratada para los espectáculos del Teatro América —en Galiano y Concordia—; y para el que se realizó en el Estadio Universitario, con el conjunto coreográfico Las Mulatas de fuego, los cantantes **Miguel de Gonzalo** y **Elizabeth del Río**, y pianistas de la talla de **Felo Bergaza**, **Orlando de La Rosa** y **Julio Gutiérrez** [33].

[31] Ob cit, p: 185.

[32] LÓPEZ, Oscar Luis: *La Radio en Cuba*, 1981, p: 461.

[33] COLLAZO, Bobby: *La última noche que pasé contigo*, 1987, p: 288-289

**La marcha
de los jíbaros**

Interpretó también, en 1950, el personaje de "Isabel de Ilincheta", en la grabación discográfica de la *zarzuela* cubana ***Cecilia Valdés***, de **Gonzalo Roig**, que realizó la compañía puertorriqueña Montilla Records, junto a cantantes cubanos y a su compatriota **Ruth Fernández**, y acompañados por la orquesta gigante del maestro Roig.

Aida Pujol llegó a dominar la interpretación de nuestra música como las mejores artistas cubanas, al punto de realizar exitosas presentaciones en el Teatro Encanto —de Neptuno e Industria— donde compartió glorias con la talentosa pianista **María Cervantes** y la estelarísima cantante **Blanca Becerra** [34].

Por esta época se destaca la cantante **Ruth Fernández**, quien hizo, desde 1948, numerosas presentaciones en Cuba durante distintas temporadas. En ese mismo año participó en la primera grabación *Verne* que se hizo en Cuba, en los estudios de la emisora radial Mil Diez, con la interpretación de la *guaracha* ***El Chaquetón***, del famoso compositor cubano **José Carbó Menéndez**. Aquí demostró una especial facilidad para las pimentosas *guarachas* cubanas. Pero esto era sólo el principio de lo que ocurriría posteriormente con esta diva puertorriqueña.

Durante una de sus estancias en La Habana fue escogida, al igual que su colega Aida Pujol, para la misma grabación de ***Cecilia Valdés***, que realizara la firma Montilla. Fueron excelentes sus interpretaciones afro del ***Tango congo de Dolores Santa Cruz*** (***Po, po, po***), que ya tenía en Cuba una cantante de la valía de Blanca Becerra, y donde la puertorriqueña hizo gala de una de sus mejores facetas interpretativas por la que sería recordada en Cuba hasta la actualidad: la vertiente afrocubana.

Las facilidades interpretativas de esta artista en las canciones *afro* se reafirman en el álbum de canciones que grabó para el sello Montilla con la orquesta de **Obdulio Morales**, a principios de la década de los años cincuenta, y que ha quedado como un inigualable exponente de interpretación de la música afrocubana [35].

Asimismo esta cantante también se relacionó con músicos cubanos en Nueva York; de eso queda constancia en sus grabaciones junto a **Alberto Iznaga** y **René Touzet** en esa ciudad.

---

[34] Ob cit, p: 288
[35] DÍAZ AYALA, Cristóbal: *Discografía musical cubana*. Vol II, inédito.

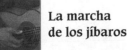

**La marcha
de los jíbaros**

Numerosos fueron a lo largo de las seis primeras décadas del siglo, los cantantes, músicos, y agrupaciones musicales de diversa índole, de origen puertorriqueño, que visitaron Cuba y cosecharon grandes éxitos durante cortas pero significativas presentaciones en distintos escenarios: teatros, emisoras radiales y televisivas, y los más famosos centros nocturnos y cabarets de la época.

En este sentido, es importante destacar la labor artística de la cancionera **Lucy Fabery** —quién tuvo hacia los principios de su carrera artística, la guía y los consejos del cubano **Miguelito Valdés**— en La Habana entre los años 1954 y 1959. Durante este período, realizó temporadas de presentaciones anuales en Cuba, y en las mismas asimiló el más popular estilo de interpretación de la canción cubana de la época: el *feeling*, para convertirse en una de sus más importantes cultivadoras.

Las interpretaciones más exitosas de Lucy Fabery de la música cubana aparecen recogidas en las grabaciones discográficas que realizó en La Habana en 1955 con **Julio Gutiérrez** y su grupo; y posteriormente en Nueva York, en 1962, con la orquesta de **René Hernández** [36].

La cantante **Carmen Delia Dipiní**, se vinculó a la música cubana en Nueva York desde 1952, año en que grabó con René Touzet. Tres años después tuvo éxitos en sus presentaciones en La Habana en Radio Progreso con el Conjunto Casino y en el famoso cabaret Alí Bar, de Luyanó. Por esta época tuvo la oportunidad de grabar con la famosa orquesta cubana Sonora Matancera, y Tropicana la tuvo en su elenco de 1957, así como también el programa radial Show de shows [37].

Entre las agrupaciones boricuas que visitaron Cuba por esos años se destacan el **Cuarteto Marcano**, la orquesta de **Rafael Muñoz**, el **Trío de Johnny Rodríguez**, y **Celso Vega** y su quinteto.

El **Cuarteto Marcano**, fue contratado por la RHC Cadena Azul en 1941 y grabó varios números para la RCA Victor. En dos de ellos, *Desvarío*, de **Arsenio Rodríguez**, y *Desengaño cruel*, de **A. Beltrán**, se les suma el cantante de la Sonora Matancera, **Bienvenido Granda** [38]. Pero ya años antes en 1934, en Nueva York, el cantante cubano **Panchito Riset** se había relacionado con esta agrupación y con el cantante **Pedro Ortiz**

[36] RIVERA, Félix Joaquín: *La muñeca de chocolate*, 1995.

[37] RAMÍREZ BEDOYA, Héctor: *La historia de la sonora matancera*, 1993, p: 303.

[38] DÍAZ AYALA, Cristóbal: *Discografía Musical Cubana*, Vol II, inédito.

La marcha de los jíbaros

Dávila ("Davilita"); con ellos obtuvo un gran triunfo con la canción *Sin Bandera*, del boricua **Pedro Flores** [39].

La orquesta de **Rafael Muñoz**, una de las más importantes agrupaciones puertorriqueñas del momento, incluyó en su repertorio números de autores cubanos como *Nuestras vidas*, de **Orlando de la Rosa**, que fueron grabados en La Habana entre 1956 y 1957. Asimismo, su cantante **Rafi Muñoz Jr.**, fue acompañado por la orquesta del cubano **Rafael Somavilla** en grabaciones discográficas para el sello RCA Victor [40].

Otras agrupaciones como el **Trío de Johnny Rodríguez** —quien era descendiente de madre cubana— y **Celso Vega y su quinteto**, realizaron presentaciones en Cuba en los finales de la década del cuarenta. Las interpretaciones de esta última agrupación fueron grabadas por la firma discográfica cubana Panart [41].

Otros músicos puertorriqueños se relacionaron con grupos y músicos cubanos en Nueva York, con una especial significación para el desenvolvimiento posterior de sus carreras artísticas. Entre estos casos se destacan las figuras del timbalero y vibrafonista **Tito Puente** y el cantante **Tito Rodríguez**, quienes a finales del cuarenta integraron la orquesta de Machito y sus afrocubanos, que era considerada la "número uno en esa época en New York" [42].

La participación de Tito Puente en esa orquesta fue tan trascendental que en 1957, cuando Gaspar Pumarejo contrata a todos los músicos cubanos que se encuentran en el extranjero para un Festival en el estadio habanero del Cerro, con el lema "50 años de música cubana", entre los músicos que llegaron de Estados Unidos también venía Tito Puente [43].

Al decir de Bobby Collazo en su libro *La última noche que pasé contigo*, "Tito Puente, boricua de nacimiento pero cubano de corazón, también aprovechó el viaje para seguir estudiando el toque del timbal, que era un instrumento cubano que muy pocos criollos cultivaban" [44]. Hasta tal punto llegó la identificación y la especialización de Tito

---

[39] COLLAZO, Bobby: *La última noche que pasé contigo*, 1987, p: 139.
[40] DÍAZ AYALA, Cristóbal: *Discografía Musical Cubana*, Vol II, inédito.
[41] Ob cit.
[42] COLLAZO, Bobby. *La última noche que pasé contigo*, 1987, p: 264.
[43] Ob cit: 413.
[44] Ob cit: 474.

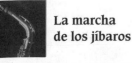

**La marcha
de los jíbaros**

Puente con los ritmos cubanos y con este instrumento cubano de percusión —uno de los de más complicada ejecución— que el título de "rey del timbal", en vez de recaer en un cubano, ha sido otorgado, con mucha justeza, a este insigne puertorriqueño.

Tras una época de silencio, debido fundamentalmente a la ruptura de relaciones entre los Estados Unidos y Cuba, comienzan a aparecer de nuevo importantes músicos boricuas ante los auditorios cubanos, aunque no con la misma intensidad que en la primera parte del siglo.

Si bien es cierto que **Danny Rivera** se había presentado como cantante ante los públicos cubanos en 1974 e incluso, un año antes también lo había hecho **Andrés Jiménez** "El Jíbaro", estos hechos aislados carecieron de una continuidad. Todo parece indicar que fue en el marco del "XI Festival Mundial de la Juventud y los Estudiantes", celebrado en La Habana en 1978, que se reinicia el contacto entre los artistas puertorriqueños y los auditorios de Cuba.

En este festival, la delegación cultural puertorriqueña estuvo integrada por los cantantes **Danny Rivera**, **Lucecita Benítez**, **Roy Brown**, y los grupos **Moliendo vidrio con el pecho**, y **Haciendo punto en otro son**, además de músicos como **Pedro Rivera** y **Noel Hernández**.

Muchos de estos artistas estaban influenciados en ese momento por el movimiento de la *Nueva Trova Cubana* que había surgido en 1972 durante un encuentro internacional de la *Nueva Canción* realizado por la Casa de Las Américas en La Habana. Es así como en las actuaciones de Danny Rivera se oyeron obras del aún muy joven compositor cubano **Pedro Luis Ferrer**.

Las presentaciones de estos artistas en Cuba comenzaron a igualar los éxitos que muchos años antes habían obtenido sus compatriotas, y a partir de este momento su presencia y la de otros músicos boricuas se fue incrementando en distintos festivales celebrados en Cuba y en giras y actuaciones que realizaban fuera del marco de estos eventos.

Es así como Danny Rivera, junto a su grupo acompañante, realizó en 1980 distintas presentaciones en el teatro Karl Marx, de La Habana, y en escenarios abiertos, como la Plaza Roja de Cárdenas, en la provincia de Matanzas, lugares que fueron abarrotados de un público deseoso de escuchar las interpretaciones de Danny. Fue en esta oportunidad que dio a conocer, por vez primera en Cuba, un tesoro musical de la vieja trova puertorriqueña, la obra *Estando contigo "Madrigal"* de **Felipe Goyco**

La marcha de los jíbaros

("Don Felo"), que se popularizó rápidamente y ocupó un lugar privilegiado en las emisoras radiales y televisivas de Cuba. Hoy todavía *Madrigal* forma parte de los repertorios de la mayor parte de los dúos y tríos que amenizan en bares, restaurantes y centros nocturnos de La Habana y otras ciudades del país.

Un año antes de ser popularizado *Madrigal* por Danny Rivera, en julio de 1979, **Andy Montañez** había visitado Cuba con la orquesta venezolana **Dimensión Latina**. En esta ocasión realizó actuaciones en marcos tan exigentes como los bailes populares de los carnavales de Santiago de Cuba, compartiendo escenarios con músicos cubanos como **Adalberto Álvarez** y el conjunto **Son 14**.

Otros dos viajes posteriores también lo vincularon estrechamente a la música y los músicos cubanos.

De particular importancia fueron sus actuaciones en el teatro Karl Marx en el "Festival Boleros de Oro de 1997", en el espectáculo *Los salseros cantan boleros*, acompañado al piano por **Pucho Díaz Valera**. En esta oportunidad cantó a dúo, entre otros, con los cubanos **Paulito F. G., Angelito Bonne**, **Rojitas** y **Valentín**; en especial, se destacó el dúo que realizó con **Rolo Martínez**, en la interpretación de *Obsesión*, de Pedro Flores. También alternó con soneros de la talla de **Pío Leiva** y **Raúl Planas**.

Los festivales internacionales de música realizados en Varadero a partir de 1981, con subsedes en las ciudades de La Habana y Matanzas, también tuvieron anualmente entre sus asistentes a artistas puertorriqueños, algunos ya conocidos como Lucecita, Roy Brown; otros por primera vez en Cuba como **Antonio Cabán** ("el Topo"), el grupo **Batacumbele** —una de las grandes atracciones del evento por su alta calidad y sus pegajosas interpretaciones—, **Johnny Colón** y su grupo **Salsa**, y, en especial, la presencia de **Cheo Feliciano** con la orquesta newyorkina **Fania all Stars**. Feliciano regresaría años más tarde como solista.

Las actuaciones de **Lucecita** y su versatilidad marcó al público y a la prensa cubanos: "Claro que a la puertorriqueña Lucecita la conocíamos pero /.../ ha sido como un redescubrimiento el de esta mujer cuya voz cobra graves y cálidos matices para un modo peculiar de decir y entregarse a la música. Difícil resulta hallar una intérprete de tan amplio diapasón que pueda cantar lo mismo al amor, al trabajo creador, o a la defensa de la libertad de los pueblos, sin faltar a la autenticidad de las

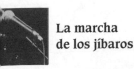

La marcha
de los jíbaros

obras que en ella encuentran auténticos ecos ¡Alabanza para ti Lucecita! por haber traído tu arte a Cuba....″ [45].

Los festivales "Boleros de Oro", que comenzaron en el año 1987, también fueron escenarios donde se lucieron los boricuas. Así, salseros como **Alex de Castro** y su hijo, el niño Carlos, se presentaron en el teatro América de La Habana. La orquesta cubana **NG La Banda**, una de las agrupaciones salseras más populares del momento, acompañó a Alex de Castro y Roy Brown.

Fueron de trascendental importancia los éxitos rotundos de la gira que realizó en Cuba el cantante boricua **Cheo Feliciano**, a finales de 1997. Hizo presentaciones en el famoso cabaret Tropicana junto al compositor cubano **César Portillo de la Luz**, en el Anfiteatro de Varadero, y en distintos programas televisivos. Su repertorio siempre ha incluido muchas de las obras de consagrados compositores cubanos, entre ellas se destacan *Tú mi delirio*, de **Portillo de la Luz**; y *Hacerte venir*, de **Amaury Pérez**. Sus interpretaciones también comprenden obras creadas por algunos de nuestros más jóvenes autores, como *Tú, mi amigo*, de **Wilfredo Sosa**.

El conocido pianista salsero puertorriqueño **Papo Lucca** visitó Cuba en 1996, ocasión en la que tocó junto a la orquesta de Adalberto Alvarez y su son en el famoso Palacio de la Salsa del Hotel Riviera, en La Habana. Su denominación como "el primer piano de la salsa" ha sido adquirida a lo largo de muchos años en los que ha combinado improvisaciones que oscilan equidistantes entre el *jazz* y el *son* cubano. Su técnica refinada alcanza un alto grado de virtuosismo.

Andy Montañez, Papo Lucca y otros músicos boricuas participaron en 1994 en el CD *De aquí pa' llá.* El disco, producido por **Geño Acosta**, se inicia con una composición del propio Geño que lleva el título del CD. Todas las demás obras pertenecen a la firma de los más importantes autores salseros cubanos del momento como **Juan Formell**, **José Luis Cortés**, **Adalberto Alvarez**, **Gerardo Piloto** y **Cándido Fabré**. Los intérpretes son todos destacados músicos puertorriqueños que quisieron rendir homenaje a la música cubana.

---

[45] RAMÓN, Neysa: *Apuntes desde la Luneta.* En periódico Juventud Rebelde, La Habana, 24 de noviembre de 1983, p: 4.

La marcha de los jíbaros

El disco tuvo respuesta en los músicos cubanos, quienes encabezados por José Luis Cortés y los integrantes de su orquesta NG La Banda, acompañaron a importantes solistas del mundo salsero cubano como **Pedro Calvo**, **Isaac Delgado**, **Caridad Cuervo** y los cantantes de destacadas orquestas como los **Van Van** y **Adalberto y su son**, entre otros. Todas las obras fueron de autores puertorriqueños menos la primera, titulada *De allá pa' cá*, de José Luis Cortés, que tituló el nuevo CD.

Sumándose a los campos de la creación y la interpretación, los músicos puertorriqueños lograron influir también en otras esferas del desarrollo de la música cubana. En coloquios, encuentros y reuniones organizados por distintas instituciones cubanas para propiciar el desarrollo de la música se escucharon las voces y opiniones de visitantes de Puerto Rico, quienes con sus ideas enriquecieron estos eventos:

En 1972, la Casa de Las Américas organizó el "Encuentro de Música Latinoamericana". De Puerto Rico vino en calidad de delegado el músico y compositor **Rafael Aponte Ledée**. Participa además el musicólogo y compositor **Amaury Veray**.

En 1973, el cantante puertorriqueño **Andrés Jiménez "El Jíbaro"**, es invitado a Cuba con su grupo **Taoné** por el Consejo Nacional de Cultura para hacer presentaciones en La Habana. Un año más tarde la Casa de Las Américas le invitó a participar en el encuentro "Un cantar del pueblo latinoamericano". En 1974, el Consejo Nacional de Cultura de Cuba, invitó al músico puertorriqueño Danny Rivera a una visita a Cuba. Durante esta estancia Rivera ofrece presentaciones y visita la Casa de Las Américas en compañía de su esposa y su guitarrista.

En noviembre de 1978, el guitarrista puertorriqueño **Leonardo Egúrbida** participa en el "I Encuentro de Guitarristas de la América Latina y el Caribe" organizado por la Casa de Las Américas.

En el "III Festival de Música Contemporánea" (1979), organizado por la Unión de Escritores y Artistas de Cuba (UNEAC), participa el compositor puertorriqueño **Elías López Sobá**.

En 1980, el grupo **Haciendo punto en otro son** regresa a Cuba. En esta ocasión, invitados por la Casa de la Américas, para participar en el encuentro "Música de esta América".

En 1982, el compositor y musicólogo **Luis Manuel Alvarez Santana** participa en un "Primer encuentro de intelectuales" organizado por la Casa de Las Américas.

La marcha de los jíbaros

El compositor y musicólogo puertorriqueño **Luis Manuel Alvarez Santana** envió un libro suyo para concursar en el "Premio de Musicología 1986", que organizó la Casa de Las Américas.

Amaury Veray, compositor y musicólogo puertorriqueño, es invitado a participar como jurado del Premio de Musicología que organizó la Casa de Las Américas en 1986.

El destacado compositor y guitarrista puertorriqueño, **Ernesto Cordero** visita Cuba en 1982 como invitado al "Festival Internacional de Guitarra de La Habana". En 1990 visita Santiago de Cuba para participar en "Las Fiestas del Fuego".

El famoso escritor y musicólogo puertorriqueño **Héctor Campos Parsi** visitó Cuba en varias ocasiones. La última fue en 1990 como invitado al "Festival Internacional de Guitarra de La Habana". En esta ocasión recibió un homenaje ofrecido por la Casa de Las Américas.

En la década del noventa, el compositor puertorriqueño de música contemporánea **Carlos Vásquez**, participa en diferentes coloquios y festivales organizados por la Unión de Escritores y Artistas de Cuba y la Casa de Las Américas. Importantes obras de este compositor han sido puestas durante estos eventos en La Habana. En 1995, Vásquez visita Cuba invitado por el Centro de Investigación y Desarrollo de la Música Cubana (CIDMUC).

A principios de 1998, el escritor puertorriqueño **Angel G. Quintero Rivera** con su libro *¡Salsa, sabor y control! Sociología de la música "tropical"*, obra que obtuvo el Primer Premio en la categoría de ensayo histórico-social del certamen auspiciado por Casa de las Américas.

Como se evidencia a lo largo de estas páginas, mucha ha sido, y es, la actividad de puertorriqueños en la música cubana. Por supuesto, este ensayo sólo pretende dar una imagen de lo ocurrido. Algunos eventos y actividades importantes pueden haber quedado fuera de nuestra información o del espacio disponible para estas cuartillas. Lamentamos cualquier omisión, factible de recoger en futuros artículos o trabajos sobre el tema. Lo mejor que podría pasar es que nuestras omisiones dieran nacimiento a nuevos ensayos mucho más completos, con ellos se cubriría un vasto campo aún poco investigado de la música del Caribe.

Sirva pues este trabajo como información para algunos y como motivación para otros. Al final saldremos también nosotros enriquecidos con la experiencia.

La marcha de los jíbaros

Manuel Duchesne Cruz, vistiendo el
uniforme de la Banda de Música.
(Cortesía de la familia Duchesne,
La Habana, 1926).

Lucecita Benítez durante su actuación en el Festival Internacional de Varadero,
en 1984 (Fondo CIDMUC)

La marcha
de los jíbaros

Daniel Santos.

Lucy Fabery.

Antonio Cabán (El Topo).

La marcha
de los jíbaros

Danny Rivera durante sus primeras presentaciones en Cuba, en el Teatro Karl Marx de La Habana (Fondos CIDMUC)

Carmen Delia Dipiní.

La marcha de los jíbaros

Ruth Fernández, en los años 50.

Tito Lara,
durante una
presentación
en el canal 2,
en la década
del 50.

La marcha
de los jíbaros

Boricuas
en Quisqueya

La marcha
de los jíbaros

Miguel López Ortiz

San Sebastián, 25 de septiembre de 1953. A los 8 años inició estudios de trompeta en la Academia de su pueblo, que siguió en Mayagüez. De 1967 a 1972, codirigió la orquesta salsera Los Castellanos y tocó trompeta y trombón con otros grupos.

A partir de 1977 se concentró en el periodismo de espectáculos, lo que le atrajo desde niño, colaborando en algunas publicaciones.

Dirigió la revista Artistas —que ayudó a fundar— por veinte años (1977-1997). Pasó a la revista Vea, donde ocupa el cargo de director. Es corresponsal de la revista Billboard en español. Ha recibido numerosos premios y reconocimientos por su labor periodística. Publicaciones: **De Menudo a MDO**, *20 años de historia (1997). Tiene listos para publicar* **La historia del merengue** *y* **Diccionario Enciclopédico de la salsa, latin jazz y música cubana** *(5 volúmenes).*

La marcha
de los jíbaros

Boricuas en Quisqueya

Al igual que en todos los demás aspectos, Puerto Rico y República Dominicana siempre han estado unidos por el arte musical. Ese vínculo comenzó a fortalecerse a partir del siglo XIX, cuando se experimentaron los primeros intercambios artísticos. No pocos músicos boricuas se establecían en ese país y viceversa. Algunos, en busca de mejores horizontes artísticos. Otros por razones de índole familiar que, por ende, motivaron que éstos desarrollaran sus carreras allí. Se sabe, por ejemplo, que ya para 1850 estaban establecidos en Santo Domingo, como profesores particulares de piano, el mayagüezano **Enrique Laguna** (1813-1868); la arecibeña **Ana Cristina Rossi** (1809-1892) y el coameño **Miguel Angel Ruiz** (1822-1905). En La Vega, mientras tanto, **José Curbelo** no tardaría en fundar la Banda Municipal y la correspondiente academia forjadora de instrumentistas. Es imprescindible resaltar el hecho de que, entre los tantos discípulos del maestro Curbelo, figuraría **Francisco Soñé** (1860-1949), célebre multi-instrumentista y compositor que también llegó a dirigir la Banda Municipal de La Vega. Ya en las postrimerías del centenio, ejercía la enseñanza de guitarra el guayamés **Clemente López Rivero** (1832-1911), quien además integraba diversos conjuntos de conciertos tocando el clarinete.

Durante la primera década del siglo que agoniza, en Santiago de los Caballeros figuraban en la Banda Municipal el bombardinista **Ernesto Ríos** y el cornetista **Angel Caraballo**, de quienes sólo se recuerda que eran ponceños de raza negra. Sin embargo, es casi seguro que ningún músico puertorriqueño logró desarrollar una trayectoria tan fructífera en Quisqueya como el añasqueño **José María Rodríguez Arreson** (1870-

La marcha de los jíbaros

1939). Este violinista, compositor y orquestador había iniciado sus estudios musicales a la temprana edad de siete años en Mayagüez, ampliándolos en España, donde se especializó en dirección orquestal y de bandas militares. Residió en la República Dominicana durante el período 1907-1934, habiendo ejercido la enseñanza en la capital, donde también dirigió la Orquesta del Centro Lírico (en la que figuraba el virtuoso **Gabriel Del Orbe** como primer violín y solista) y un octeto con el que amenizaba fiestas de la alta sociedad. Sus últimos años en el país los pasó como director de la Banda Municipal de Puerto Plata.

Rafael Hernández y el Trío Quisqueya

Ya en las postrimerías de la década de los 20, una trilogía surgida en la urbe neoyorkina en 1925 se había ganado el fervor del público dominicano. Se trataba del Trío Borinquen, organizado y encabezado por el aguadillano **Rafael Hernández** (1891-1965), con **Manuel Jiménez** ("Canario") en la primera voz y **Salvador Ithier** en la segunda. Poco después de su debut, "Canario" cedió su lugar a **Antonio Mesa** ("El Jilguero de Quisqueya"), a quien hasta el día de hoy se le venera como uno de los cantantes antillanos más prodigiosos de todos los tiempos.

Curiosamente, respondiendo a una estrategia comercial de la compañía Columbia, el grupo (en el que Rafael ejecutaba la primera guitarra y escribía casi la totalidad del repertorio) era promocionado en el mercado dominicano como Trío Quisqueya, aprovechando la circunstancia de que Mesa era originario de este país. Y, bajo tal nombre visitó Santo Domingo en 1928, logrando un éxito rotundo… aunque una de las *guarachas* que interpretaron, *Menéalo que se empelota,* generó una enconada polémica al ser calificada de "vulgar". De hecho, su difusión pública fue prohibida.

No obstante, la figura excelsa de "El Jibarito Rafael" siempre sería respetada y admirada por los dominicanos y, como muestra de su gratitud hacia esa tierra, quien sigue siendo considerado como el más universal de los músicos puertorriqueños, le dedicó la hermosa pieza *Quisqueya,* que en voces de innumerables intérpretes criollos alcanzaría categoría de clásico.

La marcha de los jíbaros

La Voz Dominicana
impulsó a nuestros artistas populares

Fundada por el coronel José Arismendy Trujillo Molina "Petán" (1895-1970) —hermano del dictador Rafael Leonidas Trujillo— en el poblado de Monseñor Nouel (Bonao) e inaugurada el 1 de agosto de 1942, durante sus primeros siete años, La Voz Dominicana se denominó La Voz del Yuna.

La planta serviría a dos propósitos fundamentales: el original, servir como vocero de la dictadura; el segundo, alimentar el ego de su mandamás, "Petán", un fervoroso enamorado del medio radial que la convertiría en uno de los mejores circuitos de comunicación electrónica del mundo, implantando entre sus empleados una disciplina de tipo militar. Aunque célebre por su fuerte temperamento y prepotencia, a este personaje irrepetible habría que reconocerle, empero, un sinnúmero de méritos. Muy especialmente, el de dar vida a un pujante movimiento artístico en el país, convirtiéndolo de paso en una de las plazas más importantes del hemisferio para el negocio del espectáculo. De hecho, las más rutilantes estrellas mexicanas, cubanas, argentinas, españolas e italianas del cine y la canción, amén de no pocas procedentes de otras naciones latinoamericanas y algunas norteamericanas, visitaron esta media Isla por primera vez para actuar ante sus micrófonos. Sobre todo, durante las inolvidables *Semanas Aniversarias*, cuyas celebraciones incluían espectáculos en teatros de las principales ciudades de la República.

Fueron bastantes los artistas puertorriqueños que debutaron en el hermano país contratados por tan importante radioemisora. El primero fue **Daniel Santos**, el inmortal "Inquieto Anacobero", que arribó al país en 1946.

Daniel Santos (1916 - 1992) ha sido uno de los cantantes boricuas más arraigados en el corazón de casi tres generaciones de dominicanos, fenómeno que se repite a lo largo y ancho de la geografía americana. Tras aquella primera visita, retornaría a Quisqueya en múltiples oportunidades para presentarse en centros nocturnos y televisión. Y, para dejar constancia de su espíritu donjuanesco, entre su múltiples esposas tuvo a una dominicana y, por lo menos, dos hijos con otras damas originarias de esa hermana tierra.

Poco después de aquel venerado bolerista y guarachero, procedente de Nueva York llegó a Santo Domingo —que durante la tiranía se iden-

**La marcha
de los jíbaros**

tificaba como Ciudad Trujillo— **Celso Vega** encabezando su excelente quinteto, que a la sazón gozaba de inmensa popularidad por sus grabaciones para el sello Seeco. Valga señalar que este colectivo era atracción casi permanente de la serie de programas que originaba la cadena CBS para la comunidad hispana de la Gran Urbe. Durante su estadía, el guapachoso conjunto participó también en veladas celebradas en teatros de San Cristóbal, Santiago de los Caballeros, San Pedro de Macorís y Barahona, además de la capital.

Aunque La Voz del Yuna no incluyó artistas puertorriqueños en sus carteleras de 1947, resulta obligatorio mencionar que a través de sus ondas (al igual que en las de la mayoría de las emisoras nacionales), figuras como **Arturo Cortés**, el Cuarteto Marcano, **Ruth Fernández**, **Myrta Silva** y, muy especialmente, **Bobby Capó**, causaban sensación con sus grabaciones, por lo general realizadas en Nueva York.

Bobby era entonces uno de los ídolos del momento en el panorama artístico latinoamericano y junto con Daniel Santos encabezaba el elenco estelar de la compañía neoyorkina Seeco. Así que "Petán" no lo dudó mucho para contratarlo como principal atracción de sus carteleras para 1948. Su debut aconteció en el programa "Bazar del aire", acompañado por la Super-Orquesta San José dirigida por **Avelino Muñoz**, el sábado 26 de marzo con una acogida fenomenal. Y tras agotar una serie de actuaciones en su anfiteatro, encabezó la Embajada Artística de La Voz Dominicana que se presentó en varios teatros del país. Se le anunciaba como "La Sensación de Borinquen" y su impacto fue de tal magnitud, que la administración de la radioemisora lo contrató nuevamente como estelarista de su Semana Aniversaria.

Durante su estadía en el país, Bobby Capó compuso un merengue cuyo título sería seleccionado por algún oyente a través de un concurso organizado por la emisora. Tal evento culminó el 11 de agosto, resultando triunfadora la señorita **Carmen Celeste** Miniño, quien sugirió el de "La cibaeña". La joven fue llamada al estudio para recoger su premio —el equivalente a 50 dólares en efectivo— que le entregó el propio intérprete y autor.

Un incidente de ribetes novelescos acontecido durante el mes de agosto de aquel ya lejano 1948, contribuyó a catapultar la figura de Bobby a un nivel de popularidad pocas veces alcanzado por artista alguno en la patria de Duarte, Sánchez y Mella. Según relata **Francois F. Sevez** —quien

**La marcha
de los jíbaros**

fuera Jefe de Prensa de la planta— en su libro *Historia del Circuito Radial La Voz Dominicana (1942-1950)*, una señora llamada **Filomena Trinidad**, al verlo cantar en el anfiteatro de la emisora, creyó reconocer en él a un hijo suyo, fruto de sus amores con un boricua. La referida sostenía que aquel hombre había secuestrado al fruto de sus extrañas cuando éste era un infante llevándoselo a su tierra. El diario El Caribe se hizo eco del alegato y realizó una campaña entre sus lectores para costear el viaje y estadía de la dama a nuestra Isla para realizar la pertinente investigación, asesorada por el periodista dominicano Francisco Comarazamy. El resultado de la gestión no pudo ser más emocionante: Filomena logró conocer a su verdadero hijo... y Bobby escribió un emotivo bolero titulado *Filomena Trinidad*, narrando toda la historia.

En 1948 también actuaron ante los micrófonos de La Voz del Yuna la aclamada contralto **Ruth Fernández**, (nacida en Ponce, en 1918), acompañada por un conjunto dirigido por su esposo, el guitarrista, cantante y compositor **Tito Henríquez** (1920-1992). Ruth también regresaría a la República Dominicana en repetidas oportunidades e, incluso, en 1965 tuvo un papel de relevancia en la película "Caña brava", filmada casi en su totalidad en Santo Domingo, con **María Antonieta Pons**, **Javier Solís** y **Braulio Castillo** como protagonistas. Por otro lado, **Marquita Rivera**, entonces popular vedette —hoy olvidada— también tuvo una cálida acogida durante su temporada de actuaciones en la emisora.

Llegaría el año de 1950 y los próximos artistas boricuas en ser contratados por la estación, ya rebautizada como La Voz Dominicana, fueron **Gloria Esther Ruiz** —quien posteriormente formaría parte de la mundialmente famosa orquesta de **Xavier Cugat** en Estados Unidos— y el virtuoso organista **José Raúl Ramírez**.

Resulta pertinente subrayar que, a lo largo de esta nueva década, numerosos cantantes y conjuntos de nuestra Isla recibirían intensa exposición a través de los dominios de "Petán" y, claro está, de la radio quisqueyana en pleno. Claro que, circunscribiéndonos a la actividad desarrollada en esta histórica emisora, podemos decir que ante sus micrófonos desfilaron, entre tantos más: **Jackie Carrión** (1917-1969), cantante naguabeño, que se hiciera famoso con las orquestas de **Arturo Somohano** y **William Manzano** y que, como solista, se acreditara un jitazo con *Yo no vuelvo a querer* (bolero del cubano **Mario Fernández Porta**); **Carlos Pizarro** (nacido en San Juan, en 1921), uno de los más fieles intérpretes

La marcha de los jíbaros

del fecundo compositor quisqueyano **Luis Kalaff**, a quien le popularizó boleros como *El que me robó tu amor*, *Nueva York, paisaje de acero* y *Se acabó tu juguetito*; **Tony Pizarro** "La Voz de Cristal" (nacido en San Juan, en 1923), primo del anterior; **Carmen Delia Dipiní** (1926-1998), promocionada internacionalmente como "La Bolerista de América" y cuya interpretación consagratoria, *Besos de fuego*, lleva letra del petromacorisano —de padre boricua originario de Arecibo— **Mario De Jesús**; **María del Carmen Mejías**, quien fue reina de belleza y luego se casó con el actor y cantante venezolano-mexicano **Raúl Luzardo**; **Elsa Miranda**, **Emilita Zapata** y **Carmen Torres**.

La era esplendorosa del Circuito Radial La Voz Dominicana concluyó a raíz del ajusticiamiento del tirano Trujillo el 30 de mayo de 1961. A partir de entonces, La Voz Dominicana se identificaría como Radio Televisión Dominicana (RTVD), pues desde 1952 el Circuito contaba con el pionero Canal 4.

Años 60: se acrecienta el flujo de artistas boricuas hacia la plaza dominicana

La caída del trujillato y la consecuente partida al destierro de "Petán" no frenó la intensa actividad artística que se desarrollaba en RTVD. Muy por el contrario, la misma creció de una manera significativa. La nueva década sería de gran trascendencia para los artistas puertorriqueños en la plaza quisqueyana, pues éstos comenzaron a ser más solicitados por los productores de programas de variedades que los de otras nacionalidades. Esto era así, entre otras razones, porque la cercanía entre Puerto Rico y República Dominicana facilitaba la exposición constante en el hermano país de nuestros músicos (incluyéndose entre éstos a los cantantes) que, por otro lado, eran muy bien promocionados; abarataba los traslados y, lo que era más importante, la mayoría de las figuras vigentes entonces disfrutaban de estelaridad a nivel continental.

Así, pues, los más sintonizados espacios de la pequeña pantalla dominicana se vieron engalanados con las actuaciones de estrellas como **Virginia López** (nacida en Manhattan, Nueva York, el 29 de noviembre de 1928), en cuyo brillante historial de éxitos consagratorios figurarían por

**La marcha
de los jíbaros**

siempre dos composiciones de dominicanos: *Ya tú verás* (de **Mario De Jesús**) y *Cariñito azucarado* (de **Enriquillo Cerón**); **Raffi Muñoz** (1930-1987), quien llegó a grabar un LP con la Super-Orquesta San José dirigida por **Papa Molina** y hasta residió en el país, y **Joe Valle** (1921-1983), uno de los boleristas más elegantes que Borinquen ha exportado al mundo, al igual que **Gilberto Monroig** (1930-1996), quien visitó el país cerca de una docena de veces y cuyo éxito estuvo muy vinculado a los músicos originarios de Quisqueya.

También: **Gloria Mirabal** (nacida en Río Piedras, el 9 de febrero de 1933), estelar bolerista que estuviera casada con el ídolo nacional dominicano **Lope Balaguer** y, posteriormente, se estableciera en Nueva York donde todavía desarrolla su actividad artística en el circuito cabaretero; **José Antonio Salamán** (nacido en Ponce, el 22 de enero de 1929), a quien la radio criolla bautizara como "El Amargao" por sus interpretaciones cargadas de despecho; **Lucy Fabery** "La Muñeca de Chocolate" (nacida en Humacao, el 29 de enero de 1929), respetada como una de las más originales exponentes del *feeling* y quien cimentó su prestigio en escenarios de México y Cuba; **Raúl Marrero** (nacido en Villalba, el 15 de noviembre de 1931), quien contó entre sus máximos hits el bolero *Un cigarrillo y un café*, que lleva la firma de **Luis Kalaff**, sin duda el más prolífico de los melodistas nacidos en esta tierra; **Carmita Jiménez** (nacida en San Lorenzo, el 4 de agosto de 1939); **Di Marie** (nacida en Fajardo, el 31 de julio de 1942) y, entre tantos más, el inmenso **José Feliciano** (nacido en Lares, el 10 de septiembre de 1945), cantante y guitarrista de fama mundial que, a mediados de este decenio cautivó a los dominicanos con sus interpretaciones *Mal pago* (o *Amor gitano*), de nuestro compatriota **Héctor Flores Osuna** y *Tú me haces falta*, del santiaguense **Armando Cabrera**.

A partir de la segunda mitad de los 60, la televisión dominicana se tornó más competida. Figuras como los carismáticos y polifacéticos **Freddy Beras Goyco** y **Yaqui Núñez Del Risco** establecerían producciones que acogerían a innumerables cantantes y conjuntos boricuas.

Por otro lado, también se intensificó la vida nocturna con el surgimiento de numerosos centros nocturnos, tanto en Santo Domingo como en Santiago de los Caballeros, La Romana y Puerto Plata. En la capital serían los más exclusivos El Maunaloa Night Club & Casino (del empresario **Edmón Elías**), el Embassy Club del Hotel Embajador y el Salón La Fies-

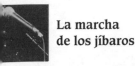

**La marcha
de los jíbaros**

ta del histórico Hotel Jaragua. Resulta oportuno señalar que, en determinadas etapas, el coreógrafo puertorriqueño **Kali Karlos** se desempeñó
como director artístico de estos escenarios tan exclusivos.

¿Qué cuáles fueron los artistas puertorriqueños que mayor impacto
generaron entre el público dominicano durante esa época? La lista es tan
inmensa, que detallarla requeriría bastantes páginas, pero circunscribiéndonos a los más recordados hasta el día de hoy, podríamos mencionar a
Chucho Avellanet (nacido en Mayagüez, el 13 de agosto de 1941), quien
además de cautivar a la juventud de su generación con sus consagratorias
interpretaciones nuevaoleras (*Fugitiva, Magia blanca, Jamás te olvida-
ré*, etc.), incluía en su repertorio una serie de boleros (*Aquella risa loca,
Siempre te adoraré, Cuando estás a mi lado, Gracias, Señor, No te va-
yas, no me dejes* y *Éxtasis*, entre otros) originales de **Samuel Herrero**,
inspirado compositor puertorriqueño —nacido en Mayagüez, en 1908—
, aunque criado y residente en la ciudad dominicana de La Romana;
Lucecita Benítez (nacida en Bayamón, el 21 de julio de 1942), indiscutida
"Reina de la Nueva Ola"; **Rosita Rodríguez** (nacida en Caguas, el 4 de
diciembre de 1947), cuyo máximo éxito, *Alfileritos*, lleva la firma de
Mario De Jesús; **Sophy** —o Luz Sofía Hernández Font— (pepiniana
aunque vió la primera luz en Aguadilla, el 15 de diciembre de 1947);
Celinés (arecibeña, aunque nacida en Brooklyn, Nueva York, el 10 de
mayo de 1950), quien alcanzaría fama mundial durante la era de la *música disco* —postreros 70— bajo el nombre de **Celi-Bee**; el prematuramente
desaparecido baladista ponceño **José Manuel Zambrana** "The Kid From
Ponce" (1953-1991); **Ednita Nazario** (también ponceña, ex-compañera
de **José Manuel** durante sus inicios en las lides musicales y quien
abriera sus ojos al mundo el 13 de abril de 1953), hoy reconocida
como una de las grandes intérpretes de la balada moderna a nivel
latinoamericano; **Wilkins** —o Germán Wilkins Vélez Ramírez—
(mayagüezano, nacido el 10 de marzo de 1953), cantautor *pop* de
primerísima categoría; **Awilda Pedroza** "La Mimosa" (nacida en Río
Piedras, el 26 de enero de 1954), quien contraería matrimonio con el
vocalista dominicano **Javish Victoria**, uno de los pilares del famoso
Conjunto Quisqueya, y **Yolandita Monge**, brillantísima exponente de la
música pop, nacida en Trujillo Alto el 16 de septiembre de 1955.

**La marcha
de los jíbaros**

Años '70 y '80:
una era muy agitada

No cabe duda que a pesar de que muchos de los intérpretes antes mencionados mantuvieron su popularidad —en mayor o menor grado— hasta avanzados los años '70, los cantantes puertorriqueños más populares durante esa década entre el público dominicano fueron **Danny Rivera** (nacido el 27 de febrero de 1945) y **Sophy**, quienes igualmente gozaban de su mejor momento en su patria. El primero, incluso, fortalecería su estelaridad a principios de los '80, no sólo en este país, sino en otras plazas latinoamericanas. Danny ha actuado en la República Dominicana en múltiples oportunidades, engalanando con su presencia y su voz inimitable las más prestigiosos salas de espectáculos nacionales. Entre ellas, el Teatro Nacional. Lo mismo puede decirse de Sophy, aunque en su caso resulta menester subrayar que su escenario casi permanente ha sido el Maunaloa Night Club & Casino.

Capítulo aparte merecería la etapa en que funcionó el cabaret La Fuente, del Hotel Jaragua, que era promocionado como "el más lujoso del Caribe", que abrió sus puertas en 1975 y durante casi una década ofertó al público internacional un espectáculo "al estilo Las Vegas pero con reminiscencias del Tropicana" habanero. Su productor artístico era el boricua **Héctor de San Juan** —o Héctor Escabí Ramos— (nacido en San Juan, el 26 de enero de 1936), un bailarín y coreógrafo fuera de serie, quien había recorrido el mundo formando pareja con **Margie Ravel** durante los '60 con un éxito clamoroso. Héctor montó revistas musicales al nivel de su categoría y, para ello, reclutó a las mejores y más hermosas bailarinas, no sólo nativas, sino también puertorriqueñas como **Gladys Núñez** (nacida en Santurce, en 1946), hoy encabezando su propio espectáculo en Las Vegas; **Alicia Vega** (nacida en Bayamón, en 1955), posiblemente la más talentosa de todas, aunque se retiró al contraer matrimonio a principios de los '80, y muy especialmente, **Wanda** —Cabán Díaz son sus apellidos—, nacida en Utuado, el 19 de junio de 1960. Concluido su contrato en La Fuente, esta bella muchacha decidió permanecer y emprender una carrera como vedette solista en el hermano país, debutando como tal en el Maunaloa Night Club & Casino, en 1980. A lo largo de toda esa década, tuvo oportunidad de pasear su talento por Venezuela, Curazao, Nueva York y su natal Puerto Rico.

**La marcha
de los jíbaros**

Atracción permanente de los espectáculos de La Fuente era el carismático **Ed Vachán "El Vedetto"** —o Edwin Rivera Rodríguez—, nacido en Ameridan, Connecticut, el 22 de febrero de 1955, hijo de ponceños. Este bailarín y cantante aportó un concepto nunca antes visto en los escenarios de Puerto Rico y República Dominicana. Y, como era de esperarse, causó sensación. Compañero inseparable de Héctor de San Juan durante largos años, "El Vedetto" también sería estelarista del espectáculo "Latino Royale '85", que aquel presentaría en el Hotel Dunes, en Las Vegas, durante el período 1985-1986. Ambos permanecieron juntos hasta que la muerte los separó. Héctor sucumbió ante los estragos del SIDA en su hogar de Isla Verde el 26 de enero de 1989 y Ed Vachán en el Hospital Regional de Carolina, el 6 de diciembre del mismo año, a consecuencia del mismo mal.

¿Buena plaza para los salseros y merengueros boricuas?

Desde los postreros '60 los salseros boricuas también habían logrado introducirse con fuerza en el ambiente musical dominicano. Ello motivó las visitas al país de El Gran Combo —que tuvo al legendario **Joseíto Mateo** como vocalista de su primer álbum, *Menéame los mangos* (editado por Discos Gema en 1962) y cimentó su fama interpretando merengues; **Johnny López "El Bravo"** (1972 y 1973); **Tito Puente** (en varias ocasiones); **Joe Cuba** y su sexteto; **Joe Quijano** y su Conjunto Cachana, algunas de las estrellas del consorcio Fania y la Orquesta La Terrífica, dirigida por el trompetista ponceño **Joe Rodríguez** (1979).

Sin embargo, ya cercanos los '80 y, posiblemente, debido al impulso arrollador que cobró el *merengue*, de repente los empresarios dejaron de llevar salseros al país con la misma asiduidad de antaño. A pesar de que las principales radioemisoras nacionales dedican gran parte de sus programaciones a difundir grabaciones de *salsa*, han sido escasos los exponentes de este género que han visitado la República Dominicana. A partir de los postreros '80, por fortuna, los salseros volvieron a ser contratados por los productores criollos, pero principalmente para eventos multitudinarios, no para presentaciones en centros de diversión.

La marcha de los jíbaros

Con el *merengue* se daba otra situación: no empece a la cálida acogida que los puertorriqueños siempre dispensamos a los intérpretes de este ritmo que nos visitaban desde el hermano país —tan bien los tratamos, que un sinnúmero de ellos, prefirió quedarse aquí—, los merengueros nuestros no encontraban cabida en la radio quisqueyana. Por ende, a pesar de los éxitos que muchos de ellos se acreditaban en Estados Unidos, Centroamérica, Venezuela y, en varios casos, España, allí seguían siendo desconocidos. Felizmente, hace apenas un lustro los empresarios comenzaron a interesarse por presentar a los merengueros puertorriqueños en los escenarios del hermano país, conscientes del fervor popular que han sido capaces de generar. Los Sabrosos del Merengue, una orquesta fundada en Barranquitas, en 1985, por el trompetista y percusionista **Antonio Luis Rivera** (nacido en Aibonito, el 29 de junio de 1947) y cuyo cuarteto de vocalistas y bailarines integraban **Arnaldo Vallellanes**, **Manuel Hernández** —quien poco más adelante se convertiría en el famoso **Manny Manuel**—, **Reynaldo Benítez** y **Carlos Javier Ortiz**, sería la primera agrupación puertorriqueña de su género que agotaría una gira por varias ciudades de la República Dominicana, hecho que acontecería en 1993, al punto de que el 28 de febrero de 1994 la Asociación de Cronistas de Arte (ACROARTE) le concedió el Premio Casandra correspondiente a Orquesta Extranjera del Año en ceremonia celebrada en el Teatro Nacional.

Breve cronología de las actuaciones de salseros y merengueros boricuas en la República Dominicana, desde 1990

1990:
* **Paquito Guzmán**, acompañado por la Orquesta Puerto Rican Power, dirigida por el trompetista **Luisito Ayala**.

1991:
* **Los Sabrosos del Merengue** realizan su primera visita promocional al país.

**La marcha
de los jíbaros**

1992:

• **Jerry Rivera** (nacido en Santurce, el 31 de julio de 1973), promocionado como "El Bebé de la Salsa" y, sin duda, el más exitoso vocalista en el panorama salsero internacional en este momento, visita por primera vez el país para agotar una gira de dos semanas.

1993:

• **Dave Valentín** (nacido en Bronx, Nueva York, el 29 de abril de 1952, hijo de mayagüezanos), virtuoso flautista de *salsa* y *jazz latino*, ofrece concierto en el Café Caribe, en San Pedro de Macorís, junto al grupo Concepto Lotus, del trombonista **Pedro Carrión Guerra**.

• El Grupo Caña Brava, encabezado por los cantantes y bailarines merengueros **Ronald Castro**, **Luis Pacheco**, **Arturo Arroyo** y **Adán Cañuelas** y dirigido por el pianista y arreglista **Víctor García**, realiza una serie de actuaciones en dos visitas, recorriendo varias ciudades del país.

1994:

• Como parte de una gira internacional que abarcaría también Estados Unidos, Guatemala, Costa Rica y Venezuela, debuta en la plaza dominicana el Grupo Fuera de Liga, colectivo merenguero encabezado por los cantantes y bailarines **Ricky Ramos**, **Tony Núñez**, **Pablo Juan García** y **Eddie Romualdo Rivera**.

1995:

• **Néstor Torres**, flautista, arreglista y compositor de *salsa* y *jazz latino*, es una de las atracciones del Santo Domingo Heineken Jazzfest.

1996:

• El popularísimo cantante **Marc Anthony** _o Marco Antonio Muñiz González— (nacido en Manhattan, Nueva York, el

**La marcha
de los jíbaros**

16 de septiembre de 1968, hijo de yaucanos), debuta en el cabaret La Fiesta del Hotel Jaragua y es la máxima atracción del espectáculo que se realiza en el Estadio Cibao, de Santiago de los Caballeros.

1997:

• **Tito Rojas** y su orquesta tienen a su cargo la apertura de la segunda jornada del Primer Festival Presidente de la Música Latina.

• La Orquesta Limi-T 21, el rapero **Big Boy** y la cantante y bailarina **Jailene Cintrón** arriban a Santo Domingo para actuar en el maratónico espacio "Sábado de Corporán" que emite Color Visión (Canal 9).

• **Marc Anthony** y **Gilberto Santa Rosa** emergen como máximas atracciones de la tercera y última jornada del Primer Festival Presidente de la Música Latina, el domingo 22 de junio.

1998:

• La Asociación de Cronistas de Arte (ACROARTE) otorga a **Gilberto Santa Rosa** el Premio Casandra correspondiente a Orquesta Extranjera de *Salsa* Más Destacada en 1997 y a **Olga Tañón** el que la proclama como Cantante Tropical Extranjera del Año.

• La orquesta Grupomanía —la más exitosa entre las exponentes del *merengue* en nuestra Isla y encabezada por los hermanos **Héctor "Banchy"** y **Oscar Serrano**, **Alfred Cotto** y **Reynaldo Rey**, realiza su primera serie de presentaciones en esta plaza durante el mes de febrero. Habían estado en el país en octubre de 1997 en plan promocional.

• **Jerry Rivera** visita Santo Domingo para actuar en el espectáculo de 25 aniversario de la discoteca Jet Set.

• RMM Records celebra el lanzamiento mundial del álbum *Es mi tiempo*, de **Manny Manuel**, con un lucido fiestón en el exclusivo Maunaloa Grand Club.

**La marcha
de los jíbaros**

• **Gisselle**, bella y talentosa cantante y bailarina merenguera, debuta en la televisión dominicana a principios de año. Regresaría para grabar el videoclip del tema *Perdóname*, interpretado a dúo con el estelar intérprete nacional **Sergio Vargas**. Ambos artistas grabarían poco después el éxitoso álbum *Juntos*.

• **Marc Anthony** y **Olga Tañón** comparten estelaridad con la primerísima orquesta dominicana de Los Hermanos Rosario en el "Concierto Fácil Codetel". Sobre 10,000 espectadores aclaman a estas estrellas.

Los boricuas más populares durante los '90

¿Qué quiénes han sido los artistas puertorriqueños más populares entre el público dominicano a lo largo de los '90, además de los salseros y merengueros antes mencionados? Responder a esa pregunta no es nada difícil, pues se trata de los mismos nombres que disfrutan de ese fervor en toda la geografía hispanoamericana: el grupo juvenil **Menudo** (hoy MDO), que arrastra una inmensa y fiel fanaticada desde los tempranos '80; **Chayanne**, quien se anotó un exitazo con su espectáculo "Volver a nacer" en el Gran Teatro del Cibao en Santiago de los Caballeros y en el Teatro Nacional de la capital; **Ricky Martin**, antiguo integrante de Menudo y, a últimas fechas, **Carlos Ponce**, actor y animador de televisión que este mismo año fuera lanzado como intérprete de la balada pop por la multinacional discográfica EMI Latin.

Un acontecimiento de gran trascendencia lo fue la primera jornada del Segundo Festival Presidente de la Música Latina, celebrado en el Estadio Olímpico Juan Pablo Duarte, de Santo Domingo, en junio de 1998. **Ricky Martin** tuvo a su cargo el espectáculo de cierre, ante un auditorio estimado en más de 60,000 personas. Esa noche del viernes 26, por dos horas y media de actuación, cobró la suma de $250,000. O sea, $15,000 por encima del doble de lo que recibieron —¡juntos!— los súper astros mexicanos **Juan Gabriel** ($125,000) y **Alejandro Fernández** ($110,000), quienes serían los estelaristas de las dos jornadas siguientes. La prensa nacional no podía dar crédito a tal hecho. Sin embargo, el autor

La marcha
de los jíbaros

de estas crónicas pudo constatar el dato en la oficina de su representante internacional, el aguadillano Ángelo Medina (hijo), donde se le mostró el contrato. De ello dio fe en un reportaje aparecido en la edición 1512 de la revista VEA correspondiente a la primera semana de agosto.

Cantantes boricuas inspiraron la bachata

Más que un género, la *bachata* es un estilo muy particular de interpretar el *bolero* antillano. Surgida en los barrios marginados de República Dominicana, sus textos se caracterizan por los mensajes de desamor o despecho, razón por la cual también se le identifica como "canción de amargue". Los cantantes —la mayoría poco agraciados en términos de facultades vocales— son acompañados por un conjunto compuesto de requinto (que se mantiene "floreando" o adornando la melodía todo el tiempo), guitarra, bongó, güira metálica (que se golpea en vez de rasparse con el puyero) y, durante los últimos tiempos, bajo eléctrico.

Esta música durante la presente década ha alcanzado una proyección internacional jamás sospechada.

Resulta significativo el hecho de que esta peculiar variante del *bolero* tuvo como inspiradores a cuatro vocalistas puertorriqueños. Así lo han admitido, en repetidas oportunidades, muchos de los bachateros pioneros, al igual que otros más contemporáneos. Fueron ellos: **José Miguel Class** (nacido en Manatí, el 27 de septiembre de 1937); **Odilio González** (nacido en Lares, el 5 de marzo de 1939); **Rafaelito Muñoz** (nacido en San Lorenzo, el 11 de noviembre de 1937) y **Emilio Quiñones** (nacido en Sabana Grande, en 1942). Estos cimentaron sus carreras exponiendo un *bolero* pueblerino, a veces con reminiscencias de la canción jíbara, que en el argot disquero insular se denominó "música de parcela".

José Miguel – a quien durante largos años se le promocionó como "El Gallito de Manatí"—, y Odilio, el simpar "Jibarito de Lares", alcanzaron categoría de ídolos entre el público dominicano. El primero, incluso, hasta incursionó en el género del *merengue* a principios de la presente década grabando dos exitosos álbumes con el Conjunto Quisqueya y otro con la orquesta Los Saxofones de Mayagüez. En 1997, además, grabó una

**La marcha
de los jíbaros**

producción titulada *El Gallo Bachatero*, en la que interpreta *bachatas* en la misma onda de los dominicanos. Por otro lado, el destacado vocalista y showman dominicano **Anthony Ríos** acaba de lanzar el compacto *Homenaje al Jibarito de Lares*, que incluye quince de las melodías que aquel popularizara y que, de hecho, también fueron llevadas al disco por los principales nombres de la "canción de amargue". Entre ellas: *Celos sin motivo*, *Eres todo para mí*, *Mercedita*, *Háblame*, *Contraste*, *Dos lazos*, *La mano de Dios* y *El rostro mío*.

Desde la izquierda, Cheo Feliciano, Gilberto Santa Rosa y Danny Rivera.

Olga Tañón (1995)
"La mujer de fuego"

La marcha de los jíbaros

*Andrés Jiménez
"El Jíbaro", 1995.*

Bobby Capó, cantando en el "Hospital Padre Billini", en Santo Domingo, 1948.

**La marcha
de los jíbaros**

De izquierda a derecha: José Miguel Class "El gallito de Manatí" y Odilio González.

**La marcha
de los jíbaros**

Presencia musical
de Puerto Rico en México

La marcha
de los jíbaros

Roberto Mac-Swiney Salgado

Guanajuato, México, 1934. Desde 1977, funge como director del Departamento de Difusión Cultural de la Universidad Autónoma de Yucatán. En 1987 fundó la Asociación de Los Amigos de la Trova Yucateca, un grupo que se ha dedicado nacional e internacionalmente a promover la canción yucateca. Como promotor musical ha viajado tres veces a Puerto Rico, participando en dos ocasiones en los Encuentros de la Asociación Puertorriqueña de Coleccionistas de Música Popular. De 1988 a 1992 organizó los Festivales Internacionales del Bambuco, con la colaboración de los gobiernos de México y de Colombia. También ha visitado otros países como Colombia, Cuba, Ecuador, Estados Unidos, España, Nicaragua y Venezuela. Es articulista en temas de música popular en el periódico **Novedades de Yucatán***; produce tres series de programas musicales radiofónicos en Radio Universidad de Yucatán y otras tres en la radiodifusora comercial XEPY. Es miembro fundador de la recién creada Agrupación Mexicana de Coleccionistas de Música Popular. Ha recibido diversas distinciones, incluyendo en 1996 la Medalla Yucatán, el mayor galardón que otorga dicho Estado mexicano a quienes se destacan en el trabajo cultural.*

La marcha
de los jíbaros

Presencia musical de Puerto Rico
en México

Como referencia más antigua se ha considerado la época, a mediados de la década del treinta, en que llegó a México el compositor **Rafael Hernández**, contratado para hacer programas de radio en la emisora capitalina XEB. La referencia más reciente es el momento actual, en que están actuando en el país varias figuras jóvenes de la canción romántica y algunos artistas importantes de la *salsa*.

Un hecho que influyó en que no haya un recuerdo muy bien definido de la presencia de los artistas puertorriqueños en México, es que en términos generales sus estadías no eran muy prolongadas. Los casos de la estancia de varios años del compositor Rafael Hernández, de la cantante **Virginia López**, de la bailarina, actriz y cantante **Mapy Cortés** y de su esposo el actor y director de cine **Fernando Cortés**, la de **Carmen Delia Dipiní** y **Hernando Avilés** (primera voz fundadora del trío mexicano Los Panchos), fueron excepciones a la regla.

En la preparación de este trabajo hubo necesidad de entrevistar a muchas personas en la ciudad de México, las que en su gran mayoría manifestaban sorpresa porque se les preguntara por los puertorriqueños en México, y de primera intención mencionaban invariablemente los nombres de **Rafael Hernández**, **Pedro Flores**, **Daniel Santos** y **Bobby Capó**, y luego comenzaban a titubear. Incluso, muchas personas se mostraban sorprendidas cuando se les decía que los puertorriqueños **Hernando Avilés**, **Julio Rodríguez** y **Johnny Albino**, fueron primeras voces del trío mexicano Los Panchos o que una reina del cine mexicano como **Mapy Cortés**, era boricua. Se expone uno a una agresión, aunque solamente sea verbal, al decir que el famosísimo *baladista* mexicano **Luis Miguel** es nacido en Puerto Rico, aunque nacionalizado mexicano.

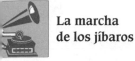

**La marcha
de los jíbaros**

Una contribución de señalada importancia para los fines de este traba-jo fue la de un especialista en la filmografía de películas mexicanas lla-mado Gustavo García, quien aportó una filmografía (lo más amplia que le fue posible) de películas mexicanas donde intervinieron algunos de los artistas puertorriqueños de mayor jerarquía que estuvieron en México, como **Rafael Hernández**, **Daniel Santos**, **Bobby Capó**, las voces pri-mas puertorriqueñas del trío Los Panchos y la extraordinaria pareja de **Fernando** y **Mapy Cortés**. Gracias a este investigador también fue posi-ble el acceso a un antiguo fotógrafo publicitario del cine mexicano lla-mado Pascual Espinosa Martínez, quien tras un laborioso trabajo pudo rescatar algunas valiosas y muy bellas imágenes de **Rafael Hernández**, **Mapy Cortés**, **Bobby Capó**, **Hernando Avilés** y **Julio Rodríguez**.

Por las razones antes señaladas, en gran medida este trabajo se basa en los testimonios de innumerables personas, elegidas preferentemente entre quienes por su edad y por su ubicación en el periodismo, la radio, el cine y los teatros, podían aportar datos relativos a las épocas de oro de la radio y de la vida nocturna de la ciudad de México. Como era de esperar-se, en muchas ocasiones hubo contradicción entre los testimonios de di-ferentes personas respecto de algunos artistas puertorriqueños. Para una persona podía haber la seguridad de que un artista determinado estuvo en México, mientras que para otra ese artista no vino nunca. Muy pocas personas existen con la memoria y la documentación del editor musical y compositor dominicano Mario de Jesús, quien con documentos autógra-fos (cartas, contratos de ediciones y tarjetas postales) y con discos edita-dos por él, pudo probar la presencia en México de compositores y can-tantes puertorriqueños muy conocidos y la de otros que si no hubiera sido porque dejaron grabado un disco en México, no hubiera quedado recuer-do de su paso por nuestro país, como es el caso de **Odilio González** o del **"Gallito de Manatí"**, que grabaron para la editora de Mario de Jesús.

Ante la dificultad de que las personas entrevistadas pudieran dar más de ocho o diez nombres de artistas puertorriqueños que estuvieron en México con relativa seguridad, se optó por hacer (con la colaboración de los investigadores Sergio Nuño y Armando Pous, del Instituto de Conser-vación y Recuperación Musical), una lista de nombres de artistas de los que se tenía la seguridad de que vinieron a México y los nombres de otros cuya presencia en suelo azteca era probable.

La marcha
de los jíbaros

Un capítulo muy importante respecto de la presencia musical de Puerto Rico en México, es el relacionado con la expresión musical conocida mundialmente como *salsa*. En los últimos 30 años se ha tenido una presencia casi constante de grandes figuras de la *salsa* y la de muchos músicos anónimos (como los del **Gran Combo**, la **Sonora Ponceña**, las orquestas acompañantes de **Tito Puente** y **Gilberto Santa Rosa** y los que vinieron con cantantes boricuas promovidos por las disqueras Fania y R.M.M.). La relativa cercanía temporal de estos acontecimientos hizo posible que un joven investigador musical llamado Alejandro Zuarth y un cantante y promotor de espectáculos de salsa de nombre Joel Palacios, proporcionaran una amplia lista de artistas puertorriqueños salseros que han venido a México. Incluso, algunos como **Eddie Santiago**, **Willy González** y **Gilberto Santa Rosa**, estaban actuando en la capital de México cuando se hacía esta investigación.

Otro momento musical vivido recientemente que tuvo gran influencia en la llegada de jóvenes artistas puertorriqueños a México, fue la llamada "Onda Menudo", que se inició a principios de los años ochentas y que no ha concluido, puesto que ahora han vuelto a reunirse los **Menudo** (ya treintañeros) para hacer presentaciones en México a nivel nacional. Como una extensión del "fenómeno Menudo" pudiera ubicarse la actual presencia de jóvenes baladistas boricuas que ahora destacan en México como **Carlos Ponce** y **Sergio Blass**, y de los que los máximos exponentes son **Chayanne** y **Ricky Martin**. Al buscar información en este ámbito de la música me sorprendió mucho el conocimiento que tienen los jóvenes mexicanos del origen puertorriqueño de estos artistas, incluso en algunos casos llegaron a decirme: "Sí, ese artista es puertorriqueño, pero de los nacidos en Nueva York".

Aunque no se puedan reseñar sus nombres, han habido muchos artistas puertorriqueños que han venido a México para presentaciones muy circunstanciales y breves formando parte de grupos de carácter folclórico que han actuado en los Festivales del Caribe que se realizan anualmente en la parte costera caribeña de México, y así es como a título de ejemplo se pueden mencionar los nombres de los grupos **Taller Boricua** y **Guateque**, que han venido a esos festivales. También es pertinente señalar que desde hace cinco años se celebra en el puerto de Veracruz un Festival Internacional Afrocaribeño y que este año estuvo como grupo representativo de Puerto Rico uno llamado **Paracumbé**, y que desde hace tres

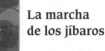

**La marcha
de los jíbaros**

también se celebra en la población veracruzana de Boca del Río un Festival Internacional de la Salsa, al que seguramente vienen conjuntos puertorrique-ños que regresan a su lugar de origen al término del evento. Algo similar podría decirse de *grupos corales*, como el de la Universidad Interamericana, que dirige el maestro **Luis Olivieri**, que estuvo en Mérida (Yucatán) hace tres años participando en un encuentro internacional de coros.

Antes de abordar aspectos particulares de la presencia en la Repúbli-ca Mexicana de los artistas boricuas, es conveniente ubicar a la ciudad de México en cuanto a la gran importancia que tuvo desde comienzos de la década de los años veintes por lo que se refiere al desarrollo del arte musical popular. Esto no invalida el hecho de que otras ciudades mexicanas como Mérida y Veracruz (puertas de entrada a México de las influencias culturales europea y caribeña), así como Guadalajara, Saltillo y Monterrey, tuvieran también señalada importancia al estar dotadas de muy buenos teatros.

Pero lo verdaderamente importante es que en los años veinte y en los posteriores, la que consagraba a los artistas nacionales y extranjeros era la ciudad de México con sus muchos teatros, numerosos centros noctur-nos, sus periódicos de cobertura nacional, su bien cimentada industria cinematográfica, las productoras de fonogramas y sus grandes radioemi-soras, y a partir de 1950 con diversos canales de televisión. Los artistas sabían que las actuaciones en los teatros Lírico, Follies y Margo, las presentaciones en las legendarias radiodifusoras XEB, XEW y XEQ, los contratos para actuar en elegantes centros nocturnos como El Patio, Capri, Ciro's y Jacarandas, las menciones en periódicos como *Excélsior*, *El Universal, Claridades, La Prensa* y *Cine Mundial* y la aparición en las películas que viajaban por todo el continente, era lo que verdadera-mente los consagraba.

No está de más un comentario sobre la enorme importancia que tuvo la creación en la ciudad de México de dos grandes radiodifusoras que proyectaron la imagen artística de México a todo el continente. La pri-mera fue la XEB, fundada por una empresa productora de cigarros llama-da El Buen Tono el año de 1923 (ahora está celebrando su aniversario de diamante). Después, un industrial mexicano de origen vasco llamado Emi-lio Azcárraga Vidaurreta, que era el representante en México de la RCA Víctor, decidió darle batalla a la XEB creando en septiembre de 1930 la radiodifusora XEW, la que muy pronto se convirtió realmente en lo que

**La marcha
de los jíbaros**

pregonaba su lema: "La Voz de la América Latina desde México". La XEB y la XEW fueron la gran forja de innumerables artistas mexicanos y desde luego de muchos compositores, cantantes y músicos puertorriqueños. La figura puertorriqueña que mejor simboliza el gran vínculo de esas dos emisoras con los artistas isleños fue don **Rafael Hernández**, quien primero dedicó sus talentos a la producción de programas en la XEB y luego lo hizo en la XEW. En años posteriores surgieron otras emisoras que también fueron crisol de grandes artistas como Radio Mil, XEQ y XEX, pero que nunca tuvieron la importancia de la XEB y la XEW. En cada una de las ciudades mexicanas norteñas (cercanas a la frontera con los Estados Unidos) de Monterrey y Ciudad Acuña, existieron emisoras de alcance continental pero cuya programación conservaba un carácter local.

Con la ayuda de un veterano cantante y maestro de ceremonias de centros nocturnos llamado Miguel Angel Torres Medina y la de un notable y antiguo compositor veracruzano de nombre Agustín Martínez Zurita, pudo hacerse un recorrido sentimental y virtual por los principales teatros y centros nocturnos que eran orgullo de la metrópoli mexicana, hasta que absurdas y puritanas disposiciones gubernamentales a inicios de los años sesentas cortaron de tajo con la rica vida nocturna y con el desfile constante de grandes figuras musicales de todas las nacionalidades, incluyendo naturalmente a los queridos artistas puertorriqueños, al fijar la hora límite de cierre a la una de la mañana.

Los señores Torres Medina y Martínez Zurita se refirieron con nostalgia a teatros que aunque no eran lujosos ni de gran tamaño, eran los favoritos del pueblo mexicano, como el Politeama (el de los grandes triunfos de Agustín Lara), María Guerrero, Lírico, Follies Berger, Principal, Tívoli, Arbeu, Ideal, Margo y Blanquita. Para los espectáculos de la sociedad privilegiada económicamente habían grandes teatros como el Palacio Nacional de las Bellas Artes, Colón, Esperanza Iris y Virginia Fábregas. Para los que menos tenían, había una serie de teatros ambulantes o semifijos llamados "carpas", que se ubicaban en lugares medianamente céntricos o en colonias periféricas. En algunas de estas carpas iniciaron su vida artística grandes figuras como "Cantinflas", Lucha Reyes y 'Tin Tan".

Los centros nocturnos más exclusivos de la capital mexicana fueron El Capri y El Patio, donde se presentaron **Bobby Capó** y **Virginia López**. De casi igual importancia fueron el Ciro's del Hotel Reforma, el Salón Versalles del Hotel Del Prado, El Camichín del Hotel Alameda y

**La marcha
de los jíbaros**

Villafontana. Menos importantes, pero siempre muy concurridos, fueron el *W*aikiki, Terraza Cassino, Los Globos, El Retiro, Sans Souci, La Fuente, Zíngaro, Jacarandas y el Quid. Para lo muy avanzado de la noche y para los bolsillos debilitados habían muchas otras opciones como El Bagdad, Pigalle, Minuit, Río Rita, Makao, Club Verde, Turcos y muchos más.

Indudablemente que un medio que favoreció muchísimo a los artistas hispanoamericanos, fue el cine mexicano de la llamada "Época de Oro", donde las películas de corte musical llegaron a tener una enorme relevancia. La participación de los Estados Unidos en la Segunda Guerra Mundial y la dificultad que tuvo para producir películas favoreció mucho al cine mexicano, que se volvió el gran conquistador de la América Latina. Muchos de los artistas que venían a México traían como suprema ilusión participar en las películas de cómicos, de rumberas, de cabareteras y de corte campirano, que se hacían en gran cantidad en México. El trabajo de Gustavo García, que detallaremos más adelante, muestra lo importante que fue el cine mexicano para algunos artistas puertorriqueños pero muy especialmente para la pareja de **Fernando** y **Mapita Cortés**.

Aunque de menos importancia, por lo que se refiere a la presentación en el pasado de artistas puertorriqueños, vale un breve comentario sobre los grandes salones de baile como el Salón México, Los Ángeles, Colonial y California Dancing Club, donde en innumerables ocasiones se bailó a los acordes de los temas musicales de **Rafael Hernández**, **Pedro Flores** y **Bobby Capó**. En el salón Los Ángeles se conservan testimonios de las primeras presentaciones del **Gran Combo** de **Rafael Ithier**. En nuestros días son famosos como lugares para escuchar y bailar la salsa, salones como La Maraka, Fórum, El Bar León, Antillanos y Papá Jesú.

Otra alternativa que tenían los artistas mexicanos y extranjeros para ser conocidos en las poblaciones del interior del país era formar parte transitoriamente de las llamadas "caravanas", que se integraban con una gran cantidad de artistas (músicos, cantantes, tríos, bailarines, rumberas, magos, etc.). Los mejores organizadores de esas caravanas fueron los mexicanos Guillermo Vallejo y Félix Cervantes y el ecuatoriano Edmundo Gijón Serrano (conocido y admirado como el mago y ventrílocuo Paco Miller). **Daniel Santos**, **Bobby Capó** y **Virginia López** conocieron bien esta forma de trabajo que llegó a tener una gran importancia. Las caravanas patrocinadas por las fábricas mexicanas de las cervezas Corona y

La marcha de los jíbaros

Superior eran de las más populares y aceptadas, como también lo fueron otras caravanas patrocinadas por algunas fábricas de cigarros.

Hay que dejar bien establecido que el surgimiento de la televisión en México a comienzos de la década de los años cincuentas establece un parteaguas fundamental. Antes de la televisión los artistas eran consagrados por el público que los veía en los teatros, que los escuchaba en las radiodifusoras, que compraba sus discos, que los veía actuar en las películas y a los que ocasionalmente podía ver en las giras. Así fue como se hicieron ídolos en México **"El Jibarito" Rafael Hernández**, **Pedro Flores**, **Myrta Silva**, **Mapy Cortés**, **Bobby Capó**, **Hernando Avilés**, **Virginia López** y el **Gran Combo**. El rápido y arrollador auge de la televisión, la declinación casi mortal del cine mexicano, el cambio que se dio en las grandes radiodifusoras de los programas musicales en vivo, convertidas en estaciones parloteadoras y disqueras; el maridaje de televisoras con casas grabadoras, radiodifusoras y periódicos, hicieron que ya en la década de los años sesenta fueran otros los criterios para consagrar artistas. Seguirán viniendo artistas de Puerto Rico a México y algunos de ellos lograrán la fama efímera que da la televisión, pero difícilmente lograrán entrar al corazón de los mexicanos como lo hicieron muchos de los artistas que serán mencionados en este trabajo.

De todos los artistas puertorriqueños, quien dejó la huella más profunda en México fue **Rafael Hernández Marín**. Aunque existe discrepancia en cuanto a su primera visita a México y al año en que se radica en la capital de la República Mexicana para hacer una prolongada temporada de varios años que concluye con su retorno definitivo a Puerto Rico en 1947, todas las personas entrevistadas lo ubicaron como el artista puertorriqueño más recordado e importante de los que vinieron a México. Algunos investigadores ubican en 1931 la primera visita del maestro Hernández a México y otros sitúan esa visita en 1934. En los apuntes biográficos de Rafael Hernández, editados por la Universidad Interamericana de Puerto Rico, se dice que ese año fue el de 1932. Lo que sí parece tener mayor grado de definición es que en 1935 comienza la estancia que concluirá con su regreso definitivo a Puerto Rico en 1947.

Una prueba muy palpable de su enorme importancia es la gran cantidad de canciones (390) que están registradas en la Sociedad de Autores y Compositores de Música de México (SACM). Las primeras están registradas el año de 1939 (*A la orillita del río, Colorín colorao, Dos corazo-*

**La marcha
de los jíbaros**

nes y *Mi delito*). En los años siguientes registra una gran cantidad de canciones, entre las que están muchas de las que más se conocen. El año de 1940 registra, entre otras, las siguientes: ***Ahora seremos felices, Óyeme Cachita, Capullito de Alhelí, Congoja, Enamorado de ti, Corrido de Puebla, Los hijos de Buda, Lamento Borincano, Malditos celos, Silencio*** y ***La Borracha***. Algunas de las más significativas registradas en 1941 son: ***Ausencia, Inconsolable, Oh México*** y ***El pastorcillo***. En 1942 se registraron algunas muy populares como ***Canción del alma, Desvelo de amor*** y el *danzón* ***Suave***. Del año de 1943 algunas son las siguientes: ***El cumbanchero, Noche y día*** y ***Ya lo verás***. Igualmente hermosas fueron otras registradas mientras el maestro Hernández vivía todavía en México.

Muchas de las canciones registradas en la SACM lo fueron en años posteriores a la muerte del maestro Hernández en 1965. Incluso hay muchas que fueron registradas tan recientemente como el año de 1997. Una canción que le hizo merecedor de un permanente recuerdo en la ciudad de Puebla es la llamada ***Qué Chula es Puebla*** (la letra la hizo su gran amigo Bernardo San Cristóbal) que fue registrada en 1972.

A propósito de esta canción, que fuera estrenada allá por 1940 cuando el maestro Hernández con su orquesta y sus cantantes **Margarita Romero** y **Wello Rivas** participaron en la función inaugural de un cine llamado Reforma en la ciudad de Puebla, es muy significativo que en dicha ciudad exista un monumento que remata con un busto en piedra de **Rafael Hernández**, que en la parte baja tiene en uno de sus lados una placa con la partitura de dicha canción y en otro, otra placa con las banderas de México y Puerto Rico y el año de 1978 como el de la erección del monumento que está ubicado en la calle 43 Poniente frente al Parque Enrique Benítez Reyes. En otro sitio de la ciudad de Puebla, conocido como El Barrio del Artista (esquina de las calles 8 Norte y 6 Oriente), hay una placa de azulejos con el siguiente texto: "Constancia de reconocimiento a los autores de la canción representativa de la entidad 'Que chula es Puebla', de Rafael Hernández y Bernardo San Cristóbal. Casa de la Cultura. 1976. Gobierno del Estado de Puebla".

Entre las personas entrevistadas sobre Rafael Hernández, una de las más significativas fue la cantante **Margarita Romero**, quien a sus 80 años se conserva espléndidamente, aunque manifiesta una total incapacidad para recordar fechas. Para ella lo más hermoso que le pasó en su vida fue haber sido seleccionada entre muchas concursantes como la intérprete

La marcha
de los jíbaros

femenina que iba a tener en México el maestro Hernández cuando llegara a México contratado por la emisora XEB. También recuerda que quien fue a Nueva York a contratar a **Rafael Hernández** fue el señor Bernardo San Cristóbal, quien luego se convirtiera en amigo entrañable del **"Jibarito"** y autor de las letras de varias de las más hermosas canciones del maestro Hernández. Poco después del retorno a Puerto Rico del maestro Hernández, contrajeron matrimonio **Margarita Romero** y Bernardo San Cristóbal. Para la Sra. Romero, el año probable de la llegada de **Rafael Hernández** a México fue 1935. Los hijos del cantante yucateco **Wello Rivas** (**Isabel** y **Manuel Rivas Granados**, entrevistados sobre el tema), que también fuera seleccionado entre muchos concursantes como el intérprete masculino del **"Jibarito"** en México, ubican el mismo año de 1935 cuando comenzó su padre a cantar con **Margarita Romero** en los programas radiales de **Rafael Hernández**.

El maestro **Rafael Hernández** fue muy importante en la vida de las emisoras XEB y XEW produciendo los programas de la Sal de Uvas "Picot", un antiácido muy conocido en México y patrocinador también del inolvidable *Cancionero Picot* (y muy ocasionalmente del calendario Picot). El veterano y muy respetado comentarista de espectáculos Alfredo Ruiz del Río, que trabajaba en aspectos publicitarios en la XEB cuando llegó don Rafael a México, dice que la familia dueña de los Laboratorios Picot era de origen puertorriqueño (de apellido Villafañe) y que le dieron las mayores prerrogativas al **"Jibarito"** para realizar su espléndida labor tanto en la XEB como luego en la XEW. Ruiz del Río también recuerda cuando don **Rafael Hernández** se casó en 1940 con nuestra paisana María Pérez Marín, con la que procrearía tres hijos mexicanos (Rafael, Miguel Ángel y Víctor Manuel) y uno puertorriqueño (**Alejandro "Chalí" Hernández**, un excelente cantante que estuvo hace cuatro años en Mérida en un Festival del Bolero).

Los jóvenes investigadores musicales Dionisio Sánchez y Marcos Salazar proporcionaron algunos testimonios periodísticos de las programaciones de la XEB en 1938 y 1939 donde están mencionados los programas de radio de Rafael Hernández de una hora de duración con sus cantantes Margarita Romero y Wello Rivas y con el dueto de Ray y Laurita. El investigador cinematográfico Gustavo García proporcionó los nombres de las películas mexicanas Águila y Sol (1937), El gendarme desconocido y Carnaval en el trópico (1941), Lamento borincano (1963) y

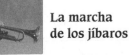

**La marcha
de los jíbaros**

Preciosa (1964), donde aparece en pantalla don Rafael. Quizá el año de 1964 fuera también el año al que se refiere el cantante Marco Antonio Muñiz, al decir en un libro autobiográfico que **Rafael Hernández** vino a México para asesorar la grabación que hizo él de un disco con temas del **"Jibarito"**.

También hay sobradas evidencias de las actuaciones de **Rafael Hernández** en la XEW (siempre con **Margarita Romero** y **Wello Rivas**), donde también fue llevado por su amigo Bernardo San Cristóbal, cuando éste fue contratado por don Emilio Azcárraga como ejecutivo de alto nivel de la XEW, y de la animación de bailes que hacía en los principales salones de la capital con su orquesta de 18 músicos. Todavía vive un señor de nombre Raymundo Rojas, que era utilero de la orquesta y que conserva los atriles de la orquesta del maestro Hernández.

Este gran compositor sigue viviendo en el corazón de los mexicanos y muchas de sus más bellas canciones tienen un poquito de los colores verde, blanco y rojo de la bandera mexicana. Sus canciones se cantan a diario y son muchos los artistas de nuestros días que las incluyen en sus grabaciones y presentaciones personales. Artistas mexicanos muy queridos como Alfonso Ortiz Tirado, Juan Arvizu, Pedro Vargas, Toña La Negra, Jorge Negrete, Manolita Arreola, Marco Antonio Muñiz, Margarita Romero, Wello Rivas, Los Panchos, Los Tecolines (y muchos, pero muchos otros) las grabaron con mucho éxito. Son infinidad las películas mexicanas donde se han interpretado sus canciones. *El Cancionero Picot* fue uno de los mayores difusores de esas canciones.

Mucho menos conocido en México, aunque no menos importante por la penetración de sus canciones en el pueblo mexicano, fue el maestro **Pedro Flores Córdova**. No sería muy atrevido afirmar que la canción de autor puertorriqueño más conocida y cantada en México es *Amor perdido*, interpretada por María Luisa Landín (grabada en 1940), o *Despedida* cantada por **Daniel Santos**. Hubo una larga época en que en todas las rockolas (velloneras en Puerto Rico) de la República Mexicana estaban esas canciones.

Casi no se pudieron tener testimonios personales acerca de las estancias de Pedro Flores en México. El cantante Marco Antonio Muñiz dice en su libro autobiográfico *Soy un escándalo, dicen,* que él lo trajo allá por 1963 ó 1964 (no precisa fechas) para homenajearlo en México. Vale reproducir el último párrafo de la página 244 donde Marco tiene sentado al maestro Flores en una mesa del centro nocturno Los Globos y se dirige

La marcha de los jíbaros

al público diciendo: "Hay un señor compositor que escribió todas las canciones que acaban de oírme. Ustedes creen que es compositor mexicano, pero no: el señor nació en Puerto Rico y se llama Pedro Flores. Y lo que tampoco saben es que tiene exactamente 40 minutos de estar sentado aquí en su primera visita a México. Mírenlo, ahí está sentado en esa mesa, es el señor Pedro Flores".

Marco Antonio dice que Pedro Flores sólo iba a estar en México ocho días y que al recibir tantas muestras de cariño del público y de los artistas mexicanos prolongó su estancia durante siete meses residiendo en la casa de Marco Antonio y en las de otros amigos y admiradores, lo que hizo posible que Marco Antonio pudiera grabar un disco (como lo había hecho antes con las canciones de Rafael Hernández). También afirma que él hizo el intento (estando en Puerto Rico) de reconciliar a Rafael Hernández y Pedro Flores en una comida en la casa de Angel Fonfrías, pero que aunque los dos eran sus grandes amigos, el empeño fue inútil ya que "aunque se dieron las manos, nunca hicieron las paces y murieron peleados".

Jaime Rico Salazar dice en su libro de los *Cien años del bolero* que Pedro Flores vino a México cuando Rafael Hernández estaba triunfando a finales del treinta, pero que no llegó a tener igual respuesta del público y se regresó pronto a Nueva York. Esto pudiera ser coincidente con lo dicho por el compositor y editor musical dominicano Mario de Jesús, en el sentido que en alguna ocasión había venido Pedro Flores con su Cuarteto Flores, antes de la visita promovida por Marco Antonio Muñiz, aunque Mario de Jesús no hace tan remota esa visita.

Una revisión del listado de canciones de don Pedro Flores, registradas en la SACM, muestra que el total de esos registros es de 73. La más antigua es *Amor Perdido*, inscrita en 1940, y hay otras tan recientes como varias registradas en 1997. De los registros más antiguos sobresalen en 1941 canciones como *Despedida, La gaga, Irresistible* y *Qué te pasa*. Canciones memorables del maestro Flores y su año de registro son las siguientes: *Amor* (1942), *Esperanza inútil* (1943), *Compay póngase duro* (1945), *Obsesión* (1947), Perdón (1955), *Hay que llegar a México* (1963), *Blancas azucenas* y *Bajo un palmar* (1964), *Se vende una casita* (1969), *Linda* (1973) y *Celos de ti* (1974).

Aunque en el cine mexicano no haya ninguna película donde pudiera haber la imagen de Pedro Flores, no cabe duda que sus canciones sí están

**La marcha
de los jíbaros**

en muchas, especialmente aquellas que por su temática se avenían muy bien con el cine de rumberas y cabareteras. Igual diríamos de su presencia en la radio con intérpretes tan gustados como Manolita Arreola, las Hermanas Águila, María Luisa Landín, Daniel Santos y Los Panchos. Su discografía no es muy amplia entre los artistas mexicanos aunque sean muchos los que le han cantado pocas canciones. Recordamos como discos de mexicanos dedicados íntegramente al maestro Flores el de Marco Antonio Muñiz, uno de Los Panchos, otro del cantante Oscar Chávez y uno del trío Los Tecolines. Desde luego que es pertinente mencionar la gran difusión que tuvieron en México los discos con sus canciones interpretadas por Daniel Santos. Su intérprete antológica en México fue María Luisa Landín con **Amor Perdido**, aunque la grabara llorando de coraje porque no quería hacerlo, ya que anteriormente la había grabado Manolita Arreola.

Contemporánea a Rafael Hernández y Pedro Flores en cuanto a sus años artísticos más gloriosos fue **Myrta Silva**, de la que hay constancias periodísticas proporcionadas por Marcos Salazar y Dionisio Sánchez de sus presentaciones en 1944 en teatros capitalinos como el Iris y el Lírico y audiciones en la XEW. Gustavo García proporcionó la ficha de la película mexicana *Las canciones unidas* donde actuó Myrta en 1959. En esas citas periodísticas alusivas a Myrta hay menciones acerca del puertorriqueño **Johnny López**.

Tres cantantes solistas puertorriqueños calaron muy profundo en el corazón de los mexicanos. **Bobby Capó**, **Daniel Santos** y **Virginia López** (aunque nacida en Nueva York, en toda su fulgurante carrera en México siempre se le presentó como "La puertorriqueña Virginia López"). Estos tres artistas vivieron sus mejores tiempos artísticos en México en la década de los cincuenta. Las presentaciones en centros nocturnos de Bobby Capó eran siempre en los mejores: El Patio y El Capri; también cantaba en la XEW e hizo ocho películas que se filmaron entre 1950 y 1963 (la primera se llamó El pecado de ser pobre, y la última fue Adorada enemiga) e hizo numerosas presentaciones en la televisión. Personas como los músicos Julio del Razo y Luis Angel Silva "Melón" guardan recuerdos del trato afable y caballeroso que le dispensaba Bobby Capó a sus músicos acompañantes. La canción **Piel canela** hizo furor en la República Mexicana a mediados de los cincuentas cantada por Pedro Vargas, como también gustó mucho **Triángulo**, interpretada por Los Tres Reyes. Otra

La marcha de los jíbaros

canción suya llamada *Capullo y Sorullo* fue un éxito después de la muerte de este gran artista.

Bobby Capó es otro de los compositores puertorriqueños que tiene registradas canciones en la SACM, aunque realmente son muy pocas (nueve). El registro más antiguo es el de la canción *Negra del alma* (1986) y el más reciente, *Cabaretera* (1992).

Daniel Santos también llegó a México para quedarse para siempre en el recuerdo de los mexicanos. Las películas mexicanas El ángel caído (1948) y Ritmos del Caribe (1950), nos ayudan a ubicar su tiempo, como también el testimonio del guitarrista Enrique Partida "Cayito", quien en 1953 formó parte del grupo El Super Conjunto de Daniel Santos, que lo acompañó en presentaciones en centros nocturnos, en la XEW, en la grabación de varios números para la marca Seeco y en presentaciones en ciudades de la provincia mexicana como en Veracruz donde, para no perder la costumbre, Daniel conoció la cárcel municipal. Una persona yucateca llamado Pedro Miranda dice haber sido testigo cuando allá por el año de 1953, en un centro nocturno capitalino llamado Riviera, alguien disparó un tiro a Daniel que no acertó al cantante pero que sí le causó la muerte a un mesero. Hombre-leyenda en México (como en toda América), Daniel Santos sigue muy vivo en el corazón de los mexicanos con sus muchas grabaciones, con el recuerdo de sus francachelas interminables y con su fama de conquistador inagotable.

Virginia López fue muy querida en México desde 1955, cuando se escucharon sus primeras grabaciones para la marca Seeco. El compositor Mario de Jesús la conoció desde sus inicios musicales en Nueva York cuando sólo era una ama de casa que cantaba bonito y luego de escucharla y de ayudar a que le hicieran las primeras grabaciones, fue gestor del gran éxito que tuvo en México al establecer el enlace entre esta artista y su esposo Charlie López con Mariano Rivera Conde, el director artístico de la RCA Víctor Mexicana. Virginia fue muy prolífica en cuanto a la grabación de discos, presentaciones personales en centros nocturnos, programas de radio y televisión, giras nacionales y películas como Vístete Cristina, Melodías inolvidables y México nunca duerme, hechas en 1958. El autor puertorriqueño Pablo Marcial "Tito" Ortiz Ramos, en su libro *A tres voces y guitarras* menciona los nombres de algunos "trieros" boricuas que estuvieron ligados a Virginia López en su prolongada estancia

**La marcha
de los jíbaros**

en México, como **Henry Vázquez**, **Pablo Carballo**, **Miguelito Alcaide** y **Junior González**.

Otra voz puertorriqueña que hizo una prolongada estancia de siete años (así lo afirma ella en una entrevista publicada en la revista de la Asociación Puertorriqueña de Coleccionistas de Música Popular) en México, fue la cantante **Carmen Delia Dipiní**. Hizo radio y centros nocturnos. Son pocos los recuerdos que quedan del paso por suelo azteca de esta gran cantante paisana de don Pedro Flores, pero su voz todavía se oye ocasionalmente en las radiodifusoras cantando *Besos de fuego*.

Aunque ya han pasado casi cincuenta años de que **Manuel Jiménez "La Pulguita"** y su cuarteto estuvieron en México, todavía se escuchan ocasionalmente en la radio temas popularizados por su grupo musical, como *Nena* y *El torero rumbero*.

La alusión en un párrafo anterior a los "trieros" puertorriqueños de los distintos tríos Imperio que vinieron a México para acompañar a Virginia López, hace que emerjan en este recuento figuras muy importantes del ambiente de los tríos que hicieron historia en México como **Hernando Avilés**, **Julio Rodríguez** y **Johnny Albino**, los que tienen en común haber sido en diferentes momentos primeras voces del inmortal trío mexicano Los Panchos.

Hernando Avilés estuvo con Los Panchos desde la fundación del trío en Nueva York en 1944 hasta 1951, en una primera etapa, y volvió de nuevo a formar parte del trío de 1956 a 1958. El vivió la adoración con que se recibió al trío en la ciudad de México en las navidades de 1948 y actuaron en El Patio, en el teatro Tívoli y en la XEW. También vive junto con Chucho Navarro y Alfredo "El Güero" Gil la conquista de toda América y luego la del mundo. Entre la primera y la segunda etapa de su vida con Los Panchos, Hernando formó el Cuarteto Avilés con los mexicanos Fabián León, Salvador Barbosa y Guillermo Romero y se casó con la mexicana Malena Pelegrini. Al terminar la segunda etapa formó el magnífico trío Los Tres Reyes con los mexicanos Gilberto y Raúl Puente, un trío que también hizo historia a nivel continental. Los últimos años de su vida los pasó haciendo la animación musical en un pequeño centro nocturno que tuvo en la Avenida Insurgentes de la ciudad de México. Murió poco después del trágico sismo de 1985.

Julito Rodríguez tuvo una estancia de cuatro años con Los Panchos entre 1952 y 1956, mientras que **Johnny Albino** estuvo de 1958 a 1969.

La marcha de los jíbaros

Ambos vivieron épocas de grandes triunfos, de extenuantes y prolongadas giras, de la filmación de muchas películas y la grabación de muchos
discos y de innumerables presentaciones a nivel mundial en centros nocturnos, radiodifusoras y televisoras. El relevo de Johnny Albino como
primera voz de Los Panchos estuvo a cargo del cantante yucateco Enrique Cáceres, quien así fue la primera voz mexicana que tuvieron Los
Panchos. Enrique Cáceres aportó datos muy interesantes respecto de cómo
era la vida del trío y de la gran significación que tuvieron en el mismo sus
inolvidables tres primeras voces puertorriqueñas.

Indudablemente que la gran época del trío Los Panchos es cuando sus
voces primas eran puertorriqueñas. La salida de Johnny Albino viene a
significar el inicio de una etapa de gradual decadencia en el trío. A Enrique Cáceres le toca ser el elemento de transición (como primera voz)
entre todo lo glorioso que tuvo el trío y la franca decadencia habida después de la salida de Cáceres. La filmografía mexicana de 30 películas de
Los Panchos es por demás sintomática respecto de como era solicitado
el trío por los cinéfilos. Su primera película se filmó en 1948 y es la
llamada En cada puerto un amor. En 1949, que es su gran año en el cine,
filman 15 películas, que es la mitad de su filmografía. En los años suce-
sivos filman tres en 1950, cuatro en 1953, dos en 1954 y 1957 y luego
una en 1958, 1959 y 1966. Su ciclo cinematográfico concluye con su
participación en la coproducción puertorriqueña-mexicana dedicada a
Rafael Hernández.

Siempre en el ámbito de los tríos, es recordada la efímera presencia
en México del *trovador* de corta vida **Cheíto González**, el arecibeño que
junto con los hermanos Gilberto y Raúl Puente formara el trío Los Tres
Reyes, de tan grata memoria, y que alcanzó su mayor grandeza cuando
Hernando Avilés dejó a Los Panchos en 1958 y ocupó el lugar vacante
dejado por Cheíto. Un trío puertorriqueño que estuvo en México y del
que se guardan recuerdos es el **Trío San Juan**, de **Félix "Ola" Martínez**,
Santiago "Chago" Alvarado y **Paquitín Soto**, que vino en 1958 para
hacer grabaciones. En la ciudad de Mérida vive un veterano requintista llamado León Alejandro Magos Morales, que los acompañó como requinto de
apoyo en sus grabaciones y en presentaciones en teatros y centros nocturnos.

"Chago" Alvarado está entre los compositores puertorriqueños que
tienen registradas canciones en la SACM. Son 31 los temas de este gran
compositor con registro en México. Su canción con registro más antiguo

**La marcha
de los jíbaros**

es *Siete notas de amor*, en 1957. En 1960 registró *Desandando* y en 1963 la llamada *Camino Diferente*. La mayor parte de sus registros son posteriores al año de 1977.

El cantante yucateco Enrique Cáceres grabó en Puerto Rico un CD llamado *Enrique Cáceres con el Trío Borinquen de Papo Valle* y este cantante asegura que dicho trío ha estado en México, seguramente conformado por **Justo Enrique "Papo" Valle**, **Jorge Juliá** y **Nate Rodríguez**.

Aunque no se pudo tener una confirmación más fehaciente, hubo un informante que aseguró que el trío Vegabajeño de **Fernandito Álvarez**, **Benito de Jesús** y **Pepito Maduro**, había actuado en México en la década de los cincuenta. Esa persona dijo tener la certidumbre de que el trío nacional de Puerto Rico actuó en el cabaret capitalino Río Rosa. Lo que sí es inobjetable fue el triunfo épico en México de la canción *Nuestro juramento,* de Benito de Jesús, especialmente cantada por el ecuatoriano Julio Jaramillo.

Un compositor del que no llegamos a tener constancia de su presencia en México, pero al parecer sí estuvo, es **Francisco López Vidal**, porque en la SACM hay el registro de 16 canciones de su autoría. La más antigua registrada es su famosa *Espérame en el cielo*, en 1957. La gran mayoría de las demás fueron registradas el año de 1988. La canción *Espérame en el cielo*, fue muy popular en México interpretada por Bobby Capó y Virginia López. Algo similar puede ser la probable estancia en México del compositor **Roberto Cole**, cuya canción *Amor Salvaje*, fue el tema musical en 1955 de una película del productor Juan Orol.

Una encuesta sobre el artista puertorriqueño (hombre o mujer) más conocido y querido en México por sus presentaciones en los teatros populares y en las películas, sin duda que le daría el primer lugar a **Mapy Cortés**, la simpatiquísima actriz, cantante y bailarina que llenó una larga etapa de la vida artística de México. Su larga presencia en los estudios y en los escenarios cubre alrededor de 25 años. Su filmografía en México (27 películas) se inició en 1940 con una película titulada Papá se desenreda, y concluyó en 1965 con las películas Los tres pecados (En mi viejo San Juan) y Luna de miel en condominio (Luna de miel en Puerto Rico).

Mapy Cortés interpretó múltiples personajes, pero siempre dentro de lo festivo y lo alegre. Cine sin complicaciones, donde en muchas de esas películas fue dirigida por su esposo el boricua Fernando Cortés, quien también tiene un primerísimo lugar en el cine mexicano como magnífico

La marcha de los jíbaros

actor y director de cine. Fernando Cortés dirigió un total de 97 películas mexicanas y participó como actor aproximadamente en 20.

Para terminar de citar la filmografía del cine mexicano relacionado con artistas puertorriqueños, sólo queda por mencionar a la cantante **Lucecita Benítez**, que triunfó en México al interpretar en 1969 en un concurso de la canción latina el tema *Génesis*, de Guillermo Venegas Lloveras. En dicho concurso la canción *Génesis* obtuvo el primer lugar y Lucesita logró el tercero como cantante. Su filmografía en el cine mexicano incluye Operación tiburón (1965), El curandero del pueblo (1967) y Tonta pero no tanto (1971). Aunque el concurso de 1969 tuvo mucha importancia y se escuchaba con gusto a Lucecita, su triunfo en México fue efímero.

Según **Mario de Jesús**, **Johnny Rodríguez** y **Tito Rodríguez** "se quedaron con las ganas de venir a México". Le unió estrecha amistad con **Bobby Capó**, quien vino muchas veces a México, siempre en plan de triunfador, al igual que **Daniel Santos**. Aunque no lo asegura, cree que estuvieron en México el pianista **Noro Morales** y la gran cantante **Ruth Fernández**, invitada especial al Festival Boleros de Oro de 1988.

Otros cantantes que él recuerda como huéspedes de México fueron: **Sophy**, **José Feliciano**, **Frankie Figueroa**, **Carmita Jiménez**, **Lucy Fabery**, **Ednita Nazario**, **Raúl Marrero**, **Odilio González**, **Nydia Caro** (ganadora en 1974 del concurso OTI), **José Miguel Class "El Gallito de Manatí"**, el *salsero* **Jerry Rivera** y **Yolandita Monge**.

Otros artistas mencionados en el libro *Del bolero a la nueva canción* del autor puertorriqueño Pedro Malavet Vega y en la revista *La Canción Popular* (distintos a los ya enlistados) como visitantes de México, fueron: **Tito Lara**, **Arturo Cortés Ingalls**, **Eladio Peguero "Yayo el Indio"**, **Tony Pizarro**, **Iris Chacón**, **Germán Ramos "Ramito"**, **Diosa Costello**, los grupos **Taoné** y **Haciendo punto en otro son** y **Santos Colón**.

En el libro *Historia documental del bolero mexicano* (de Pablo Dueñas), hay un capítulo dedicado a las grandes figuras extranjeras de gran influencia en el bolero mexicano, y ahí están mencionados los nombres de los puertorriqueños **Rafael Hernández**, **Pedro Flores**, **Bobby Capó**, **Myrta Silva**, **Carmen Delia Dipiní**, **Virginia López**, **Daniel Santos**, **Benito de Jesús**, **Noel Estrada Suárez** y **Johnny Rodríguez**.

Un género musical que ha traído muchos músicos y cantantes puertorriqueños a México, ha sido el de la *salsa*. El investigador musical Alejandro Zuarth y el empresario musical y cantante Joel Palacios aportaron

**La marcha
de los jíbaros**

datos sobre el particular. En primerísimo lugar se mencionan las frecuentes visitas del **Gran Combo** y la **Sonora Ponceña**. De estos dos grupos se dice que son "cheques en blanco" para los promotores mexicanos de espectáculos y bailes. También se mencionan las orquestas **Costa brava** e **Inmensidad**. Como figura máxima de los cantantes se señala al ya desaparecido **Héctor Lavoe**. Otras grandes figuras de la *salsa* que han actuado en México son: **Tito Puente**, **Santos Colón**, **Pete "El Conde" Rodríguez**, **José "Cheo" Feliciano**, los hermanos **Eddie** y **Charlie Palmieri**, **Bobby Valentín**, **Willie Rosario**, **Tony Vega**, **Roberto Roena**, **Rubén Laoz**, **Andy Montañez**, **Jerry Rivas**, **Ubaldo Rodríguez**, **Ismael Quintana**, **Ismael Miranda**, **Domingo Quiñones**, **India**, **Tito Nieves**, **Luis "Perico" Ortiz**, **Marc Anthony**, **Jerry Rivera**, **Richie Ray**, **Frankie Ruiz**, **Bobby Cruz**, **Niky Marrero**, **Cuto Soto**, **Gilberto Santa Rosa**, **Eddie Santiago**, **Willy González**, **Tommy Olivencia**, **Yolandita Rivera** y la orquesta **La Salvación**.

Una figura de la *salsa* de gran importancia es **Willy Colón**. Actualmente vive en México desarrollando varios proyectos musicales. Desde 1970 tiene registros de canciones (13) en la SACM.

En nuestros días el mayor aporte de artistas puertorriqueños lo dan la *salsa* y el movimiento *rockero* que inició **Menudo** a principios de los años ochenta. Algunos de los *baladistas* y *rockeros* puertorriqueños que han destacado en los últimos veinte años, actualmente tienen muchos adeptos. Entre ellos podemos citar a **René**, **Robby Rosas**, **Charlie Massó** y sobre todo **Ricky Martin**, que tienen su origen en las distintas "camadas" del grupo **Menudo**, o **Chayanne** que salió del grupo **Los Chicos**. Recientemente han estado en gira por todo México un grupo de ex Menudos (**Johnny Lozada**, **Charlie Massó**, **Ricky Meléndez**, **Ray Reyes**, **René Farrait** y **Miguel Cancel**), integrados en un proyecto musical llamado *Reencuentro*. En estos momentos también triunfan en México los *baladistas* boricuas **Carlos Ponce** y **Sergio Blass**.

La marcha
de los jíbaros

Rafael Hernández, durante la filmación
de la película "Águila o Sol".

Mapy Cortés
(foto de la película "La pícara Susana")

Trío Los Panchos, durante la época en que Hernando Avilés, izquierda, era la
primera voz (de la película "Cantando nace el amor").

La marcha
de los jíbaros

Bobby Capó y Pedro Vargas (de la película "Burlada")

La marcha
de los jíbaros

Foto de Los Panchos con la primera voz de Julito Rodríguez, izquierda (de la película "Bolero inmortal").

Virginia López

**La marcha
de los jíbaros**

Placa de azulejos dedicada a Rafael Hernández y Bernardo San Cristóbal, en Puebla.

Detalle de partitura de la pieza musical Qué chula es Puebla, compuesta por Rafael Hernández.

Monumento dedicado a Rafael Hernández, en la ciudad de Puebla.

La marcha de los jíbaros

Nuestros músicos en los Estados Unidos: 1960 al 1998

La marcha
de los jíbaros

Elmer González Cruz

Es catedrático asociado en el Departamento de Comunicación de la Universidad del Sagrado Corazón, en Santurce, Puerto Rico. Allí enseña, entre otros, el curso "Apreciación de los Ritmos Afroantillanos". Es además, columnista de la revista especializada Latin Beat que se publica mensualmente en Los Angeles, California. Tiene artículos publicados en el semanario Claridad y el periódico El Vocero, en San Juan. También en la revista "91.9: La Revista que Suena", de Bogotá, Colombia. Ha presentado conferencias y charlas sobre el jazz y la música afroantillana en varias universidades de Puerto Rico y en Suramérica. Ha sido invitado en muchas ocasiones a presentar y discutir aspectos de la música popular y el jazz, en entrevistas y programas de la radio y la televisión en Puerto Rico, Cuba, Colombia, Francia, Curacao y Venezuela.

La marcha
de los jíbaros

Nuestros músicos en los Estados Unidos:
1960 al 1998

¿Existe algún puertorriqueño que no tenga un "pariente" viviendo en los Estados Unidos? Ante nuestro historial migratorio, es casi imposible contestar afirmativamente a esta pregunta. Probablemente, el que no tenga familiares en los "nuevayores" debe tener al menos un compadre en Chicago, en Connecticut o viviendo a 30 minutos de Disney World en Orlando, Florida.

Los puertorriqueños han viajado y vivido en los Estados Unidos desde los primeros años del siglo XX. El flujo migratorio se intensificó al final de la década de los 40 después de la Segunda Guerra Mundial. La búsqueda de trabajo y el sueño no siempre logrado de un mejor nivel de vida, llevaron a miles de familias boricuas a los estados del este de la nación, siendo la ciudad de Nueva York el destino favorito.

Durante varios años, Nueva York ofreció empleos a todos por igual incluyendo a miembros de la clase artística. Para los músicos, la ciudad presentaba buenas oportunidades para grabar y proyectarse internacionalmente. Además, allí la comunidad hispana era lo suficientemente grande como para generar conciertos y bailes, creando un taller continuo de trabajo.

Fue común el "embarcarse" (mudarse hacia los Estados Unidos) llevando la esperanza de regresar pronto al terruño natal. Para muchos, "el tiempo pasó y el destino burló la terrible nostalgia". Por diversos motivos, muchos de estos trabajadores se quedaron en el norte y allí nacieron y crecieron sus hijos en una comunidad llena de tradiciones boricuas, que sentía el rechazo de un sistema dividido en clases sociales y lleno de prejuicios raciales.

La marcha de los jíbaros

Para esa comunidad, la música fue el denominador común en las malas y en las buenas, en momentos de alegría, de nostalgia o de tristezas. ¿Y por qué no? Como pueblo somos así: alegres, amigueros, fiesteros y amantes incondicionales de la música. Para muestra, un botón. A diferencia de otros países, nuestra afición por la música es de tal magnitud que este es el único lugar del mundo en donde las manifestaciones huelgarias tienen como banda sonora los ritmos de *plena*. En Puerto Rico no utilizamos las armas convencionales que por lo general vemos en la televisión, a través de las noticias internacionales, en manifestaciones similares. Aquí utilizamos el pandero de *plena,* el *cencerro* y las *tumbadoras* en lugar del sarrote, el cóctel Molotov o las armas de fuego. Sin juzgar los motivos, las protestas lucen con cadencia, rima y clave. A veces da la impresión que cada empresa tiene uno o más percusionistas en su nómina, por si acaso surge algún problema obrero-patronal.

Ese espíritu musical siempre acompañó al emigrado y a sus hijos nacidos en el norte. La música no sólo ha servido como un medio de entretenimiento o de expresión artística, sino que ha sido un eslabón de enlace con la cultura puertorriqueña y el sentimiento de orgullo patrio. Para nosotros, el canto del coquí representa más a nuestra gente que el cordero que aparece en el escudo oficial. El *güiro* y el *cuatro* son símbolos de tanta puertorriqueñidad como lo es la abuela que vivió más de treinta años en el Bronx, sin aprender inglés y soñando con Puerto Rico.

Afortunadamente, contamos con un gran número de músicos nacidos en los Estados Unidos que tienen la buena costumbre de decirle al mundo que son puertorriqueños. En mis conversaciones con algunos de ellos, he percibido un sentimiento nacionalista muy profundo. Son artistas con orgullo, con la monoestrellada en el corazón. Artistas que aprovechan su entorno para crear música que explica y muestra la pluralidad de influencias sociales que han marcado nuestro sitial como pueblo que, dividido geográficamente por el Atlántico, sigue siendo un sólo pueblo desde las dos orillas.

En los pasados cincuenta años, los músicos residentes en la Isla y los músicos boricuas residentes en los Estados Unidos, han intercambiado influencias y mantenido admiración y respeto mutuos. Durante años, se utilizó en Puerto Rico la frase "¡Directamente de Nueva York!" para promocionar y destacar la presentación de algún artista en particular en

**La marcha
de los jíbaros**

la Isla. Nueva York sonaba a éxito. Lo mismo sucedía al otro lado cuando se anunciaba a un artista "¡Directamente de Puerto Rico!" , en el legendario Teatro Puerto Rico o en uno de los muchos "Casinos" y clubes bailables de Nueva York. Puerto Rico sonaba a patria. En fin, lo que en materia de música se cocinaba en Nueva York, se consumía con gusto en Borinquen y viceversa.

En términos generales, ¿qué circunstancias históricas han marcado el trabajo musical de los puertorriqueños en los Estados Unidos?, ¿qué cosas han cambiado y cómo se ha afectado la difusión de la música popular? El trabajo de los artistas boricuas en los Estados Unidos, al igual que el trabajo de los que permanecen en la Isla, se ha afectado por circunstancias sociales, políticas y económicas que afectan la industria del espectáculo y marcan la evolución de la música. Detrás de cada composición, de un arreglo musical, del éxito o del fracaso; hay una razón que puede identificarse. Existen variables relacionadas con la tecnología y con los cambios demográficos y de estilos de vida que inciden en la creación y distribución de la música popular.

Antes de mencionar a los artistas boricuas que se incluyen en este capítulo, echemos un breve vistazo al tiempo a partir del 1960 para tener una idea general del contexto histórico que marcó y sigue marcando el trabajo musical de nuestros artistas en los Estados Unidos.

Cuatro décadas de cambios

La década de los 60 fue marcada por la energía de una juventud decidida a lograr cambios sociales y políticos. En los Estados Unidos, jóvenes de diferentes sectores socioeconómicos protestaron la intervención militar en Vietnam. Ganó popularidad una filosofía de vida enmarcada en promover el amor y protestar la violencia, aún cuando esto provocó en algunos una actitud de anarquía y excesos. Los afroamericanos lucharon más que nunca por sus derechos de igualdad como miembros de la sociedad norteamericana.

Los jóvenes puertorriqueños residentes en los Estados Unidos, no podían escapar de las influencias de estos movimientos sociales. Los boricuas también estaban en Vietnam y al igual que los afroamericanos, se sentían parte de una minoría discriminada racialmente. Las circunstancias hacían un llamado a despertar y reclamar derechos constituciona-

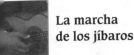

**La marcha
de los jíbaros**

les. Era el momento de asumir y exhibir una identidad dentro de la sociedad norteamericana.

La música era cómplice de todas estas inquietudes sociales. El *rock* se convirtió en un medio oportuno y eficiente para identificar y promover las ideas. Era himno de batallas ideológicas y era el fondo musical para el "amor libre". Con el trabajo de los Beatles, el *rock* se consagró como un fenómeno mundial que consiguió fanáticos en todos los continentes. Esto tuvo sus efectos en la difusión y evolución de la música antillana. El avance y popularidad del *rock* le restó difusión y popularidad a la música caribeña. Pero muy lejos estaba el *rock* de representar en esa época nuestras inquietudes y nuestro acervo cultural.

La década de los 60 marcó la cuenta regresiva del lanzamiento del movimiento musical que se conocería como *salsa*. Un movimiento que reflejaba, en sus inicios, el ambiente difícil que marcaba las vidas de jóvenes marginados con inquietudes y necesidad de identificación.

Surgió entonces en el *Barrio Hispano* de Nueva York, un sonido distinto que no respondía del todo a la sonoridad y el timbre de los ritmos cubanos de moda como el *chachachá* y la *pachanga*. Fue un sonido entre el inglés de la calle y el español en el hogar. Era el resultado lógico de la amalgama rítmica que resonaba de manera simultánea en el vecindario con la música de Daniel Santos y de los tríos de la década anterior, el *Rhythm & Blues* afroamericano, el *jazz* de Thelonious Monk y Duke Ellington y el *son* cubano de Arsenio Rodríguez. Era, la lucha por sobrevivir en las calles llevada al pentagrama. Y así, surgen los trombones estridentes de Eddie Palmieri y el bilingüismo del *bugalú* como el sonido que identificó a gran parte de los jóvenes boricuas de Nueva York en la década de los años 60.

Por otro lado, mientras los jóvenes peleaban su batalla, los políticos también dejaban sus huellas durante el decenio. Por las circunstancias que todos conocen, en 1961 se rompieron las relaciones diplomáticas entre Cuba y Estados Unidos. Esta situación interrumpió el flujo continuo de influencias musicales que Cuba sostenía con los Estados Unidos y algunos países caribeños. Hasta el 1960, Cuba producía y establecía las modalidades bailables de mayor aceptación entre las comunidades hispanas de Nueva York y Puerto Rico. Ante la ausencia directa de Cuba, Nueva York se convirtió en la tarima mundial para la proyección de la música afroantillana.

La marcha de los jíbaros

La década de los 70 es la época de la *salsa*. Surgen las Estrellas de Fania con el predominio de músicos puertorriqueños. Es la década de exportar ese sonido a otros territorios. En todo el Caribe se acepta ese sonido urbano con elementos rítmicos y melódicos de la *rumba,* de la *plena,* del *son,* del *merengue,* de la *bomba* y el *jazz.* No sólo se exporta este sonido bailable al que se le llamó *salsa* sino que con el mismo, se denuncian públicamente las inquietudes, las alegrías y tristezas de un gran sector de los caribeños en las estratas sociales menos privilegiadas. Ante el empuje de esta modalidad, pierden terreno en la radio otras manifestaciones y estilos musicales como el bolero de voces y guitarras. Por otro lado, el *pop* americano lograba un gran avance internacional.

Ante la aceptación de la salsa entre entusiastas con un nivel económico superior al de "Pablo Pueblo" del barrio pobre, se presentó una oportunidad comercial que no fue pasada por alto. La *salsa* empezó a llamar la atención de personas de niveles socioeconómicos aventajados. Las historias del panameño Rubén Blades llegaban hasta las "Ligia Elenas de la alta sociedad" que podían y gustaban de comprar discos *salseros.* Al final de la década, ya la salsa buscaba otros temas y salió del barrio marginado para convertirse en un producto musical a la merced de las prácticas comunes de mercadeo y promoción de la industria disquera.

En la década de 1980, la industria de la música latina sufre otras modificaciones. Es el decenio de los *baladistas.* El amor, que siempre ha estado de moda, es el tema internacional a través de la música *pop* latina. La *salsa* entra en la movida fusilando *baladas* y adoptando otros temas con el sólo propósito de expandir sus mercados y vender discos. Durante la década, casi desaparece el concepto de *orquesta* para dar paso a la práctica de promocionar y proyectar la figura del cantante como solista, ignorando casi por el todo a los músicos instrumentistas en su papel de acompañantes.

Por otro lado, se debilitó definitivamente el imperio disquero de la Fania. Entonces, Puerto Rico se proyectó a nivel internacional como líder *salsero* con cantantes jóvenes que, desde la Isla, explotaron la modalidad de la *salsa romántica.*

A partir de los primeros años del decenio, la música popular adquirió una dimensión visual que cambió la forma de promocionar a los artistas. Con la llegada en 1981 del concepto de *Music Television* (MTV), la música dejó de ser sólo para bailar o escuchar. Se convirtió en un fenómeno

**La marcha
de los jíbaros**

para ver. Los videos musicales comenzaron a ser utilizados en la promoción de diferentes géneros. A raíz de esta situación, la industria comenzó a mostrar preferencias por aquellos artistas con características y atributos visuales que el público considera atractivos. Ya la cosa no fue sólo de talento sino de cómo luces, de cómo retratas. Esta situación se hizo más evidente en el campo de la salsa en el cual se puso un énfasis mayor en la contratación y promoción de artistas jóvenes y bien parecidos.

La década de 1990, es una de muchas grabaciones y muchos rostros nuevos que luchan por tener un lugar en la radio o la televisión. Es la década de la alta tecnología y de la brevedad en la fama. Algunos artistas no logran ir más allá de la grabación de un primer disco y otros con mejor suerte, se convierten en meteoros o estrellas fugaces que aparecen, brillan por un instante y desaparecen. Es la década de la mujer como intérprete de los ritmos tropicales destacándose las cantantes de *merengue*. Es tiempo para provocar el orgullo boricua por las presentaciones y logros fuera de la Isla de **Ricky Martin**, **Chayanne**, **Ednita Nazario**, **Marc Anthony** y **Gilberto Santa Rosa**. Por otro lado, la década se distingue por la insistencia de la prensa mundial en resaltar asuntos íntimos o personales del artista y hablar muy poco de sus atributos musicales.

A través de todas estas circunstancias y hechos que caracterizan las últimas cuatro décadas del siglo XX, los músicos puertorriqueños se han destacado con orgullo y mucho talento en infinidad de tarimas, actividades y conciertos a través de los Estados Unidos. En este capítulo mencionaremos algunos de estos músicos.

Son muchos los puertorriqueños en los Estados Unidos que poseen talento artístico pero no han tenido la oportunidad de figurar entre los más difundidos. Entre otros, miembros de orquestas y agrupaciones en las cuales sobresale sólo la figura de los vocalistas. Músicos de clubes, cumpleaños y bodas que nunca tuvieron la oportunidad de exponerse más allá de su comunidad inmediata y por lo tanto, aún no los conocemos. Otros, no llaman la atención de los mercaderes del arte pues cultivan géneros que no están de moda, tales como la música folklórica.

Con las historias de cada uno de estos músicos se pueden publicar varios libros. ¡Y es que son muchos! Donde quiera que haya una comunidad de boricuas fuera de su isla natal, nunca faltará alguien que cante y toque guitarra. Los *güireros* buenos se cuentan por miles y el *pandero de*

La marcha de los jíbaros

plena, el *bongó* y las *tumbadoras* son imprescindibles en cualquier comunidad puertorriqueña. Por lo tanto, aquí no están todos los que son. Aquí haremos mención sólo de una fracción de aquellos músicos boricuas que, a partir de 1960, han sobresalido en los Estados Unidos por su exposición en la prensa, en espectáculos o en la industria discográfica.

Nuestra definición de "puertorriqueño" va más allá del punto geográfico de nacimiento. Lo mismo podemos mencionar un boricua de Mayagüez que una puertorriqueña nacida en el Bronx o Chicago. Tan sólo nos basta que parte de su ascendencia familiar sea boricua.

Los ritmos de *salsa* y sus antecesores inmediatos, ocupan la mayor parte de este capítulo. Lo hemos hecho así debido a que en los pasados 30 años, la *salsa* ha sido el movimiento musical latino de mayor exposición y proyección en los Estados Unidos. Aunque un gran número de puertorriqueños ha trabajado con otras modalidades musicales en esa nación, los *salseros* boricuas al norte lograron destacarse de manera sobresaliente llevando, en un momento dado, la *salsa* lejos de su origen geográfico. En el mundo se dice que "Puerto Rico es *salsa*" aún cuando hemos participado activamente en otros géneros musicales. Esta percepción de la Isla es el producto del trabajo que músicos *salseros* han venido realizando, desde Nueva York y Puerto Rico, en escenarios internacionales.

También le dedicamos varias páginas a los artistas que trabajan con el género del *jazz.* Son varios los músicos boricuas que han tenido una destacada carrera en este género que, aunque es bastante elitista, cuenta con seguidores en todo el mundo. Pero antes de llegar allá, aquí arrancamos en Nueva York con algo más bailable y popular.

Nueva York: década de 1960

Desde la década de los años 50, Nueva York contaba con músicos puertorriqueños que se destacaron como líderes en la difusión de la música afrocaribeña. Tito Puente y Tito Rodríguez llegaron al decenio de los 60 precedidos de una merecida fama por su trabajo musical con los ritmos del *mambo,* el *chachachá,* el *son* y el *bolero.* Sus duelos musicales en el salón de bailes el Palladium, son considerados hoy como episodios de leyenda en la historia de la música latina en Nueva York.

**La marcha
de los jíbaros**

En la década de 1960, sobresalieron tres sucesos musicales: el ritmo de la *Pachanga,* la creación de un sonido agresivo que reflejaba el ambiente callejero de la ciudad y el nacimiento, vida, pasión y muerte del *bugalú.* Además, durante la década surgieron algunas figuras que serían protagonistas estelares del movimiento *salsero* en el decenio de los 70.

De pachanga en Nueva York

La *pachanga* fue el último ritmo importado directamente de Cuba, poco antes que se rompieran las relaciones diplomáticas con los Estados Unidos en 1961. Fue un ritmo que tuvo una vida corta pero una gran aceptación del público bailador. Creada por el cubano Eduardo Davidson, la *pachanga* se ajustaba perfectamente al sonido de las agrupaciones de *charanga* las cuales se caracterizan por el uso de violines y la flauta. Por supuesto, no era necesario mantener un formato estricto de *charanga* para tocar la *pachanga.* En la primera mitad de la década, este ritmo fue difundido mayormente por músicos cubanos en Nueva York. Sin embargo, varios músicos puertorriqueños también se sumaron a la moda *pachanguera* proyectándose desde esa ciudad. Veamos.

Joe Quijano (1935) y su conjunto Cachana hicieron varias grabaciones de la *pachanga.* Quijano siempre se destacó en los 60 por difundir los ritmos cubanos de moda tales como el *chachachá,* el *son montuno* y el *bolero-son.* Sus *guajiras-montunas,* en la voz de **Paquito Guzmán** (1939), son clásicas. Quijano nació en Puerta de Tierra, San Juan, mientras que Guzmán es de Santurce.

Otro exponente importante lo fue **Charlie Palmieri** (1927-1988) con su Charanga Duboney. Charlie Nació en Nueva York y fue influido musicalmente por el pianista boricua Noro Morales. A los 16 años, Charlie era un suceso como tecladista. Se destacó con los principales ritmos afroantillanos de moda que surgieron entre las décadas de 1950 al 1980. En 1951 trabajó y grabó con Tito Puente, cosa que se repitió varias veces con el correr de los años. En 1958 fundó la Charanga Duboney junto al flautista dominicano Johnny Pacheco. Tres años después, dirigía el colectivo Alegre All-Stars.

Entre 1972 al 1975, Charlie grabó varios discos que se escucharon bastante. Contaba para ese entonces con la voz de otro legendario músico

**La marcha
de los jíbaros**

boricua, **Vitín Avilés,** quien hizo gran parte de su carrera en los Estados Unidos. Avilés y Palmieri se recuerdan por su grabación de la pieza *La Hija de Lola,* del también puertorriqueño **Raúl Marrero** quien en 1998, residía en el estado de la Florida. Charlie también realizó algunas presentaciones y grabaciones junto a su hermano menor **Eddie Palmieri.** Su colaboración conjunta en el concierto celebrado en la cárcel de Sing Sing (Tico Records, 1974) produjo uno de los grandes éxitos de la salsa con la pieza *Vámonos Pa'l Monte* en la cual sobresale el sonido electrónico del teclado de Charlie. Un sonido de órgano electrónico que en esa fecha se asociaba con el *rock* y el *blues* y Charlie lo trajo al mundo de la *salsa.*

El trabajo del mayor de los Palmieri se asocia también con el concepto de las *descargas* y en parte con el *jazz* latino. Sus mejores *descargas* las consiguió entre 1961 y 1976 con las Estrellas Alegre, con Tico All-Stars y con la Cesta All-Stars. Como *jazzista,* se puede apreciar su talento en los trabajos realizados junto a Cal Tjader, Tito Puente, Mongo Santamaría, Herbie Mann, Ray Barretto y otros.

Pero sigamos con la *pachanga.* Entre otros músicos veteranos que se unieron a la moda *pachanguera,* encontramos al cantante **Tito Rodríguez** (1923-1973) y al percusionista **Ray Barretto.** Éste último grabó en 1961 el disco *Pachanga with Barretto* (Riverside) y en 1962, fundó la agrupación La Charanga Moderna con la cual grabó *Latino* (Riverside, 1962). La agrupación de Barretto era una *charanga* que además de incluir el timbre típico de violines y flauta, contaba con un saxofón, una trompeta y una evidente inclinación hacia el *jazz* y el *Rhythm & Blues.* En aquel momento, fue una *charanga* con tendencias modernas. Barretto, quien nació en Nueva York en 1929, se destacó como uno de los pilares en la difusión y el desarrollo de la *salsa.* Fue miembro fundador de las Estrellas de Fania. Hasta el 1992, Barretto dirigió una orquesta con un sonido bailable que supo acoplarse, durante 30 años, a las diferentes modas musicales manteniendo una sonoridad propia.

El sonido de la rebeldía

En 1960, el pianista de Tito Rodríguez abandonó la orquesta y al año siguiente, fundó su propia agrupación la cual bautizó como La Perfecta. Ese fue **Eddie Palmieri,** quien se caracteriza por su espíritu musical

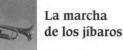

**La marcha
de los jíbaros**

independiente (no se parece a nadie) y su estilo percutivo con fuertes raíces afrocubanas.

Nacido en Nueva York el 15 de diciembre de 1936, Palmieri se inició como director de orquesta durante el furor de la *pachanga*. Haciendo honor a su fama de ser rebelde y distinto, su orquesta fue una *charanga* en la que los violines fueron sustituidos por dos trombones. El sonido de los trombones ya se escuchaba en el trabajo de **Efraín "Mon" Rivera,** (1923-1978) nacido en Mayagüez con residencia en Nueva York. Según **Al Santiago** fundador del sello disquero Alegre, antes que La Perfecta grabara, Mon Rivera grabó el LP *Que Gente Averiguá* con el sonido de tres trombones. Eddie participó como pianista en dos de las piezas de dicho LP (*Descarga Newsletter.* Número 4, 1994). Claro está, Palmieri adoptó el concepto de los trombones pero estuvo siempre lejos de ser imitador del estilo de *plena* y *guaracha* jocosa de Mon Rivera.

En La Perfecta de Eddie Palmieri, se reunieron el *son* cubano, la influencia del *jazz* afroamericano y la rudeza del ambiente callejero de los barrios marginados de las ciudades del Caribe. Su sonido fue importante en aquel entonces, pues sentó las bases para el sonido urbano y rebelde que caracterizó a la *salsa* nuevayorkina de los 70. Desde sus inicios, y durante más de 12 años, La Perfecta contó con el vocalista ponceño **Ismael Quintana** quien nació en 1937 y se trasladó a Nueva York al final de los años 50.

Con más de 35 discos grabados hasta el 1998, Eddie Palmieri ha ganado cinco premios Grammy y mantiene un cargado itinerario de presentaciones internacionales.

El bugalú:
primera manifestación genuina del barrio

Para el 1966, surge con fuerza un ritmo llamado *bugalú*. Aquí se mezclaron influencias del *son* y la *guajira montuna,* con el *rock* y el *soul* afroamericano de la época. Surgió en un momento de efervescencia *rockera* y de una búsqueda de identificación social. Fue el resultado musical de la interacción diaria de una juventud hispana en las calles de Nueva York, con las influencias de sus vecinos afroamericanos. Fue una

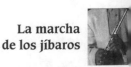

La marcha
de los jíbaros

modalidad con temas livianos en inglés y en español. Las líneas melódicas se asemejaban a los ritmos cubanos sin el patrón rítmico de la clave. Paralelo al *bugalú,* el *bolero soul* y la modalidad del *latin soul,* con fuerte influencia del *soul* afroamericano, tuvieron una buena acogida por parte de un gran sector de la juventud boricua de New York. La aceptación inicial del *bugalú* fue de tal magnitud que muy pocas orquestas o agrupaciones no se contagiaron con la moda. Entidades tan tradicionales como El Gran Combo de Puerto Rico también tuvieron su *bugalú.*

Fueron los boricuas en Nueva York quienes crearon y difundieron este ritmo. Las agrupaciones que más se destacaron en esta modalidad fueron las siguientes:

La orquesta del pianista **Pete Rodríguez** (1942), quien en 1966 sonó mucho con *Pete's Boogaloo* y *Micaela.* Varias de las piezas popularizadas por esta agrupación fueron creadas por el trompetista boricua **Tony Pabón** (1941) quien desde el 1969 al 1978 dirigió en Nueva York la orquesta La Protesta.

También en 1966, fue muy escuchado el pianista y trombonista **Johnny Colón** (1942) quien adoptó el sonido de los trombones al estilo Palmieri, y alcanzó renombre con la pieza *Boogaloo Blues.* Por otro lado, había *bugalú* en el álbum *Se soltó* del pianista **Richie Ray** y el vocalista **Bobby Cruz.** Richie, un pianista con educación formal en el piano clásico, fue uno de los músicos más apreciado por los verdaderos *salsómanos* de la época.

Richie nació en Nueva York el 15 de febrero de 1945. Su orquesta siempre mostró una sonoridad distinta a las demás. Con un dúo, a veces trío, de trompetas y un piano con aroma clásico y un tumbao arrollador, Richie tuvo una de las agrupaciones más respetadas y sabrosas en todo el Caribe. Su cantante Bobby Cruz nació en el pueblo de Hormigueros, en el oeste de Puerto Rico, en 1938 y diez años después se mudó a Nueva York. Ambos grabaron temas seculares desde el 1964 hasta el 1975, año en que se convirtieron en ministros protestantes y siguieron grabando con otra temática orientada a temas religiosos.

Gilberto Calderón, alias **Joe Cuba,** nació en Nueva York de padres puertorriqueños el 22 de abril de 1931. En los 60, dirigía un sexteto el cual ya sonaba desde la década anterior. Era un sexteto de percusión y voces que en términos rítmicos no tenía nada que envidiarle a las grandes orquestas de los 50. En 1966, grabaron la pieza *Bang, Bang* en el disco de Larga Duración (LP) *Wanted Dead or Alive* con el sello Tico, la cual

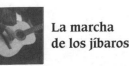

**La marcha
de los jíbaros**

figuró en las listas de popularidad a nivel nacional. Con un ritmo infeccioso de *bugalú*, *Bang, Bang* puso en el mapa la voz de **Jimmy Sabater** (1936), *timbalero* del grupo. **Willie Torres,** junto a Sabater, fueron los vocalistas del sexteto en la onda del *bugalú*. Hasta el 1965, Joe Cuba contaba con la participación vocal de **Cheo Feliciano** el cual tuvo que abandonar la agrupación por problemas de adicción a drogas. Cheo, quien nació en Ponce en 1935, comenzó su carrera profesional con Joe Cuba en 1955.

Durante el 1967, el *bugalú* continuó cosechando éxito con la orquesta del *timbalero* **José Luis "Joey" Pastrana** (1943) quien contaba con un cantante joven del pueblo de Aguada llamado **Ismael Miranda**. Por otra parte, una familia musical de Brooklyn, con raíces en el pueblo costero de Aguadilla, grabó ese año su primer LP lleno de *soul* y ritmos latinos. Estos fueron los **Lebron Brothers** con el disco *Psychodelic Goes Latin* (Cotique Records). Los hermanos Lebrón estuvieron bien activos durante la década de 1970 y durante los primeros años del 80. Sus grabaciones fueron muy escuchadas, especialmente aquellos boleros vocalizados por Pablo, el hermano mayor. Ellos fueron portadores de un estilo que mostraba profundas influencias caribeñas pero al mismo tiempo, un toque armónico y melódico nuevayorkino muy especial.

Otros artistas boricuas que grabaron el *bugalú* lo fueron entre otros, **Tito Puente, Ismael Rivera,** quien trabajó en Nueva York en la segunda mitad de la década del 60; el pianista **Héctor Rivera** y el binomio de **Willie Colón** y **Héctor Lavoe.** La TNT Band con su cantante **Tony Rojas** y el New Swing Sextet (1965-1973) con **Peter Ortiz, George Rodríguez** y el pianista **Yeyo Salgado,** también contribuyeron al movimiento del *bugalú*. En la onda del *Latin Soul,* sobresalieron el cantante **Ralfi Pagán** (1944-1979) y los hermanos Lebrón entre otros. El *bugalú* perdió su fuerza al final de la década y fue desplazado por el fenómeno de la *salsa.*

Al Santiago y su empresa Alegre

Durante los 60, una de las figuras importantes en el desarrollo musical del ambiente hispano de Nueva York lo fue el empresario y productor **Al Santiago** (1932-1996). De padres puertorriqueños, Santiago estableció en 1955 la tienda de discos Casa Alegre la cual se convirtió en un importante centro de información y de reunión de músicos y fanáticos de

**La marcha
de los jíbaros**

la música latina de la época. En 1956, estableció el sello disquero Alegre comenzando así un proceso de búsqueda de talentos que se destacó por darle la primera oportunidad de grabar a una serie de artistas puertorriqueños que con el tiempo fueron parte integral de las grandes figuras de la música latina. Con el sello Alegre grabaron los hermanos Palmieri con sus respectivas agrupaciones, **Mon Rivera** con su influyente sonido de trombones, el cantante **Chivirico Dávila** (1924-1994) quien fue uno de los grandes intérpretes de la música tropical y nunca recibió el reconocimiento que mereció. Chivirico, nació en Villa Palmeras, Santurce e hizo su carrera en Nueva York. Grabó en los 60 con **Richie Ray**, **Joey Pastrana** y **Orlando Marín**, entre muchos otros. Aunque era un buen guarachero, también se destacó como bolerista grabando una media docena de discos de boleros para el sello Cotique, entre 1971 y 1978.

También grabó para el sello de Al Santiago, Eladio Peguero, conocido como **"Yayo el Indio"** (1920), veteranísima voz obligada de los coros en los mejores años de la salsa de Nueva York. Entre los percusionistas que participaron en grabaciones junto a otros artistas del sello Alegre se encuentra el legendario tamborero **Sabú Martínez** (1930-1979), los percusionistas **Francisco "Kako" Bastar** (1936-1994), **Frankie Malabé** (1940-1994) y **Louie Ramírez** del que daremos algunos datos más adelante.

Alrededor de 1961, otro percusionista, el timbalero **Orlando Marín**, grabó para Alegre el disco *Se te quemó la casa*. Marín grabó varios discos con la empresa de Santiago y hasta el 1967, su orquesta fue bien cotizada entre los bailadores de Nueva York. En 1972, en una producción de Al Santiago, Marín grabó el magnífico disco *Saxofobia* (Mucho Music Records) con un colectivo de saxofones en la línea del *mambo jazz* y el *son*. En 1997, continuaba activo como percusionista. Marín comenzó su carrera en 1951 y junto a **Tito Puente**, es uno de los pocos músicos latinos de Nueva York que se ha mantenido frente a su orquesta por más de 45 años.

Otro proyecto importante de Al Santiago fue reunir y grabar en varias ocaciones al colectivo Alegre All-Stars, codirigidos musicalmente por Kako y Charlie Palmieri. Con ellos grabaron, además de los ya mencionados, el cantante **Willie Torres,** el trompetista **Ray Maldonado** (Hermano de **Richie Ray**), **David Cortijo, Víctor Velázquez**, el timbalero y director de orquesta **Willie Rosario** (1930) y el cantante y compositor **Henry Alvarez** entre otros. Hoy día, las descargas y los boleros grabados por este grupo son piezas de colección muy apreciadas por los salseros de línea dura.

La marcha
de los jíbaros

Uno de los trucos publicitarios que muestra la sagacidad de Santiago para promover su producto, fue inventarse el cuento que Kako Bastar había perdido en el tren el *master tape* de la grabación del álbum número tres de Alegre All-Stars. Como consecuencia de la alegada pérdida, la cual se comentó mucho en la ciudad, el álbum número cuatro salió primero que el tres. Así se creó una efectiva promoción para el colectivo Todos Estrellas, que se tradujo en buenas ventas del número tres cuando éste salió al mercado con el título de *Lost and Found.*

Con el sello Alegre, Santiago grabó alrededor de 50 discos de larga duración. Uno de los últimos proyectos fue la grabación en 1966 del primer disco de Willie Colón, el cual fue editado un año más tarde por el sello Fania, añadiéndole la voz de **Héctor "Lavoe" Pérez**.

El sello Alegre fue vendido en 1966 a la compañía Branston Music pasando a ser parte del sello Tico/ Roulette y posteriormente, pasando a manos de la empresa disquera Fania.

Década de 1970: salsa y control

A diez años de la revolución cubana, la comunidad de músicos puertorriqueños en Nueva York estaba en el comando de la producción de la música afroantillana. Fue una década en que parecía que había una orquesta en cada esquina de Nueva York, San Juan o Caracas. Nueva York se convirtió en el centro musical más influyente del Caribe. Las principales orquestas buscaban una identidad musical o estilo que las diferenciara una de otras. Algunas lograron una personalidad sonora muy suya. Sin embargo, todas se movían dentro de los parámetros musicales que dictaba el *son* cubano. Las variaciones estaban en las influencias del *jazz,* de la *plena* y la *bomba,* la *rumba,* del *bolero* y los temas alusivos a una gama de situaciones cotidianas de la comunidad hispana, principalmente la de Nueva York y las Antillas. El decenio de los 70 fue el de mayor proyección de la salsa en sus inicios. Fue la época de las Estrellas de Fania.

El flautista dominicano Johnny Pacheco, junto al abogado nuevayorkino Jerry Masucci, establecieron en 1964 el sello disquero Fania en la ciudad de Nueva York. La Fania adoptó su nombre de la pieza afrocubana titulada *Fanía Funché* incluida en el disco *Cañonazo* de Pacheco, primer disco que se editó en la nueva empresa. Pacheco y

**La marcha
de los jíbaros**

Masucci se dedicaron a reclutar artistas jóvenes y otros no comprometidos con otras casas disquera. En su catálogo, lleno de músicos puertorriqueños, se encuentran la mayoría de los protagonistas estelares de la salsa nuevayorkina.

Uno de los primeros artistas contratados por Fania lo fue el trombonista **Willie Colón** (1950) quien junto al vocalista **Héctor "Lavoe" Pérez** (1946-1993) formaron una de las parejas musicales de mayor proyección e influencia en la música que caracterizó al Caribe urbano de los 70. Colón y Lavoe editaron su primer disco juntos en 1967. Utilizaron el formato de dos trombones. Con el sugestivo nombre de *El Malo*, ambos sentaron la temática de sus discos siguientes en los cuales se reflejaba la intensidad de la vida en las calles del barrio latino a través de los temas, los arreglos y el sonido áspero de los trombones. El timbre chillón y nasal de Lavoe se convirtió en el estilo típico y genuino del nuevo sonido urbano.

Tanto a Willie como a Héctor hay que reconocerle ciertas aportaciones musicales. Fueron de los primeros en incorporar con éxito temas y estampas de Puerto Rico en los ritmos de la *salsa* nuevayorkina. Grabaron ritmos de *bomba* en un momento en que la bomba ya era considerada como algo folklórico sin oportunidades comerciales. Sus dos discos *Asaltos Navideños* con temas boricuas, han recorrido el planeta llevando cada año un pedazo de nuestra Navidad alrededor del mundo. Incorporaron temas *jíbaros,* al estilo de Chuíto el de Bayamón, entusiasmando a la población joven que abrazó el movimiento de la salsa urbana. Sin mayores pretensiones, establecieron un sonido y estilo que fue reconocido como el más auténtico del movimiento salsero en sus inicios. Utilizaron influencias rítmicas de otras regiones haciendo de su música una reunión tan heterogénea y al mismo tiempo tan parecida como los habitantes del barrio. En el trabajo de Colón y Lavoe estaban presente las influencias rítmicas de Cuba, Panamá, África, Nueva York y de su Puerto Rico.

Las Estrellas de Fania

El 26 de agosto de 1971 se celebró en el Club Cheetah de Nueva York, una actividad bailable importante en la historia de la *salsa:* la segunda reunión de las Estrellas de Fania. Con la grabación discográfica del concierto y con una película del mismo, se inició una serie de eventos

La marcha de los jíbaros

promocionales que proyectaron la *salsa* de Nueva York a través de todo el Caribe hispano y otras ciudades en los Estados Unidos. Esa noche, participaron allí músicos de la República Dominicana, de Cuba, Puerto Rico y de los Estados Unidos. Además de Willie Colón en la sección de trombones, la banda contó con otros boricuas: **Roberto Roena** (1940) fue el bongocero mientras **Ray Barretto** (1929) golpeaba las tumbadoras. Roena fue el único de esa banda que nunca vivió en los Estados Unidos. El bajista lo fue **Bobby Valentín**. **Reynaldo Jorge** recién llegaba de la Isla a probar suerte en Nueva York y encontró un lugar como trombonista en esa histórica velada. El guitarrista y cuatrista de Guánica ,**Yomo Toro** (1933), le dio un aire de *son* cubano al repertorio de la noche. Aunque se conocían algunos tresistas cubanos y boricuas en Nueva York, la Fania optó por utilizar el sonido del *cuatro* puertorriqueño. Yomo se había destacado en los años 50 como miembro de varios tríos y como acompañante de varios cantantes, mayormente boleristas boricuas, en la ciudad de Nueva York. Con el *cuatro,* la *salsa* continuaría con el sonido pulsado de cuerdas típico de los conjuntos del *son* cubano y al mismo tiempo, el instrumento en las manos de Yomo Toro añadía giros melódicos de las montañas de Borinquen.

Los cantantes, figuras estelares en ese concierto, eran boricuas: **Héctor Lavoe**, que para esa fecha ya era toda una personalidad del ambiente musical de Nueva York. **Ismael Miranda,** (1950) joven aguadeño, que militaba con la orquesta del judío Larry Harlow. Además, el ponceño **Pete "El Conde" Rodríguez** (1933), **Adalberto Santiago** (1942) y **Bobby Cruz**. También se presentaron dos vocalistas veteranos como invitados: **José "Cheo" Feliciano** quien hacía su ingreso a la libre comunidad rehabilitado de su adicción a las drogas y **Santos Colón** (1922-1998) quien se destacó en la década de los 50 como cantante de la banda de Tito Puente.

Algunas de las Estrellas eran directores de orquestas en las que trabajaban varios músicos puertorriqueños residentes en Nueva York. Por ejemplo: en la orquesta de Willie Colón estuvieron entre otros el pianista **José "Profesor" Torres,** y el bongocero y cantante **José Mangual Jr.** quien luego grabó como solista y, en infinidad de discos, como acompañante. **Milton Cardona** y **Nicky Marrero**, a quienes incluimos en la sección de músicos boricuas en el jazz, también formaron parte de la orquesta.

Con Larry Harlow, estuvieron los percusionistas **Tony Jiménez** y **Pablo Rosario**. También el bajista **Eddie "Guagua" Rivera**, quien tocó con Willie Colón.

La marcha
de los jíbaros

La Fania se convirtió en la empresa discográfica más poderosa de la década en términos de la difusión y ventas de discos salseros. Las denominadas Estrellas de Fania fue un colectivo que cambió de integrantes a través del tiempo. Otros puertorriqueños pertenecieron a este escogido tanto para grabaciones como para presentaciones. Entre otros, se destaca el trompetista, arreglista y compositor **Luis "Perico" Ortiz** (1949) quien vivió varios años en Nueva York.

"Perico" Ortiz fue un niño prodigio que en su adolescencia ya formaba parte de la Orquesta Sinfónica de Puerto Rico y tocaba en los principales hoteles de San Juan con la banda del trompetista Mario Ortiz. En 1970, se mudó a Nueva York y enseguida comenzó a trabajar con Tito Puente y luego con Mongo Santamaría. Comenzó a ganar fama como arreglista por sus ideas musicales frescas que cruzaban diferentes géneros y modalidades. Entre otros, fue responsable del arreglo musical de varias piezas de Rubén Blades y Willie Colón tales como *Pablo Pueblo* y *Pedro Navaja*. En julio de 1997 en una playa al este de Puerto Rico, Ortiz nos comentó que recibió "sólo 75.00 dólares por el montaje musical de Pedro Navaja", una de las piezas más vendidas por el sello Fania. ¡Ironías económicas de la salsa!

En 1977, Luis Perico Ortiz formó su propia orquesta. Su primer gran éxito fue la pieza *Julián Del Valle*, del disco *Super Salsa* (New Generation, 1978), en la voz del también boricua **Rafael De Jesús** (1951). A partir de ese año, fueron muchos los logros y reconocimientos con presentaciones en todo el mundo. El trompetista ha incursionado en el *jazz,* el *pop* y ha creado música para el cine y la televisión. En la década de los 80, Ortiz estaba en todo su apogeo discográfico en la ciudad de Nueva York y contaba con los vocalistas boricuas **Roberto Lugo** y **Domingo Quiñones.**

En la segunda parte de la década de los 70, la Fania buscó en vano expandir sus mercados haciendo varias incursiones discográficas en la onda del *rock latino* al estilo del guitarrista Carlos Santana y en la modalidad del sonido *Disco.* Por otro lado, ante la popularidad de los cantantes, algunos se independizaron creando otras bandas y otras producciones discográficas. Ismael Miranda dejó la orquesta de Harlow para fundar La Revelación en 1973 y poco tiempo después, se mudó a Puerto Rico. Adalberto Santiago dejó la banda de Barretto para formar junto a otros, La Típica 73. Así, llegó la oportunidad de otro cantante boricua de

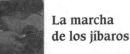

**La marcha
de los jíbaros**

probadas cualidades musicales conocido como **Tito Allen** (1946) quien sustituyó a Santiago en la orquesta de Barretto y posteriormente grabó con La Típica 73.

Otros cantantes boricuas que se dejaron sentir en los 70 con las bandas nuevayorkinas lo fueron **Néstor Sánchez** con la orquesta Harlow, **Héctor "Tempo" Alomar** y **Anthony "Pupy" Torres Jr.** con el Conjunto Libre, **Angel Canales** con su orquesta Sabor, el italo-boricua **Henry Fiol** (1947) y su estilo matancero, **Carlos Santos** en el Conjunto Candela y **Pete Bonet** con Ray Barretto, Joe Cuba, Tito Puente y Louie Ramírez.

A partir del lanzamiento de ese sonido y estilo urbano llamado *salsa,* algunas agrupaciones se mantuvieron bien cerca del sonido típico de los conjuntos soneros de Cuba de la década de los 40 y 50. Seguían el patrón establecido por el conjunto de Félix Chapottín y en menor medida, por la Sonora Matancera. Para lograr el sonido deseado, el *tres* era un instrumento mandatorio en esta modalidad. En los Estados Unidos se desarrollaron varios tresistas boricuas que por no ser muchos en términos numéricos y por ser buenos en términos musicales, formaron parte de varias agrupaciones.

Entre otros tresistas, se destacan a partir de la década de los 70, **Charlie Rodríguez**, (1929) quien estuvo con Johnny Pacheco y el Conjunto Candela. **Nelson González** (1953) también formó parte del Grupo Folklórico y Experimental Nuevayorkino, de la Típica 73, de Los Kimbos y en compromisos más recientes, trabajó con el legendario bajista cubano, Israel López "Cachao", en las grabaciones de los dos discos *Master Sessions* (Sony Music, 1994-95). Además, formó parte de la banda musical de la obra The Capeman de Paul Simon, presentada en Broadway durante los primeros meses de 1998. Otro tresista boricua de Nueva York lo es **Johnny Polanco** quien estuvo con las orquestas Guararé, la Broadway, el Conjunto Saoco y la Charanga 76. En la década de los 90, Polanco dirige el Conjunto Amistad con base en Los Angeles, California.

Durante los 70, la salsa tuvo sus mejores momentos en términos musicales y por algún tiempo sirvió plenamente a los propósitos que la crearon, como un vehículo de identificación utilizado por los jóvenes de menos recursos en barrios marginados. También experimentó cambios durante la segunda parte del decenio, que la llevaron a otros segmentos de la sociedad en todo el Caribe.

**La marcha
de los jíbaros**

Al final de los 70, el trabajo de Willie Colón con el vocalista paname-ño Rubén Blades trajo lo que se conoció como *salsa conciencia,* o "na-rrativa" como la denomina el venezolano César Miguel Rondón, en la cual se denunciaban circunstancias sociales o políticas que afectaban los países latinoamericanos. La variante temática tuvo una gran aceptación, cosa que llamó la atención de la industria disquera ya que estos temas alcanzaban nuevos mercados para la venta de discos. Las historias de Blades gustaron más allá del barrio pobre. Eran denuncias llenas de pa-triotismo y esperanza. Eran temas en los cuales no se denigraba la ima-gen de la mujer latina.

Amor con salsa y salsa con amor

Para 1980, la *salsa* tenía un gran mercado potencial para ser conquis-tado por la industria disquera. Sin embargo, habían pocos compositores que podían crear temas atractivos para ese mercado al que se sumaban mujeres y jóvenes que se habían desarrollado en un ambiente distinto a los barrios marginados. Por supuesto, estaba **Catalino "Tite" Curet Alonso**, el más grande de los compositores de la *salsa*. Si alguien puede crear temas atractivos es don Tite con esa capacidad fuera de serie de llevar elegantemente al pentagrama cualquier tema dentro de la cotidianidad antillana. Sin embargo, una sola persona, ni siquiera dos, podían suplir la demanda de temas para la cantidad de intérpretes y el volumen de producciones discográficas de la época.

Para sobrevivir, la *salsa* tiene otro cambio y es otro boricua el que tiene una participación activa en dicha variación: **Louie Ramírez** (1938-1993). Ramírez, quien nació e hizo su carrera en New York, fue una figu-ra importante en el desarrollo de la música caribeña en esa ciudad. Con la empresa Fania, durante la segunda mitad de la década de los 70, Ramírez se convirtió en un importante arreglista que siempre aportaba ideas mo-dernas. Fue en gran parte responsable de incorporar el sonido de violines en la *salsa,* cosa que ,hasta ese momento, era usual sólo con las *charangas*. Varias piezas de artistas como Cheo Feliciano y Rubén Blades resultaron exitosas con este concepto que más adelante adoptaron Willie Colón, Luis "Perico" Ortiz y Roberto Roena entre otros.

Ante la escasez de letras o temas *salseros* que pudieran ser atractivos para los públicos fuera del contexto del "barrio", Ramírez aprovechó la

La marcha de los jíbaros

gran popularidad que alcanzaron varios baladistas españoles y latinoamericanos comenzando la década de los 80. El *pop latino* estaba de moda entre los jóvenes latinos de toda América. Se escuchaban las baladas románticas de José José, Camilo Sesto, José Luis Rodríguez, Roberto Carlos y otros.

Louie Ramírez tomó esas baladas y las arregló en tiempo de *salsa*. Reunió un grupo de músicos y grabó un disco con el nombre de ***Noche Caliente*** (K-Tel,1982). El concepto fue un éxito. Louie descubrió que las baladas "fusiladas" en clave, podían cubrir el vacío temático en que se encontraba la *salsa* en esa época y lograr que el género no sucumbiera ante la ascendente popularidad del *merengue*. De ese modo, Ramírez se convirtió en un precursor importante de la llamada *salsa romántica* que marcaría la moda del género a partir de la década de los 80.

Como es común en la industria del espectáculo, todo lo que alguien descubre como exitoso, tiende a ser imitado por otros. Una serie de músicos jóvenes de Puerto Rico, adoptaron la modalidad de fusilar *baladas*. El éxito fue de tal magnitud que Nueva York perdió su liderato en la producción y difusión de la *salsa*. Con cantantes como **Eddie Santiago** (1955), **Frankie Ruiz** (1958-1998) y **Lalo Rodríguez** (1958), Puerto Rico tomó el liderato a nivel mundial en esta nueva etapa *salsera,* que se conoció inicialmente como *salsa erótica* y luego como *salsa romántica*.

Desde Nueva York: El "Mercado" de la Salsa en los 90.

Mientras la *salsa* se proyectaba mayormente desde Puerto Rico en los 80, una nueva generación de cantantes *salseros* se estaba gestando entre los boricuas residentes en los Estados Unidos. Con el auspicio del empresario dominico-boricua de Brooklyn, Ralph Mercado (1942), y su sello RMM Records, surgen en la década de los 90 una serie de artistas nuevos. Los *salseros* jóvenes de Nueva York encontraron en Mercado su mejor aliado para grabaciones y presentaciones. Ralph fue colaborador de Johnny Pacheco y Jerry Masucci en varios proyectos relacionados con el sello Fania. Tomando como base esa experiencia, Mercado logró escalar una posición cimera en el ambiente discográfico salsero, colocándose a la par de las megadisqueras internacionales en lo que se refiere al mercado de la música afroantillana.

La marcha de los jíbaros

En esta cosecha de cantantes de RMM Records se encuentran **Tito Nieves** (1957) y **Johnny Rivera** (1957) quienes se dieron a conocer como integrantes del Conjunto Clásico el cual, bajo la dirección de **Ramón Rodríguez** y **Raymond Castro**, representaba "el son de Borinquen" en el este de los Estados Unidos en los años 80.

Los más destacados, entre los artistas nuevos en los 90 con el sello Soho de RMM, fueron **India Caballero,** (1971) quien probó una vez más que la *salsa* no es cosa sólo de hombres. **Marc Anthony** (1968) es otro talentoso vocalista y actor de cine y teatro que entre sus muchos logros, tuvo un papel estelar en Broadway en la obra *The Capeman* que se estuvo presentando en el Teatro Marquis varias semanas a partir del 29 de enero de 1998. Ha protagonizado películas comerciales e interpretó el tema del largo metraje *El Zorro* (1998) que protagonizó el actor español Antonio Banderas.

Otros miembros de la clase artística *salsera* de la diáspora al norte, que formaron parte de la empresa RMM, lo son la cantante **Corrine Lebrón,** y su homólogo **Ray Sepúlveda.** Para el 1998, el pianista **Isidro Infante** (1952) se desempeñaba como director de Artistas y Repertorio (A&R) de la empresa. Infante, quien nació en San Juan, es un reconocido arreglista con mucha experiencia en el mundo de la *salsa*.

La empresa de Mercado tuvo en su nómina a figuras como Eddie Palmieri, Tito Puente, la cubana Celia Cruz, el dominicano José Alberto "El Canario" y el venezolano Oscar D' Lcón. Artistas legendarios de la música afroantillana que por su edad e independencia de estilo y criterios musicales, quizás no hubieran tenido oportunidades de grabar con aquellas empresas que se dedican a producir música pasajera con artistas jóvenes y "desechables".

Sin lugar a dudas, Ralph Mercado lideró la compañía de discos más importante e influyente, entre las empresas disqueras independientes, relacionadas con la música tropical en la década de los 90. El sello disquero celebró su décimo aniversario en 1997.

Con los proyectos musicales de RMM Records, salió a relucir el trabajo como arreglista de **Sergio George.** De padres puertorriqueños, George se crió rodeado de un torbellino de influencias musicales propias del ambiente artístico de Nueva York. Como arreglista, muestra una interesante inclinación por las fusiones y las combinaciones mezclando ritmos de diferentes regiones geográficas. Su objetivo es crear música

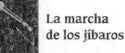

**La marcha
de los jíbaros**

compatible con las inquietudes y preferencias musicales de la juventud urbana contemporánea. Estudioso del *Rhythm & Blues* y los ritmos afrocubanos, Sergio George trajo nuevas sonoridades a la *salsa* de los 90. Su estilo se puede apreciar en el trabajo del grupo DLG (Dark Latin Groove), con el cantante nuevayorkino de raíces puertorriqueñas **Huey Dunbar**. Quizás, éste es una muestra de los nuevos sonidos que podrían estar marcando la evolución de la música latina en el siglo XXI. George tiene su propia empresa de producción y realiza proyectos especiales con varios artistas.

A finales de los 90, otros músicos nuevayorkinos se escuchan en la *salsa*. Entre otros, el vocalista **Frankie Negrón** y la cantante **Brenda K. Starr** (1970), de madre puertorriqueña y padre judío.

Otros artistas, otras ciudades

Aunque la mayor concentración de músicos boricuas en los Estados Unidos radica en los estados del este, en la costa oeste, específicamente en California, también han lucido nuestros artistas.

Desde los primeros años del siglo XX, se originó una pequeña comunidad boricua en el área de San Francisco. Allí se instalaron algunos que formaron parte del grupo de emigrantes que en esa época viajaba a Hawai para trabajar en los cañaverales. El viaje desde Puerto Rico demandaba una escala en el puerto de San Francisco y allí se quedaron algunos. De hecho, en esa ciudad existe una entidad llamada El Club de Puerto Rico, fundado en 1923. Para el decenio de los años 20, don **Julio Rivera**, uno de los emigrantes y el abuelo materno del percusionista John Santos, vivía en esa ciudad y fue uno de los pioneros en tocar nuestra música campesina allí.

Cuando al principio de los 50 el *mambo* sonaba fuerte en la costa este, el percusionista boricua de Nueva York, **Joe Rose**, se mudó a San Francisco llevando la influencia del *mambo jazz* de Puente y Machito. Allí, junto a los hermanos Escovedo de ascendencia mexicana, sentaron las bases del sonido que caracterizó a los combos de *jazz latino* y *latin rock* en el Área de la Bahía. De igual modo, **Mike Carabello**, uno de los primeros percusionistas en el grupo del guitarrista Carlos Santana, fue en gran parte responsable de inyectarle a esa banda un toque percutivo

**La marcha
de los jíbaros**

con sabor caribeño. Carabello nació en Nueva York de padres puertorriqueños y fue influido por el trabajo de Willie Bobo. En los 70, otro
percusionista boricua, **Víctor Pantoja**, militó en la banda de la reconocida familia Escovedo.

En la ciudad de Concord, cerca de San Francisco, se escucha a menudo el *cuatro* puertorriqueño entonando *plenas, montunos* y música *jíbara*
en las manos de don **Carmelito Vélez** quien en los 90, ameniza actividades y fiestas de la enorme comunidad hispana en el área. Lo mismo hace
Enrique "Kike" Dávila con su Taller Boricua.

En la ciudad de Los Ángeles encontramos, entre otros, al bajista
ponceño **Eliseo Borrero** quien desde 1992 forma parte de la banda de
nuevo flamenco, Strunz & Farah. Borrero grabó su primer disco como
líder, *Amanecer Caribeño* (Elibor, 1998), con ritmos afrocubanos y
borinqueños.

Chicago también tiene una gran comunidad de puertorriqueños. Aunque es común la visita allí de artistas de Nueva York, Chicago cuenta con
sus músicos boricuas.

En la década de los 60, allí se destacaron el cantante **Justino Díaz** y
Los Bravos del Ritmo, **Críspulo Lugo** y Los Humacaeños y La Sonora
Tropical. Con estos grupos tocaba el trompetista **Felipe "Ipe" González**,
natural del pueblo de San Sebastián, quien dirigió el grupo La Gran Sonora (1968-1995) y acompañó a decenas de cantantes *salseros* de renombre, en sus presentaciones en Chicago.

Por otra parte, en Filadelfia durante los 70 se escuchó la orquesta de
Bobby Hernández y la Conspiración Latina, en la cual, casi todos los
músicos eran boricuas. En su disco ***Barrio Peligroso*** (Wild Corner
Records, 1974), aparece el reconocido bajista norteamericano de *jazz* Jaco
Pastorius (1951-1987) tocando *salsa* en tres piezas. En la misma ciudad,
durante la década de los 90, el cantante *salsero*, **Edgar Joel**, logró llamar
la atención con varios temas que se escucharon mucho.

En los 90, existe una enorme comunidad de puertorriqueños residiendo en el estado de la Florida. Allí también tenemos varios músicos, entre
los que se encuentran, el cantante **Cheíto Quiñones**, el trompetista **Tony
Concepción** y el tecladista **Abel Pabón**.

También se mudó al estado de Florida en 1984, el bajista **Eddie "Guagua" Rivera** (1948). Eddie nació en Nueva York y a los 16 años participó

**La marcha
de los jíbaros**

en la grabación del primer disco de **Willie Colón.** A los 17 era el bajista de la Charanga Duboney, bajo la dirección de **Charlie Palmieri**, quien le puso el apodo de "Guagua". Eddie es un autodidacta que ha logrado una voz y un estilo propios como bajista. Como única educación formal, tan sólo recibió, a los 16 años "una clase de solfeo de una hora", con el cubano **Israel López Cachao**, según nos dijo. Rivera, quien se describe como "fanático del *rock* y amante de la *rumba* cubana", recorrió el mundo como miembro de la orquesta de **Mongo Santamaría**. También tocó con **Ray Barretto, Larry Harlow, Louie Ramírez** y fue miembro fundador de Batacumbele. Su nombre aparece en los créditos de cientos de discos.

Otros ritmos afroborinqueños

Aunque la *bomba* y la *plena* están presentes en la amalgama de ritmos que están representados en el movimiento *salsero*, hay que resaltar el trabajo de algunos artistas que han cultivado la *plena,* y en menor escala la *bomba,* en los Estados Unidos. En primer lugar, sabemos que hay muchos *pleneros* y varios grupos de *plena* a través del territorio norteamericano. La gran mayoría de ellos no ha tenido, ni tendrá, oportunidades de grabar y difundir su trabajo. De hecho, hacer discos de *plena* ha sido siempre difícil aún en Puerto Rico, la patria de dicho ritmo.

En Nueva York, Efraín Mon Rivera difundió la *plena* en la década de los 60. Luego, junto a Willie Colón, grabó el disco ***There Goes the Neighborhood*** (Vaya Records, 1975), recreando varias de las famosas *plenas* de su padre, Ramón Rivera Alers. Por otra parte, el grupo Libre, de **Manny Oquendo**, incluye por lo general ritmos de *plena* en sus presentaciones así como en varias de sus producciones discográficas.

Uno de los grupos que desde Nueva York difunde la *plena* y la *bomba* se conoce como Los Pleneros de la 21 que dirige **Juan Gutiérrez.** El grupo se fundó en 1983 y desde entonces cuenta con varios discos y ha tenido presentaciones en varias ciudades del país.

En 1996, Los Pleneros de la 21 recibieron el premio "National Heritage Fellowship Award", el más prestigioso entre los que otorga el National Endowment for the Arts en reconocimiento de aquellos que mantienen y difunden el folclore y las artes de un país.

La marcha
de los jíbaros

Aunque no reside en los Estados Unidos, hay que mencionar el nombre de **Modesto Cepeda** (1938), miembro de la ilustre familia de don **Rafael Cepeda Atiles** (1910-1996), el "Patriarca de la Bomba y la Plena". Modesto se ha presentado con su grupo folclórico Cimiento Puertorriqueño, en ciudades tales como Nueva York, Chicago y Los Ángeles. El grupo, compuesto por músicos y jóvenes bailarines, ha presentado los ritmos de los panderos y los barriles en el Festival Mundial de Danza Folclórica de Palmas de Mallorca en España, en donde representaron a su isla en los años 1991 y 1997.

Otros grupos de *bomba* y *plena* que se han presentado en los Estados Unidos y en festivales de América Latina y Europa son, entre otros: **Los Hermanos Ayala**, quienes vienen trabajando desde 1960; **Los Guayacanes de San Antón**, fundados en 1977, el formidable grupo de voces y tambores **Atabal** y **Plena Libre**, el grupo juvenil que revivió la *plena* en su isla natal, en 1996. Dirigidos por el bajista **Gary Núñez**, **Plena Libre** se ha presentado en San Francisco, California, y en otras ciudades al este de los Estados Unidos.

La música de tríos

El trío de voces y guitarras es uno de los formatos favoritos para la música romántica del Caribe. Cuba, Puerto Rico y México han sido los países que más se destacan en este renglón. En el caso de los tríos boricuas, algunos muy buenos se fundaron y se desarrollaron en la ciudad de Nueva York siendo el Trío Borinquen el primero de importancia fundado allí en 1925.

La década de los 50 fue la mejor época para los tríos puertorriqueños. Las comunidades boricuas en los Estados Unidos contaban con un buen número de estas agrupaciones, destacándose por supuesto, la ciudad de Nueva York. Durante esos años, surgieron nuevas agrupaciones y se realizaron muchas grabaciones discográficas y cientos de presentaciones a través de todo el país.

Durante la década de los 60, la popularidad de los tríos comenzó a declinar ante la revolución social que hemos mencionado antes. Con el avance arrollador del *rock* y la rápida propagación de los ritmos afrolatinos y el *soul* afroamericano entre los jóvenes boricuas en Nueva York, los tríos perdieron terreno ante las nuevas modalidades sonoras. Aunque mu-

**La marcha
de los jíbaros**

chos de los tríos de los 50 siguieron activos en la siguiente década, el número de grabaciones se redujo y por ende, se crearon pocas agrupaciones nuevas.

Entre los tríos que surgieron en los 60 que lograron calar hondo en las preferencias del público se destaca el trío **Los Condes** fundado en Nueva York en 1959. Los Condes estuvieron en esa ciudad hasta el 1968 cuando se mudaron a Puerto Rico. Con la pieza *Querube,* de Pedro Flores, y otras joyas del repertorio romántico de las Antillas, Los Condes se ganaron la admiración de miles de entusiastas que los aplaudieron a través de sus presentaciones en varias ciudades norteamericanas.

Con menos proyección que Los Condes, en Nueva York se formaron y grabaron durante la misma época el trío **Los Bardos** de Raúl René Rosado, el trío **Los Bisontes** de Pedrito Rivera y el trío **Los Jibaritos** fundado en 1966.

Durante la década, otros tríos se fundaron en la ciudad de Chicago. Allí se desarrollaron, entre otros, el **Trío Juventud** del aguadeño Primitivo Sánchez, el cual se recuerda mayormente por la pieza *Weekend sin tí* grabada en 1966. Ese mismo año, Lydia Delgado Figueroa se escuchaba como integrante de **Lily y su Gran Trío** los cuales se dieron a conocer desde "la ciudad de los vientos".

Boricuas en el rock y el pop americano

Muy pocos artistas puertorriqueños han logrado destacarse en la modalidad del *pop americano*. El llamado *Crossover* o conquista del mercado norteamericano no ha sido fácil debido a las barreras del racismo y a la gran competencia que existe entre los artista que se identifican con el género. Por eso, los puertorriqueños han tenido mejor suerte en el escenario del *pop latino* internacional, destacándose artistas como **Chayanne** y **Ricky Martin** entre otros.

Una gran excepción con el *pop americano* lo es el guitarrista y cantante **José Feliciano** (1945). Feliciano comenzó a grabar a los 18 años de edad en la ciudad de Nueva York en donde residía desde que era un niño de cinco años. Con la pieza *Light My Fire,* Feliciano disfrutó de un éxito rotundo en los Estados Unidos. Con esa pieza ganó dos premios Grammy en 1968 como Mejor Artista y Mejor Intérprete de *pop americano*.

La marcha
de los jíbaros

El cantante no vidente nacido en el montañoso pueblo de Lares, ha grabado varios discos aunque ninguno ha tenido el éxito alcanzado con *Light My Fire*. Feliciano tiene la facultad de cantar sin acento tanto en inglés como en castellano. Entre su grabaciones se encuentran varias dedicadas al *bolero,* género con el que comenzó exitosamente su carrera internacional en Argentina en 1966 durante el Festival de música argentina en Mar del Plata.

Además de Feliciano, la actriz y cantante **Rita Moreno** (1931) escaló posiciones cimeras de popularidad en los Estados Unidos, durante las décadas de los 60 y 70. Con su papel de "Anita" en la película West Side Story, Rita ganó un Oscar. Aunque la actriz es reconocida mayormente por su canción *América*, en dicha película, también grabó discos como cantante. En los 70, nuestra artista figuró en el libro de records Guiness por ser la primera persona en haber recibido los cuatro reconocimientos principales que se dan en el mundo del espectáculo: el Oscar, el Emmy, el Tony y el Grammy.

Cuando la trama de West Side Story llegó y triunfó en su versión para teatro en Broadway, el papel de la puertorriqueña "Anita" fue interpretado por la talentosa actriz y cantante **Chita Rivera**, quien nació de padres boricuas residentes en Washington.

Por otro lado, a mitad de la década de1950, el trío de voces y guitarras **Los Borincanos**, se escuchaba en Puerto Rico con la *guaracha Por medio peso* y el *bolero Qué tendrán tus ojos*. En 1959, el trío, convertido en cuarteto, fue contratado en San Juan por una firma norteamericana, para presentarse en los Estados Unidos como **The Four Amigos**.

Al poco tiempo de estar en el norte, le empezaron a suceder cosas interesantes al cuarteto integrado por **Güito Vadis**, **Pedro Berríos**, **Hermán Salinas** y el destacado músico de la guitarra requinto, **Miguelito Alcaide**. En Nueva York, la disquera Capitol les grabó un disco en español. El mismo les sirvió de promoción para empezar a trabajar en hoteles y clubes nocturnos. El grupo logró ubicarse en los espectáculos nocturnos de los principales hoteles en Las Vegas y en Reno, Nevada.

Con el tema *Mr. Sandman*, llegaron a la radio norteamericana y de ahí pasaron a la televisión, presentándose en los programas de Mike Douglas, Johnny Carson y Bill Dana. En 1964, se presentaron en el más afamado de los programas televisivos de la época, el Ed Sullivan Show. El cuarteto, que para ese entonces cantaba piezas en español, inglés, ita-

**La marcha
de los jíbaros**

liano y francés, logró presentarse en hoteles fuera de los Estados Unidos. Fueron aplaudidos en México, Corea, Filipinas y en especial. en Japón.

Entre otros logros, participaron en la banda sonora de dos de las películas de Elvis Presley. En 1966, los boricuas **Moisés Rodríguez**, **Felito Félix** y **Wilfredo Rodríguez**, sustituyeron a tres de los miembros del cuarteto original, antes que el grupo se presentara en un hotel de San Juan en 1967, como parte de sus presentaciones a nivel internacional.

El cantante **Anthony Orlando Cassivitis**, más conocido como **Tony Orlando**, nació en Nueva York, de madre boricua y padre griego. En 1961, Tony grabó para el sello Epic y tras la promoción de su figura, logró aparecer en las listas de popularidad de los cantantes juveniles de la época. Sin embargo, su mayor éxito en el mercado norteamericano lo tiene en 1970 cuando formó parte del dúo **Drawn**. Con la pieza *Tie a Yellow Ribbon Round the Old Oak Tree*, Tony logró llamar la atención del público con un tema alusivo al conflicto de Viet Nam.

En los géneros *pop* y *rock* se pueden identificar varios artistas de sangre boricua quienes han trabajado como músicos de estudio o como integrantes de algunas bandas. Algunos de ellos son los siguientes: el percusionista y cantante **Arcelio García** (1946), nacido en Manatí, quien formó parte de la banda Malo fundada en California por Jorge Santana en 1971.

También en la costa oeste de los Estados Unidos se destacaron a partir de los años 70 el ponceño **Frank Rovira** (1947) quien ha sido percusionista de artistas como Tavares, The Temptations y James Brown. Por su parte, el guitarrista del pueblo de Carolina, **Charlie Páez** (1949), es un músico de estudio que también formó parte de la orquesta de Henry Mancini. En la primera mitad de los años 70, **Jesse Quiñones** (1949), boricua del Bronx, formó parte de la banda Fire & Rain la cual se recuerda mayormente por la pieza *Hello Stranger.* El percusionista también formó parte de otras bandas de *rock* a finales de la década.

Nacido en Santurce y criado en Nueva York, **Richard Feliciano** (1939) se mudó a Los Angeles en 1971 y desde allí se destacó como trombonista y músico de estudio. Aparece en grabaciones de Johnny Mathis, Lou Rawls, Vikki Carr, Isaac Hayes y muchos otros. Fue integrante de la Love Unlimited Orchestra en las giras del cantante Barry White en los 70.

En 1976, la cantante **Célida Inés Camacho** (1950), colocaba la pieza *Superman* entre las más escuchadas en la nación en la modalidad de la

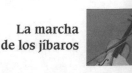

La marcha de los jíbaros

música *disco*. Conocida entonces como **Celi-Bee,** la cantante, nacida en Manhattan, formó parte del movimiento *rockero* de "La Nueva Ola" en Puerto Rico en los 60 antes de probar suerte con la modalidad *disco*.

Miguel Fuentes es un percusionista boricua que ha participado en las presentaciones y grabaciones de las cantantes Diana Ross y Donna Summer. En 1985, **Lisa Lisa and the Cult Jam** ganaba popularidad en el mundo del *rock*. Su nombre de pila es **Lisa Vélez** quien nació en el Bronx en 1967 en el seno de una familia natural del pueblo de Bayamón. Otro grupo que se escuchó bastante en los 80 fue Village People cuyo integrante **Felipe Rose** (1954), proviene de una familia boricua.

Los boricuas en el jazz

El *jazz* es universal. Sin embargo, esta universalidad no es sinónimo de popularidad. El énfasis en armonías, escalas y líneas melódicas no tradicionales hacen del *jazz* un género para oídos adiestrados. La mayoría del público prefiere los ritmos y las modas musicales vinculadas con el baile y si los temas son cantados, mucho mejor. El *jazz* no se asocia con el baile y la mayoría de sus piezas son instrumentales. Por lo tanto, al igual que la música clásica, es un género que llega a un número relativamente pequeño de entusiastas.

Su valor como una auténtica forma de arte no está en discusión. La creatividad espontánea, el sentimiento y el dominio de la técnica instrumental que exige el género constituyen un reto que aceptan muchos músicos. Y es que el *jazz,* por su capacidad de asimilar influencias musicales de todo tipo, le provee al músico la oportunidad de expandir las fronteras rítmicas, armónicas y melódicas de cualquier estilo musical asociado con una región o época.

Los músicos puertorriqueños también se han destacado en el *jazz*. Hoy podemos encontrar nombres de artistas que a través del siglo XX, han incursionado a través de diferentes estilos y sonoridades del género nacido en Nueva Orleáns. **Juan Tizol** (1900-1984), fue trombonista de la orquesta de Duke Ellington. El intérprete de la tuba **Ralph Escudero** (1898-1970) y el pianista **Ram Ramírez** (1913-1994), autor del estándar *Lover Man,* fueron de los pioneros en representar a Puerto Rico en los

**La marcha
de los jíbaros**

escenarios de *jazz* en América del Norte. Además, a partir de la década de 1920, el trombonista ponceño **Fernando Arbello** (1907-1970) fue miembro de varias orquesta de la era del *swing* tales como la de Chick Webb y Fletcher Henderson.

A mediados del 1940, se logró en Nueva York una exitosa fusión entre el *jazz* afroamericano y los ritmos afrocubanos. Dizzy Gillespie y los cubanos Chano Pozo y Mario Bauzá fueron los protagonistas estelares de esta combinación que se conoció en sus inicios como *Cu-bop* y más adelante con el término genérico de *jazz latino.*

Con la llegada del *Cu-bop,* se presentó una oportunidad atractiva para los músicos del Caribe. Con la versión afroantillana del *jazz,* se podía dar rienda suelta a la creatividad manteniendo ese sabor peculiar de los ritmos caribeños. En sus inicios, el *Cu-Bop* no causó ninguna reacción entre los músicos residentes en Puerto Rico. Sin embargo, la cosa era diferente en Nueva York, ciudad que para esa época ya era considerada la capital mundial del *jazz*. El *Cu-bop* surge en un momento histórico en que el *jazz* definía sus raíces y su razón de ser a través de un proceso de experimentación que se realizaba mayormente en Harlem, sector compartido con los puertorriqueños en las décadas de los años 40 y 50. Desde esa época, muchos músicos boricuas fueron influidos por el *jazz* en la Gran Manzana.

Es en Nueva York donde se han desarrollado la mayoría de los músicos puertorriqueños que trabajan con el *jazz*. La mayoría de éstos, como veremos más adelante, nacieron y se criaron en esa ciudad aprendiendo el lenguaje del género. Otros, nacieron en la Isla pero al sentirse atraídos por esta música, empacaron sus maletas y se radicaron en la ciudad de los rascacielos. Claro está, Nueva York no tiene el monopolio del *jazz* por lo tanto, se pueden encontrar *jazzistas* borincanos trabajando a través de toda la nación.

Por otro lado, ha aumentado la presencia de algunos músicos caribeños en escenarios internacionales, creando un interés adicional por el *jazz* latino en países de Europa y Asia. Al final de los 70, el grupo cubano Irakere redefine el *jazz* afrocubano llamando la atención mundial de los aficionados hacia el Caribe. En la década de los 80, las tumbadoras cambian su papel de acompañante a uno protagónico en las veloces manos del boricua **Giovanni Hidalgo**, creando un interés adicional por el componente percutivo en el jazz afrocaribeño.

La marcha
de los jíbaros

En el decenio de 1980, algunos músicos *salseros* reconocidos en el Viejo Continente ponen énfasis en el *jazz,* destacándose aquí Tito Puente en sus giras por Europa y Japón. Sobresale además, el trabajo de la United Nation Orchestra de Dizzy Gillespie que siempre fue noticia en todos los países que visitó, llevando una delegación de músicos y ritmos latinos. En los 90, son las agrupaciones de Ray Barretto, Eddie Palmieri y la Fort Apache Band las que muestran en Europa la receta boricua del coctel que reúne ritmos afrocaribeños y *jazz.*

El trabajo de algunos de estos artistas es compartido entre varios géneros musicales. Ese es el caso, entre muchos otros, de artistas como Tito Puente, Ray Barretto, Papo Vázquez y Eddie Palmieri, quienes también son figuras estelares de la *salsa.*

Otros han podido trabajar más con el *jazz* siendo el *jazz latino* el favorito de éstos. Por lo general, todos comparten un bilingüismo musical que incluye el idioma del *jazz* y el lenguaje de los ritmos latinos. Unos se pueden expresar musicalmente con acento y otros sin acento. En la mayoría de los casos, es el acento latino el que predomina en estos músicos, cosa que, contrario a la opinión de los puristas, viene a ser una virtud en lugar de una limitación.

Una forma común de medir la estatura musical de un artista en este género es utilizar la regla "dime con quien tocas y te diré quién eres". Aquí también utilizaremos esa regla o costumbre. Nuevamente repetimos que aquí no aparecen todos los que son. Empecemos con aquellos que sobresalen por haber tenido una participación más estrecha con el género y que han recibido los comentarios más favorables por la prensa internacional especializada.

Uno de los más destacados por su experiencia al lado de grandes figuras, es el bajista **Eddie Gómez** quien nació en Santurce el 4 de octubre de 1944. Se trasladó desde muy niño a la ciudad de Nueva York. Allí comenzó a los 11 años a estudiar música e hizo del contrabajo su instrumento. En 1963 entró a la prestigiosa Julliard School of Music. Poco tiempo después, participó en presentaciones junto a reconocidos músicos que detectaron el talento y el dominio de Gómez con el idioma del *jazz.* El pianista Bill Evans le ofreció trabajo en su trío. Para Eddie, ese fue un sueño hecho realidad pues Bill Evans era una figura muy admirada por la comunidad de músicos y aficionados al género. La asociación con Evans duró once años (1966-1977) durante los cuales Eddie también realizó gra-

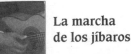

**La marcha
de los jíbaros**

baciones, giras internacionales y otras presentaciones con artistas tales como Miles Davis, Steve Gadd, Jack DeJohnette y Chick Corea entre otros.

Eddie ha incursionado musicalmente en diferentes vertientes del *jazz:* desde sus formas más tradicionales hasta el *jazz* contemporáneo, pasando por el *jazz latino* y el brasileño. Su nombre aparece en los créditos de decenas de discos y como líder, cuenta con varias grabaciones.

Para el año 1960, Eddie Gómez tenía 15 años de edad y ya formaba parte de la Newport Festival Youth Band. Ese año, otro niño boricua, calificado como "niño prodigio", se presentó en el Carnegie Hall de la ciudad de Nueva York. Allí **Hilton Ruiz** con tan sólo ocho años, hizo una de sus primeras presentaciones tocando una pieza de Mozart, en un recital de piano solo.

Hilton Ruiz nació en Nueva York el 29 de mayo de 1952. A los cinco años comenzó estudios formales en la música clásica. Su adolescencia transcurrió entre las influencias musicales del Nueva York hispano de los 60 con el sonido del *jazz,* del *rock* y de los ritmos antillanos. Hilton se decidió por el *jazz* y también se enamoró de los ritmos caribeños. Tomó clases con el reconocido pianista Cedar Walton y al mismo tiempo no dejaba de escuchar y de probar con la sabrosura del *son,* de la *bomba* y la *plena.* Durante un año, en 1967, fue el pianista de Ismael Rivera en Nueva York.

Durante la década de los 70, Hilton se dedicó de lleno al *jazz* y a los 19 años, tomó clases con la pianista Mary Lou Williams. En esa década acompañó a artistas como Clark Terry, Freddie Hubbard y Joe Henderson, entre otros. Formó parte de la banda del multisaxofonista y flautista no vidente Roland Kirk, con el cual efectuó varias giras por todo el mundo y grabó unos cinco discos.

Tras la muerte de Roland Kirk en 1977, Hilton decide trabajar como líder. Grabó siete discos para el sello europeo Steeplechase. En 1986 grabó ***Something Grand,*** la primera grabación para el mercado americano con el sello Novus/RCA. A ésta le siguieron una serie de discos que hasta el 1998, la mayoría ponía énfasis en el *jazz* afrocaribeño.

Otro músico que ha recibido elogios de parte de la crítica especializada lo es el trompetista y percusionista **Jerry González** quien nació en Nueva York el 5 de junio de 1949. Sus primeras influencias musicales fueron latinas. Sin embargo su padre, además de escuchar a Machito y a Puente, traía a la casa los discos de Charlie Parker y Louis Armstrong logrando que el muchacho tuviera sus primeras referencias del *jazz*. En el *jazz latino* de Cal Tjader, Machito Grillo y Mongo Santamaría, Jerry y su hermano Andy encontraron las dos vertientes que marcarían sus vidas como músicos profesionales: la música del Caribe y el *jazz*.

En los años 60 y 70, Jerry tocó en Nueva York con varias bandas de música popular bailable. En 1975, junto a su hermano **Andy,** el veterano timbalero boricua de Brooklyn **Manny Oquendo** (1931) y **René López**, fundaron la agrupación Grupo Folklórico y Experimental Nuevayorkino con el cual grabaron dos discos. Esta agrupación, lejos del sonido comercial de la salsa, logró presentar con éxito una amalgama de ritmos afrolatinos en su expresión tradicional y, en algunos casos, con el toque urbano de Nueva York. Alrededor de 1981, Jerry creó el grupo Fort Apache Band. El mismo ha recibido elogios de críticos de *jazz* en todo el mundo. Durante las décadas del 80 y en los 90, esta agrupación, con varios discos grabados, ha tenido presentaciones a través de los Estados Unidos, Suramérica y Europa. Jerry también aparece como trompetista o percusionista en decenas de discos tanto de jazz como de ritmos tropicales.

Otro de los que se ha destacado en el ambiente internacional del *jazz* lo es el saxofonista **David Sánchez**, quien nació el 3 de septiembre de 1968. A los diez años era percusionista y a los doce comenzó a estudiar el saxofón. En 1988 se mudó a los Estados Unidos desde donde ha hecho una carrera destacada. Grabó su primer disco como líder en 1994 con el sello Sony/Columbia. En 1998, se editó su cuarto trabajo discográfico.

David, quien creció en el pueblo de Guaynabo, aparece como acompañante en numerosas grabaciones de *jazzistas* muy bien cotizados. Fue discípulo del trompetista Dizzy Gillespie y miembro de la United Nation Orchestra. Como líder de su grupo ha realizado varias giras por todo el mundo. Durante los años 1996 al 1998, el nombre de David Sánchez era común en las revistas especializadas en *jazz* y en los comentarios críticos de los principales periódicos de los Estados Unidos y otros en Europa.

En sus presentaciones internacionales, David ha contado con el trabajo de otros músicos boricuas en su agrupación. Entre ellos se destacan el conguero **Richie Flores**, el bajista **John Benítez**, el pianista, natural del pueblo de Bayamón y residente en Nueva York, **Edsel Gómez** (1962) y el baterista **Adam Cruz** (1970), quién ha sido miembro de la orquesta de Charles Mingus y colaborador con Chick Corea, Paquito D'Rivera y Leon Parker entre muchos otros.

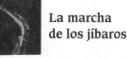

**La marcha
de los jíbaros**

Para los aficionados al *jazz latino,* los tambores tienen un papel estelar. Los solos de *congas* o timbales llaman la atención de cualquier *salsero* o *jazzista* con sangre caribeña. Y entre los tamboreros puertorriqueños, **Giovanni Hidalgo** es el de mayor proyección internacional, entre aquellos percusionistas que comenzaron su carrera durante los últimos treinta años del siglo XX. Giovanni nació en San Juan el 22 de noviembre de 1963. Desde muy niño aprendió de su padre "Mañengue", ex *conguero* de la orquesta de Richie Ray, los golpes básicos de las tumbadoras. Comenzó su carrera profesional a los doce años. Como *jazzista*, fue miembro de la United Nation Orchestra de Dizzy Gillespie con quien grabó y participó en conciertos a través de Europa, Australia, Estados Unidos y África. Entre 1992 y 1996, formó parte de la facultad de percusión del Berklee College of Music en la ciudad de Boston, convirtiéndose en el tercer boricua que imparte este curso.

Otro destacado percusionista lo es **Steve Berríos.** De padres puertorriqueños, Steve nació en Manhattan el 24 de febrero de 1945. Comenzó a ganar notoriedad a partir de 1966 con la banda de Mongo Santamaría. Es miembro fundador de la Fort Apache Band. Hasta el 1998, tenía dos discos como líder con el sello Verve. Berríos ha formado parte de las bandas de Tito Rodríguez, Art Blakey and the Jazz Messengers, Hilton Ruiz y Chico O' Farrill entre otros.

Richie Flores es otro de los congueros cotizados con amplia experiencia internacional. Al igual que Giovanni, Richie fue otro niño prodigio que asombraba con su habilidades percutivas en sus años de preadolescencia. Richie nació en Nueva York el 26 de noviembre de 1970. Se crió en Puerto Rico y, a finales de los 80, regresó a Nueva York. Desde entonces ha participado en presentaciones internacionales y grabaciones de *jazz latino* con David Sánchez, Eddie Palmieri, la Tropijazz All-Stars Band, con Charlie Sepúlveda, Conrad Herwig y muchos otros.

De esta cosecha de percusionistas jóvenes, **Anthony Carrillo** se destaca por sus habilidades con el bongó. Hijo de Román Carrillo, director del Sexteto Moderno de Nueva York en los años 60, Anthony nació en Nueva York el 9 de septiembre de 1964. El ex miembro fundador de Batacumbele ha trabajado en Europa y Estados Unidos con las bandas de Kip Hanrahan y de Eddie Palmieri. Viajó el mundo acompañando a Harry Belafonte. En California grabó con el Machete Ensemble que dirige el percusionista John Santos.

La marcha
de los jíbaros

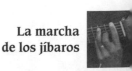

Entre los veteranos debemos mencionar a **Angel "Cachete"**
Maldonado. Cachete nació en Santurce el 16 de octubre de 1951. Comenzó su carrera a los 14 años. De adulto trabajó fuera de Puerto Rico
con las bandas de Gato Barbieri, Airto Moreira, Mongo Santamaría, Tito
Puente y otros. Cachete ganó gran notoriedad y respeto internacional
como director de la agrupación vanguardista Batacumbele, que se fundó
en San Juan a principios de la década de los 80.

Bobby Sanabria es otro percusionista boricua que también ha
incursionado en el *jazz.* Nacido en el sur del Bronx el 2 de junio de 1957,
Bobby se ha destacado no sólo como músico sino también por su compromiso con la educación. Ha trabajado con un programa conocido como
Arts Exposure el cual lo ha llevado a acercarse a cientos de estudiantes
de las escuelas públicas en el este de los Estados Unidos con los cuales
comparte la historia y otros aspectos del *jazz* y de los ritmos afrocaribeños.
Desde que se graduó en 1979 del Berklee College of Music, ha participado en grabaciones y presentaciones con Mario Bauzá, Dizzy Gillespie,
Tito Puente, Mongo Santamaría, Jorge Sylvester y otros. En 1993, grabó
el disco *N.Y.C. Aché* con su grupo Ascensión, con el sello Flying Fish.

Uno de los tamboreros más solicitados para grabaciones y presentaciones de *jazz* a partir de la década de 1980, lo es **Milton Cardona** quien
se dio a conocer en los 70 como *conguero* de la banda de Willie Colón.
Milton, otro miembro de la diáspora puertorriqueña de Nueva York, es
un especialista con los tambores Batá y conoce los toques y cantos de la
religión afrocubana. Su nombre es común en los créditos de grabaciones
de jazzistas norteamericanos y latinos. Ha viajado el mundo con un gran
número de artistas.

Ray Barretto (1929) merece una mención especial. Aunque su carrera musical se desarrolló mayormente en el movimiento de la *salsa*
nuevayorkina, Barretto fundó en 1992 la agrupación New World Spirit
con la cual ha realizado presentaciones en festivales de Europa y los Estados Unidos. Hasta el 1998, el "Rey de las Manos Duras" tenía cuatro
discos con dicha agrupación de los cuales dos fueron nominados para el
premio Grammy en la categoría de Jazz Latino. Barretto siempre mostró
interés por el *jazz* y, cuando tenía la oportunidad, intercalaba alguna grabación de este género entre su trabajo discográfico con la *salsa.* En 1973
grabó con Fania el disco de *jazz latino **The Other Road.*** Luego en 1977,
grabó ***Eye of the Beholder*** con Atlantic Records y ***La Cuna,*** en 1981 con

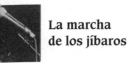

La marcha
de los jíbaros

Columbia Records. En 1991, grabó para Concord Picante el disco *Handprints*. Antes de fundar su orquesta de música bailable en 1962, Barretto era muy solicitado para participar en grabaciones con reconocidos músicos de *jazz* en la década de los años 50.

Moviéndonos a los timbales, encontramos en **Nicky Marrero** un buen percusionista. Marrero nació en el Bronx el 17 de junio de 1950. Se dio a conocer como miembro de las orquestas de Willie Colón, Eddie Palmieri, las Estrellas de Fania y la Típica 73. Sus mayores experiencias con el *jazz* comenzaron a partir de 1985 cuando formó parte de The Interamerican Band del pianista argentino Jorge Dalto. En 1989 se mudó a Alemania. Desde allí participó en conciertos y en grabaciones con el grupo holandés Nueva Manteca. Lo mismo hizo con la orquesta Conexión Latina de Alemania. Durante los siguientes seis años en Europa, Nicky participó en la grabación de más de diez discos en diferentes corrientes musicales.

Y ya que mencionamos el timbal, es imposible seguir adelante sin hacer alusión a dos grandes timbaleros que han sido una influencia mayor en los percusionistas que se han destacado en la fusión de los ritmos caribeños y el *jazz*. Nacidos en Nueva York de padres boricuas, **Ernesto "Tito" Puente** (1923) y **William "Willie Bobo" Correa** (1934-1983) comenzaron a destacarse como percusionistas a principios de la década de los 50 en su ciudad natal. Puente fue el heredero del sonido y el estilo de la orquesta del cubano Machito Grillo. Un sonido con sabor cubano, con aroma de *jazz* y el carisma de Nueva York. Puente puso mayor énfasis en sus presentaciones y grabaciones de *jazz* a partir del 1980, cuando la *salsa* experimentaba cambios en la temática y en el sonido e imagen de los intérpretes. Tiene más de 110 discos como líder en los que se encuentran casi todas las modalidades que ha tenido la música afrocaribeña en las pasadas seis décadas. Tratándose de *jazz latino* y ritmos bailables afroantillanos, Puente es el músico hispano de mayor proyección y presencia internacional.

Por su parte, Willie Bobo es recordado por su participación como timbalero, junto al tamborero cubano Mongo Santamaría, en el grupo del vibrafonista Cal Tjader con el cual, a partir de 1958, estuvieron por espacio de dos años grabando y presentándose en la costa oeste de los Estados Unidos. De hecho, Willie fue, junto a Tjader y Santamaría, una influencia mayor en el desarrollo y evolución del *jazz latino* en el área de Los Ángeles y en San Francisco, California. En la década de los 60, Willie

**La marcha
de los jíbaros**

grabó una serie de discos con el sello Verve que muestran las profundas influencias musicales del *jazz,* del *soul* afroamericano y de los ritmos caribeños que marcaron el trabajo musical de este magnífico timbalero.

Sammy Figueroa (1948) es otro percusionista que presenta una impresionante lista de artistas en su experiencia como músico de *jazz.* Sammy ha viajado el mundo y ha grabado decenas de discos como acompañante con artistas tales como Miles Davis, cinco años con los hermanos Brecker, el guitarrista John McLaughlin, Michael Camilo, Dave Valentín, Paquito D'Rivera, George Benson y otros. Participó en la primera grabación de *jazz* afrocaribeño del grupo Seis del Solar (Messidor, 1992). Con esta agrupación compartió con el también puertorriqueño de Nueva York, el timbalero **Ralph Irizarry** (1954), quien en 1998 editó su primer disco de *jazz latino* con su grupo **Timbalaye**.

De madre puertorriqueña, padre peruano y nacido y criado en Nueva York, el tamborero **Ray Mantilla** se siente boricua. Ray nació el 22 de junio de 1934. En la década de los 70, participó como acompañante en conciertos con Gato Barbieri, Joe Farrell, Richie Cole, Don Pullen y Art Blakey. Ray formó parte de un histórico viaje a Cuba realizado por un grupo de artistas norteamericanos de *jazz.* Junto a Dizzy Gillespie, el flautista David Amram, Stan Getz, Billy Hart y otros, Ray tuvo la ocasión de tocar junto al grupo Irakere, con Los Papines y otros artistas cubanos en un homenaje a Chano Pozo celebrado en La Habana el 18 de marzo de 1977. En los 90, este tipo de intercambio es común pero en los 70, la cosa no era tan fácil. En 1979 creó el grupo Space Station con el que realizó varias giras por Europa y varias grabaciones.

El percusionista **Manuel "Manolo" Badrena** formó parte en los 70 de la fabulosa agrupación de *jazz-fusión* Weather Report la cual fue muy popular y admirada por miles de entusiastas en todo el mundo. Badrena trabajó allí junto a músicos de la talla de Joe Zawinul y Wayne Shorter.

A partir de la década de los 60, el tamborero cubano Mongo Santamaría contó con varios percusionistas boricuas en su banda de *jazz latino*. Entre otros, el bongocero **Pablo Rosario** y el baterista **Jimmy Rivera**. Con Santamaría también estuvo, a partir del 1984 y por más de diez años, el timbalero **Johnny Almendra**. Johnny, de padres puertorriqueños, nació en Nueva York el 13 de febrero de 1952. Es un veterano de muchas giras mundiales, de grabaciones y conciertos con artistas como Willie Colón, Rubén Blades, McCoy Tyner, Tropijazz All-Stars, Don Byron y muchos

**La marcha
de los jíbaros**

más. Dirige además, la agrupación Los Jóvenes del Bario, un colectivo nuevayorkino de violines y flauta que exhibe un delicioso balance entre la típica *charanga* cubana y el *jazz latino* de Nueva York.

En la década de los 90, otros puertorriqueños tienen sus respectivas agrupaciones y grabaciones de *jazz latino.* En el estado de Nueva York está el percusionista ponceño **Wendell Rivera** (1954) frente a su **Latin Jazz Ensemble.** En Filadelfia encontramos al timbalero **Edgardo Cintrón** quien dirige la orquesta Tiempo Noventa. Mientras, el conguero de Arecibo **Luis Díaz** mantiene la llama del *jazz* latino ardiendo con su quinteto en la ciudad de Milwaukee. En Los Ángeles, el conguero **Johnny Blas** fomenta el jazz con el sonido nuevayorkino de sus trombones. En San Antonio, el conguero ponceño **Henry Brum Maldonado** (1960) dirige desde 1990 la agrupación The Latin Players y ha participado en más de 250 grabaciones de grupos Tex-Mex. En la ciudad de San Francisco, el percusionista **John Santos** (1955), de madre boricua y padre de las Islas de Cabo Verde, dirige el fabuloso grupo de *jazz* afrocubano The Machete Ensemble. Por otro lado, el también percusionista y arquitecto de profesión **Rolando Matías** (1957), nacido en San Juan, dirige el grupo The Afro-Rican Ensemble en la ciudad de Columbus, Ohio, donde reside desde 1978.

En Nueva Orleans, la cuna del *jazz,* el trombonista **Harry Ríos Rodríguez** (1962) sopla su instrumento como miembro de la Bourbon Street Dixieland Jazz Band. Ríos Rodríguez, quien nació en Guayanilla, publicó en 1995 un manual de ***Parrandas Navideñas*** para trombón que sirve de referencia para músicos profesionales y aficionados en el sur de la nación.

Hay que mencionar también al percusionista **Manuel "Egui" Castrillo** quien reside en la Florida y forma parte de la banda del trompetista cubano Arturo Sandoval.

Entre los trompetistas que se han destacado fuera de Puerto Rico con el *jazz* encontramos los siguientes: Jerry González del cual ya hemos mencionado algunos datos. **Charlie Sepúlveda** (1962) tiene su grupo Turnaround con el que a grabado en la línea del *jazz* afrocaribeño en los que incluye ritmos de la *plena* y la *danza* puertorriqueñas. Charlie nació en el Bronx y pasó en Caguas parte de su niñez y su adolescencia. Fue miembro de la United Nation Orchestra y estuvo varios años con Eddie Palmieri.

Ray Vega es otro trompetista boricua nacido en el Bronx el 3 de abril de 1961. Su expediente muestra trabajos con las agrupaciones de Mongo

**La marcha
de los jíbaros**

Santamaría, de Tito Puente, la agrupación New World Spirit de Ray Barretto, los Afro-Cubans de Mario Bauzá, los Bronx Horn, y con el reconocido saxofonista Joe Henderson. Vega grabó su primer disco como líder en 1996 con el sello Concord Picante de California.

Entre los trombonistas, la mejor representación la tenemos en **Ángel "Papo" Vázquez.** Aunque su nombre se asocia más con Rubén Blades, el Conjunto Libre y Batacumbele, Papo Vázquez estudió *jazz* con el legendario Slide Hampton. Viajó varias veces a Europa con la orquesta de Ray Charles y con la Fort Apache Band. Vázquez nació en una comunidad puertorriqueña al norte de la ciudad de Filadelfia. Desde muy joven se trasladó a Nueva York. Allí se ha presentado con la United Nation Orchestra, Mel Lewis, Pharoah Sanders, Tito Puente, Hilton Ruiz y Dave Valentín. El disco *Breakout* editado en 1992 por el sello holandés Timeless, es una muestra representativa de las destrezas musicales de Papo como arreglista, compositor y trombonista de *jazz.*

No menos interesante es el trabajo que realiza el también trombonista, **William Cepeda,** fusionando el *jazz* con los ritmos de la *bomba* y la *plena* y la música *jíbara* de Puerto Rico. William nació el 27 de marzo de 1965 en el pueblo de Loiza, al este de San Juan, rodeado de toda la tradición musical afroborinqueña de ese municipio. Se dedicó a los estudios formales en el *jazz* completando los grados de bachillerato y maestría del Berklee College of Music y Queens College de Nueva York, respectivamente. Como miembro de la familia Cepeda, promotores y maestros de los bailes de *bomba* y *plena,* William dirige el grupo William Cepeda Afro-Rican Jazz. Con residencia en Nueva York, el trombonista ha trabajado con diversos grupos de *jazz* tales como Lester Bowie's Brass Fantasy, Slide Hampton and the Jazz Masters, con Bobby Watson's Big Band y con la United Nation Orchestra en 1989, bajo la dirección de Dizzy Gillespie.

Dos flautistas boricuas hacen sus trabajos en el *jazz latino* y contemporáneo: **Dave Valentín** y **Néstor Torres**. El primero nació en Nueva York el 29 de abril de 1952, allí creció y mantiene su residencia. El segundo, nació en la Isla y ha hecho su carrera desde Nueva York y Miami.

En 1994, Dave editó su disco número 16 con el sello GRP antes de firmar con Tropijazz Records en 1995. Durante su carrera ha recibido varios reconocimientos en las encuestas de varias revistas especializadas tales como Jazziz & Down Beat en Estados Unidos y Jazz Hot en

**La marcha
de los jíbaros**

Europa. Dave ha viajado con su grupo a Brasil, México, Francia, Alemania, Austria, Canadá, países asiáticos y de África entre otros. Ha colaborado en grabaciones de artistas como Tito Puente, Herbie Mann, Dave Samuels y Mongo Santamaría.

Por su parte, Néstor Torres grabó su primer disco como líder en 1990, *Morning Ride* (Verve) , con el cual se dio a conocer entre los seguidores del *jazz latino* en los Estados Unidos. El flautista, nacido en Mayagüez en el 1955, ha participado en festivales de *jazz* en Estados Unidos, Japón, México y las islas del Caribe. Hasta el 1998, tenía cuatro discos como líder y se había presentado en la televisión norteamericana en programas como Tonight Show with Jay Leno y su contraparte, Late Night with David Letterman.

Entre los pianistas boricuas, **Eddie Palmieri** es especial no sólo por su proyección internacional sino también por su estilo peculiar de acercarse al *jazz*. A diferencia de los músicos mencionados hasta ahora, Eddie no se recomienda por asociarlo o ubicarlo en la tarima al lado de otros artistas reconocidos. Palmieri es Palmieri y más bien es una especie de escuela por la que han pasado varios músicos que valoran hoy la experiencia palmeriana. Su colaboración discográfica con Cal Tjader en 1966, *El Nuevo Sonido* (Verve/1966), es considerado por muchos un clásico del *jazz latino*. En los 90, Eddie grabó varios discos de *jazz* con su octeto con el cual ha tenido decenas de presentaciones en festivales alrededor del mundo. De hecho, en 1998, Eddie declaró en la prensa de Puerto Rico que planificaba mudarse a Europa pues entre la segunda mitad del 1998 y en los siguientes años, tenía "cerca de 400 fechas pendientes en Europa". (El Nuevo Día 25 de mayo de 1998).

En 1993, y tras un intenso cabildeo, Eddie logró que la Academia Nacional de las Artes y Ciencias de la Grabación (NARAS) reconociera al *jazz latino* con una categoría dentro del esquema de los premios Grammy. Palmieri, quien posee un doctorado honorífico del Berklee College of Music en Boston, tiene un par de presentaciones grabadas que forman parte del catálogo del Museo Smithsonian en Washington, D.C.

Entre los bajistas, hay cuatro que sobresalen: Joe Santiago, Andy González, John Benítez y Oskar Cartaya. **Joe Santiago** es parte del ambiente salsero de Nueva York a partir de la década de los 70. Ha participado en Estados Unidos en presentaciones y grabaciones de *jazz* con el

**La marcha
de los jíbaros**

pianista Martín Arroyo, con la orquesta de Mario Bauzá, con Chucho Valdés, Jorge Dalto, Patato Valdés y otros artistas.

Andy González (1951) es un veterano tanto del *jazz* como de los ritmos caribeños. El bajista del grupo Fort Apache Band y de Libre, se ha presentado a través de los Estados Unidos con Steve Turre, Hilton Ruiz, Tito Puente, Eddie Palmieri y muchos otros. Andy es reconocido, y bien cotizado, por su peculiar "tumbao" en el bajo, el cual adquiere matices de obra maestra en discos como *Rumba para Monk* (Sunnyside, 1989) de Fort Apache Band.

En la década de 1990, **John Benítez** se convirtió en uno de los bajistas hispanos más solicitados para grabar y hacer presentaciones con los principales artistas del *jazz latino* del decenio. John nació en Río Piedras el 6 de diciembre de 1967. Se mudó a Nueva York en 1992. Poco tiempo después, su nombre comenzó a aparecer en los créditos de varios discos y se convirtió en una figura usual de festivales y presentaciones en clubes de *jazz*. Su expediente muestra presentaciones con Batacumbele, Eddie Palmieri, Roy Hargrove, Conrad Herwig, Danilo Pérez, Tito Puente, Mongo Santamaría, David Sánchez, Chucho Valdés y muchos más.

Oskar Cartaya se dio a conocer en los Estados Unidos como integrante del grupo de *jazz* contemporáneo Spyro Gyra con el cual realizó presentaciones a través de los Estados Unidos durante los años 1988 al 1993. Oskar, quien nació en Bayamón en 1963, tiene su residencia en Los Ángeles en donde está activo como músico de estudio y dirige un grupo de experimentación sonora.

Encontramos un buen grupo de otros músicos boricuas que han participado en presentaciones o en grabaciones de *jazz latino* como acompañantes. En las grabaciones de *jazz* de Tito Puente podemos identificar al trompetista **David "Piro" Rodríguez** (1962), el guitarrista **Edgardo Miranda** quien también ha grabado con Papo Vázquez y Jerry González; el bongocero **José "Papo" Rodríguez** quien además de grabar varios discos con Puente, forma parte de la banda del conguero chicano, Poncho Sánchez, en Los Ángeles, California. Otros percusionistas puertorriqueños que complementan la agrupación del maestro Puente lo son **José Madera**, quien es también un magnífico arreglista y el bongocero **Johnny Rodríguez.**

También incursionan en el jazz el saxofonista **Bobby Franceschini** quien aparece en el segundo disco del grupo Seis del Solar (Messi-

**La marcha
de los jíbaros**

dor,1995), junto al pianista boricua del Bronx, **Oscar Hernández** (1954), quien desde principios de los 70 se ha destacado como arreglista *salsero* con una fuerte inclinación al *jazz latino*. Hernández, quien tocó con Mario Bauzá, Barretto y Rubén Blades, es también productor de discos. Por último, pero no menos importante, mencionamos al bajista **John Peña** quien reside en California y por años ha participado con diversos grupos de *jazz* y *pop americano*. Fue uno de los integrantes del grupo de *jazz* Tolú que se formó en Los Ángeles en 1983 bajo la dirección del colombiano Justo Almario y el peruano Alex Acuña.

Debo mencionar que en Puerto Rico residen otros músicos que incursionan en el *jazz* y desde su isla también proyectan su trabajo en los Estados Unidos. El mejor ejemplo lo vemos en los trabajos del trompetista **Humberto Ramírez** quien ha realizado varias giras con su grupo Jazz Project a través de varios estados al norte.

En Puerto Rico, varios de los músicos locales que se acercan al *jazz* han participado del evento anual Puerto Rico Heineken Jazz Fest que se viene celebrando desde hace varios años en San Juan. Esta actividad, de proyección internacional y producida por la empresa licorera Méndez & Compañía, es la más importante en el movimiento de *jazz* en la Isla. Paralelo a la fecha del festival, se ofrece una serie de talleres intensivos con varios profesores del Berklee College of Music de Boston. Estos talleres cuentan con un grupo de estudiantes de música que con los mismos, intentan conocer más sobre el *jazz*. Los profesores identifican a los estudiantes más sobresalientes y se les ofrece un incentivo económico para motivarlos a continuar estudios de *jazz* en Boston.

En 1998, se graduó de Berklee el saxofonista **Miguel Zenón**, el cual es producto de estos talleres en San Juan. Zenón entraría a Manhattan School of Music en 1998 para continuar estudios graduados.

CODA

Aunque no son músicos profesionales, su trabajo es de vital importancia para la música y sus intérpretes. Ellos son los miembros de la prensa especializada. En los pasados años, varias publicaciones se han dado a la tarea de difundir noticias, promover y analizar el mundo de la música

La marcha
de los jíbaros

popular latina en los Estados Unidos. Entre otras, se destacan tres revistas que surgieron por el esfuerzo y las ideas de tres puertorriqueños. El artista gráfico **Israel "Izzy" Sanabria** fundó la importante revista *Latin New York* (1973-1985) la cual llegó en medio de la explosión *salsera* de la ciudad. Los premios Latin Music Awards de la revista sirvieron para promover el trabajo de muchos músicos en esa época.

En 1991, **Rudolph Mangual**, de Carolina, Puerto Rico, y su esposa **Ivette** fundaron en Los Ángeles, California, la revista *Latin Beat Magazine* la cual tiene una circulación internacional y está considerada en 1998 como una de las más prestigiosas e importantes en la difusión de noticias y datos sobre la *salsa,* el *jazz latino* y otros ritmos afrocaribeños. Latin Beat cuenta con la colaboración, entre otros, del boricua nuevayorkino **Max Salazar** quien por años ha sido considerado como uno de los historiadores más documentados sobre el ambiente musical caribeño en Nueva York.

En La Gran Manzana se publica *New York Latino* que dirige **Alfredo Alvarado Jr.** La revista cubre temas sobre la música latina y también sobre otras manifestaciones artísticas de la comunidad hispana dentro y fuera de la ciudad.

El penúltimo acorde

Hasta aquí hemos presentado una muestra de los músicos boricuas y sus trabajos en los Estados Unidos entre 1960 y 1998. Hemos hecho mención mayormente, de aquellos que nacieron en Estados Unidos o fijaron su residencia allí mientras realizaban su labor musical. Se quedaron muchos nombres fuera de estas páginas aún cuando su trabajo es válido e importante. Y es válido pues cuando un disco, un concierto o una presentación más íntima logra sentimientos positivos en algún oyente, la música y el artista que la difunde alcanzan uno de los objetivos primordiales del arte: Comunicar y compartir. ¡Y de eso saben los músicos puertorriqueños donde quiera que se encuentren, y así lo comprueba su historia escrita y la que está por escribirse!

**La marcha
de los jíbaros**

Jerry González y Giovanni Hidalgo.

Dave Valentín.

David Sánchez.   *Ismael Miranda.*   *Eddie Gómez.*

**La marcha
de los jíbaros**

Luis "Perico" Ortiz.

Louie Ramírez y Rey de la Paz.

Hilton Ruiz.

**La marcha
de los jíbaros**

Bobby Cruz., Richie Ray
y Vicky Vimarie (1969).

Ernesto "Tito" Puente.

José Feliciano.

Ray Barretto.

Joe Quijano y Charlie Palmieri.

**La marcha
de los jíbaros**

El Sexteto de Joe Cuba.

Eddie Palmieri, recibiendo un premio),
con Miguel López Ortiz.

Grupo Atabal.

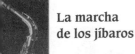

**La marcha
de los jíbaros**

Tite Curet Alonso, Hilda Haddock, Rubén Blades, Willie Colón, Ismael Rivera, alguien no identificado, Cortijo y Cheo Feliciano.

Willie Colón y Héctor Lavoe.

La marquesina del Teatro Puerto Rico.en una programación típica de los años 40 y 50, en que a diferencia de lo que sucede ahora en vez de un concirto, con un solo artista, el escenario era compartido por una constelación de artistas de toda Latinoamérica. Además de las figuras anunciadas en grandes letras, los boricuas Trío vegabajeño, Tito Lara, Carmen Delia Dipiní, el cubano Trío Matamoros y el Trío Las Tres Guitarras, podrán apreciar debajo otros artistas participantes como el recitador Jorge Raúl Guerrero, el cómico Cantinflitas, ambos cubanos; la orquesta boricua de Moncho Leña con Mon Rivera, la dominicana Elenita Santos, etc.

La marcha
de los jíbaros

Boricuas
por el mundo

La marcha
de los jíbaros

Boricuas por el mundo

¿Quiénes de nuestros artistas han calado más profundamente en el corazón de los latinoamericanos?

Es un hecho que, en el negocio de la música y el espectáculo, ciertas figuras monopolizan los primeros planos de popularidad en determinadas etapas que podrían extenderse unos cuantos años. Hoy por hoy son contados aquellos artistas capaces de permanecer en el favor del público por tiempo indefinido, pues cada día el ambiente se torna más competido y la oferta de estrellas con que nos bombardean las empresas discográficas supera por mucho la demanda en cada plaza. Remontándonos a la década de los '60 —en el caso particular de los puertorriqueños— recordamos que **Chucho Avellanet**, **Lucecita Benítez**, **Julio Angel** y **Papo Román** (1940-1998) como pilares máximos de "la nueva ola" y, proyectándose desde la metrópoli neoyorkina, **Tito Rodríguez** (1922-1973), **Raúl Marrero** y **José Feliciano** dentro del género del *bolero*, eran las estrellas de mayor impacto en el mundillo artístico. Los cuatro primeros, principalmente en la cuenca del Caribe y las comunidades hispanas de Estados Unidos. Los últimos tres, a nivel continental.

Aunque los siete mencionados se mantuvieron vigentes durante los '70 —Feliciano aún lo está— es indiscutible que durante esta nueva década nuevas caras tomaron la delantera. Entonces, las multitudes pusieron sus ojos y oídos en **Danny Rivera**, **Ednita Nazario**, **Yolandita Monge** (n. en Trujillo Alto, el 16 se septiembre de 1955), **Nydia Caro** (n. en Manhattan, Nueva York, el 7 de junio de 1945, de padres nativos de Rin-

La marcha de los jíbaros

cón), los principales astros del imperio salsero Fania y, muy especialmente, en quien sería la súper-estrella más carismática —y polémica—
en el ambiente farandulero boricua: **Iris Chacón** (n. en Santurce, el 7 de
marzo de 1950), la indiscutida reina de la televisión, a quien sus promotores estamparon el calificativo de "la vedette de América".

Los '80 pertenecieron a los grupos juveniles **Menudo** —fundado por
el productor Edgardo Díaz Meléndez y del que saldrían algunos rostros
que cautivarían a su generación durante la próxima década— y **Los Chicos**, un cuarteto que contaba en sus filas con quien sería otro ídolo de
gran arrastre en todo el hemisferio: **Chayanne**. En el campo de la *salsa*,
surgirían figuras de la talla de **Nino Segarra** —o Juan Angel Segarra
Crespo— (n. en Maricao, el 21 de junio de 1954); **Eddie Santiago** (n. en
Vega Alta, en 1855); **Willie González** (n. en Bayamón, en 1955); **Tony
Vega** (n. en Salinas, California, en 1957, de padres boricuas); **Tito Nieves** —o Humberto Nieves Avila— (n. en Río Piedras, en 1957); el
mayagüezano **Frankie Ruiz** (1958-1998) y **Gilberto Santa Rosa** (n. en
Santurce, en 1962).

Mientras tanto, los actuales '90 arrancaron con la controversial fiebre
del *rap & reggae* y la peculiar fusión de *merenhouse* (o merenrap), siendo sus líderes **Vico C** —o Luis Armando Lozada— (n. en San Juan, en
1970); **Lisa M** —o Lisa Marie Marrero— (n. en San Juan, en 1972) y
Fransheska —o Fransheska Michelle Revilla Ortiz— (n. en Río Piedras, en 1973). Estos tres vocalistas recorrieron casi todo el continente
causando verdadero revuelo e, incluso, inspirando el surgimiento de nuevos raperos en cada uno de los países que visitaban. Fransheska, a quien
se le promociona como "la reina del merenrap", incluso, llegó hasta España en 1993, año en que, precisamente, Lisa M, alias "la reina del rap",
agotó una triunfal gira suramericana que abarcó Perú, Bolivia, Ecuador,
Venezuela y Colombia. Por su parte, Vico C —autoproclamado "el filó-
sofo del rap"— emergió como un ídolo entre los seguidores de ese movimiento en México, toda Centroamérica, República Dominicana e, incluso, Cuba. Sin embargo, ya para mediados de esta década los tres habían
perdido bastante cartel en el ambiente del espectáculo, dando paso a una
nueva camada de intérpretes que, si bien registran impresionantes ventas
de discos en el mercado insular, no logran trascendencia internacional.
Ejemplos: **Don Chezina**, **Alberto Style**, **Baby Rasta**, **Gringo**, **Ivy Queen**,
el **dúo Héctor & Tito**, etc.

**La marcha
de los jíbaros**

En 1992, la multinacional WEA Latina lanzó como solista a la bella y talentosísima vocalista **Olga Tañón** (n. en Santurce, en abril de 1967), quien habría de convertirse en la figura de mayor impacto en el ámbito merenguero, haciendo honor a los calificativos que le estampó la Prensa: la reina del merengue boricua" y "la mujer de fuego". Surgida de los exitosos grupos **Las Nenas de Ringo** y **Jossie y Chantelle**, Olga Tañón ha triunfado de manera apoteósica en Estados Unidos, España, Panamá, Venezuela, República Dominicana y otras plazas, mientras que en su patria los récords de asistencia a sus conciertos —por ejemplo, trece funciones consecutivas en el Centro de Bellas Artes (1996) y tres en el Coliseo Roberto Clemente (1997), siempre a casa llena— no han podido ser superados ni siquiera por astros del calibre de Chayanne o Ricky Martin. En lo que respecta a ventas de discos, las marcas son igualmente impresionantes.

Los más queridos de todos los tiempos

Pero, entre tantos ídolos que nos han representado alrededor del mundo —no pocos fabricados por la industria del disco y, por ende, de breve vigencia— ¿quiénes han calado más profundamente en el corazón de los latinoamericanos? Sin temor a equivocarnos podríamos asegurar que, en lo que respecta a compositores, los aportes del aguadillano **Rafael Hernández** (1891-1965) y el naguabeño **Pedro Flores** (1894-1979), por ser tan ricos, variados y extensos, no han perdido vigencia en, por lo menos, seis décadas. Tanto el repertorio del primero (que incluye *boleros* clásicos como *Lamento borincano*, *Preciosa*, *Desvelo de amor*, *Lo siento por ti*, *Amor ciego*, *Canción del alma*, *Capullito de alelí* y *No me quieras tanto*) como el del segundo (cuyas piezas más representativas son *Obsesión*, *Perdón*, *Querube*, *Bajo un palmar*, *Qué te pasa*, *Amor* y la *guaracha Borracho no vale*), han sido interpretadas por las más prestigiosas voces del continente, incluyendo de la nueva generación.

En lo que respecta a intérpretes, no cabe la menor duda que el cantante boricua más venerado en toda América y a través de todos los tiempos ha sido el santurcino **Daniel Santos** (n. en Santurce, el 6 de febrero de 1916, y m. en Ocala, Florida, el 27 de noviembre de 1992). Daniel paseó su estilo único por cada uno de los países del Nuevo Mundo, dejando a su

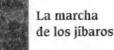

La marcha
de los jíbaros

paso una estela de leyenda, recuerdos imborrables, un anecdotario monumental y, en no pocos casos, hijos. Su discografía es, posiblemente, la más extensa que intérprete alguno haya desarrollado hasta el día de hoy, no empece a que es imposible de precisar, ya que por su carácter alocado, no solía respetar contratos con las disqueras.

En Colombia, una de las plazas que mayor acogida le brindó hasta sus últimos días, se le apodaba "el jefe" y, a las alturas de 1998, en ciudades como Bogotá (la capital), Medellín, Cali y Barranquilla existen programas radiales dedicados exclusivamente a difundir sus grabaciones, algo que jamás ha ocurrido en su natal Puerto Rico.

El segundo lugar seguramente corresponde a **Bobby Capó** —o Félix Manuel Rodríguez Capó— (n. en Coamo, el 1 de enero de 1922, y m. en Manhattan, Nueva York, el 18 de diciembre de 1989), quien triunfó tanto en la faceta interpretativa como en la autoral. De hecho, tras Rafael Hernández y Pedro Flores, es reconocido como el más brillante y prolífico de los compositores puertorriqueños. Su legado, de alrededor de 2,000 melodías de diversos géneros, incluye *boleros* como *Piel canela* (grabado en francés por **Josephine Baker** en 1952 y en italiano por **Giacomo Rondinella** en 1963), *Sin fe*, *El bardo*, *Qué falta tú me haces*, *Muy adentro*, *Soñando con Puerto Rico* y *Fui más leal*.

A Bobby se le acredita haber sido uno de los padres de la *balada pop* latinoamericana —entonces denominada *rock lento*— conjuntamente con el chileno **Joaquín Prieto** (autor de *La novia*, que popularizara su hermano Antonio), el mexicano **Rubén Fuentes** y los cubanos **Hermanos Rigual** (Mario, Carlos y Pituko), cuando en 1960 creó *Llorando me dormí*, *Triángulo* y *Mentirosa conmigo* y otras piezas que serían imperecederas. Surgido del Grupo Victoria de **Rafael Hernández**, en el que figuró durante los años 1939-1941, este genial artista triunfó apoteósicamente en todos los países de América y, entre sus logros más significativos, merece resaltarse el haber sido la estrella principal de los programas inaugurales de la televisión argentina y la colombiana.

Otra figura nuestra que hizo historia por los caminos de América durante los tempranos '40 fue **Myrta Silva** (n. en Arecibo, el 11 de septiembre de 1923, y m. en San Juan, el 2 de diciembre de 1987). También surgida del Grupo Victoria de **Rafael Hernández** —en el que coincidió con **Bobby Capó**— originalmente se destacó como rumbera, habiendo llevado su ritmo y curvilínea figura hasta plazas tan lejanas como Uru-

La marcha de los jíbaros

guay y Chile en 1951. Poco más adelante comenzó a aumentar considerablemente de peso, dedicándose entonces a las facetas de animadora y productora de programas televisivos —"Una hora contigo", específicamente— en el Canal 4 de Puerto Rico (1956-1964) y en el Canal 47 de Nueva York (1966-1972). Cultivó, igualmente, la composición, legando al cancionero romántico puertorriqueño selecciones tan bellas y difundidas como *¿Qué sabes tú?*, *Tengo que acostumbrarme*, *Fin de un amor*, *Juguetes del destino*, *Cuando la lluvia cae*, *Fácil de recordar* y *Muchas gracias, mi amor*.

A la hora de recordar cantantes nuestros que han recorrido los escenarios del mundo, resulta obligatorio recordar a **Chivirico Dávila** —o Rafael Dávila Rosario— (n. en Santurce, el 2 de agosto de 1924, y m. en Bronx, Nueva York, el 5 de octubre de 1994), respetado como uno de los mejores soneros y boleristas antillanos de todos los tiempos. A fines de los '40, por ejemplo, este vocalista recorrió Saint Thomas, Martinica, Cayene (o Isla del Diablo), Puerto España (Trinidad), Puerto Príncipe (Haití) y Brasil formando parte de la orquesta de Carlos Molina. Seguidamente (1950), obtuvo un contrato para actuar como solista en Uruguay. Y, tras una temporada en Nueva York con **Johnny Seguí & Los Dandies**, en 1956 fue reclutado por el cubano **Dámaso Pérez Prado** en calidad de cantante principal para realizar una extensa gira que abarcó México, Ecuador, Perú, Bolivia, Brasil y Argentina. Encontrándose en Buenos Aires, recibió otro contrato para actuar como solista, esta vez en Chile.

En 1957, agotó una larga temporada de actuaciones en Ecuador, trabajando principalmente con la **Orquesta Blacio Junior** y la **Orquesta Guambalí**. Con esta última realizó una gira por Europa que abarcó Francia, España, Grecia, Italia y la Isla de Capri. De vuelta a la Gran Urbe, a partir de 1958, formó parte y grabó intensamente con las orquestas de **Orlando Marín**, **Francisco Bastar "Kako"**, **Cortijo y Su Bonche**, **Joe Cuba**, **Joey Pastrana**, **Pete "Boogaloo" Rodríguez**, **Chihuahua Martínez**, **Richie Ray & Bobby Cruz**, **Tito Puente**, las dirigidas por los cubanos **Marcelino Guerra** y **Vicentico Valdés** y la del dominicano **Johnny Pacheco**, habiendo recorrido con esta gran parte de los Estados Unidos y varias naciones africanas.

Sin embargo, a pesar de su enorme calidad interpretativa y su brillante resumé artístico, Chivirico Dávila no logró alcanzar un nivel estelar en

**La marcha
de los jíbaros**

su patria sino hasta principios de la década de los '70, cuando el sello Cotique Records lo lanzó como solista, llegando a editarle varios álbumes. *Boleros* como ***Ahora no me conoces***, ***Cómo fue***, ***Perfidia*** y la *guaracha **Margarita*** fueron algunos de los "jitazos" que se anotó.

COLOMBIA. Fueron famosísimos **Johnny Rodríguez y su Trío**, **Fernandito Alvarez** y su **Trío Vegabajeño**, el **Trío San Juan** y el prematuramente desaparecido **Charlie Figueroa**. No obstante, quienes lograrían mayor arraigo entre los colombianos serían los salseros a partir de los '60: **El Gran Combo**, **Richie Ray & Bobby Cruz** —quizás los más adorados—, **Joe Quijano**, **Roberto Angleró**, **Joe Pastrana**, **Francisco "Kako" Bastar** y, a últimas fechas, **Tito Gómez** —quien radicó en Cali formando parte del **Grupo Niche** de Jairo Varela y hasta se hizo ciudadano colombiano en 1991— **Junior González** —que también vivió en Cali—, **Tito Rojas**, **Gilberto Santa Rosa**, **Marc Anthony**, **Michael Stuart** e **India**.

VENEZUELA. Durante el período 1929-1934, radicó la **Orquesta Puerto Rico**, dirigida por **Luis Morales** y encabezada por sus hijos **Noro** (saxofonista y trombonista) —luego virtuoso pianista— **Alicia** (pianista) e **Ismael** (flautista). El presidente, general Juan Vicente Gómez, la había contratado para amenizar sus actos oficiales y fiestas de gala.

Sonia Noemí González, durante la década de los '60, cuando estaba casada con el bolerista caraqueño **Héctor Cabrera**. Igualmente ha sido un ídolo **Chucho Avellanet**, quien estuvo casado con la actriz maracucha Marisela Berti y ha radicado en Caracas durante prolongados períodos. **Carmen Delia Dipiní** visitó el país en 1957 y causó sensación con sus *Besos de fuego*, pero demoró cuarenta años (1997) en regresar. Sin embargo, al igual que Colombia, a partir de los '70 serían los salseros quienes dominarían el gusto del público: **Richie Ray & Bobby Cruz**, **El Gran Combo**, el fenecido **Ismael Rivera**, **Gilberto Santa Rosa**, **Tito Rojas**, **Víctor Manuelle**, **Tito Nieves**, **India**, **Marc Anthony**, **The Salsa Kids**, etc. Todos ellos han tenido en el Poliedro, su escenario más constante.

PERÚ. El bolerista villalbeño **Raúl Marrero**, alcanzó status de ídolo durante los '60 y '70. Pero, a partir de entonces —y siendo una de las mejores plazas salseras de América— serían los soneros quienes dominarían el panorama artístico: **La Sonora Ponceña**, **El Gran Combo**, **Eddie Santiago**, **Willie González**, **Ismael Ruiz** y un largo etcétera.

**La marcha
de los jíbaros**

A últimas fechas, los ex-Menudo **Ricky Martin**, **Robi Draco Rosa**, **Sergio Blass** y **Rubén Gómez**, así como **Chayanne**, **Carlos Ponce**, el grupo **El Reencuentro** —compuesto de los también ex-Menudo **Ricky Meléndez**, **Charlie Massó**, **René Farrait**, **Ray Reyes** y **Miguel Cancel** —y el salsero **Marc Anthony**, han sido los artistas boricuas que mayor éxito han cosechado a lo largo y ancho del hemisferio.

Los nuestros en Argentina

Posiblemente, la primera artista popular boricua en calar en el fervor del público argentino fue la vedette sanjuanera María del Pilar Cordero —**Mapy Cortés** (1910-1998)— quien arribó a Buenos Aires procedente de Marsella (Francia), a donde había huido con su esposo, el tenor y actor **Fernando Cortés** (1908-1979), al estallar la Guerra Civil Española, en 1936. El director alemán George Urdan, quien conocía la trayectoria de la pareja en el teatro y el cine de la Madre Patria, los encontró en aquella ciudad y los contrató como protagonistas de una opereta que presentaría en la capital argentina. Luego de aquel compromiso, Mapy se presentó en toda clase de escenarios y, en 1938, formó pareja romántica con el ya famoso actor cómico **Luis Sandrini** en la película Un tipo de suerte. Poco más adelante —y tras haber protagonizado Ahora seremos felices junto al tenor mexicano **Juan Arvizu**— se estableció en la patria de éste desarrollando una de las carreras más brillantes en la historia de la cine-matografía azteca.

A partir de la década de los '40, actuaron ante el público argentino, entre tantos más, Noro Morales y su orquesta, **Myrta Silva** y, muy espe-cialmente, **Bobby Capó**, quien alcanzó status de súper-estrella, causan-do sensación por su manera tan sensacional de bailar el *cha-cha-chá*. De hecho, Bobby llegó a grabar algunas canciones en Buenos Aires.

Durante los '60, dos artistas boricuas puertorriqueños despertaron el frenesí de los argentinos: **Tito Rodríguez** y **José Feliciano**. El primero visitó el país en 1965, logrando abarrotar el majestuoso Luna Park de Buenos Aires en dos históricas funciones. Allá la prensa le estampó el calificativo de "el mensajero del amor" y recibió un Disco de Oro por su grabación *Inolvidable*, que permaneció casi un año en el "hit parade".

La marcha
de los jíbaros

Feliciano, por su parte, también hizo historia con sus boleros "corta venas" e, incluso, también pegó con sus grabaciones en inglés.

Durante los tempranos '70, adquirió amplia popularidad en esta lejana plaza, gracias a sus actuaciones como figura permanente de "El Show de Andy Rusell" primero y "El Show de Antonio Prieto" después, a través del Canal 13 de Buenos Aires, la contralto **Mary Pacheco** (n. en Santurce, el 2 de junio de 1943), quien para entonces —y desde 1964— estaba casada con el pianista argentino Roberto Cáneva. Esta intérprete, que ya había triunfado en Nueva York, Panamá y República Dominicana, llegó a la patria de su marido apoyada por el éxito de su álbum-debut, ***Presentando a Mary Pacheco***, editado por United Artists Records en 1968, que incluía una emotiva versión de ***En un rincón del alma***, de Alberto Cortez. Tras su divorcio de Cáneva (1977), se radicó en Miami y, ya entrados los '90, regresó a su patria.

En la década de los '80, definitivamente el grupo juvenil **Menudo** constituyó la máxima atracción puertorriqueña en el negocio del espectáculo argentino. Las presentaciones de este quinteto en diversos escenarios bonaerenses atrajeron las multitudes más impresionantes registradas en el país durante mucho tiempo. Por otro lado, aunque **Lucecita Benítez** permaneció una prolongada temporada allá durante la segunda mitad del decenio, su actividad fue, básicamente, como actriz de telenovelas.

A principios de los '90, el cantautor mayagüezano **Wilkins** se anotó un jitazo con su grabación ***Sopa de caracol***. A este acierto le siguieron ***La bailanta*** y ***Mucho dinero***, entre otros. A tal punto llegó su éxito entre el público argentino, que en 1997 optó por adquirir un castillo en la provincia de Córdoba, cuyo jardín habilitó como anfiteatro, donde pretende ofrecer una serie de conciertos cada año.

En diciembre de 1992, el estelar merenguero **José Medina** culminó en Buenos Aires la que sería su última gira internacional con su orquesta, la cual abarcó Estados Unidos, Costa Rica y Venezuela. Seguidamente, anunció su retiro para abrazar el Evangelio y convertirse en predicador e intérprete de música cristiana, siendo miembro de la Iglesia Adventista del Séptimo Día.

A últimas fechas, se han presentado en Argentina, entre otros, **Manny Manuel** —o Cruz Manuel Hernández— (n. en Orocovis, el 24 de diciembre de 1972), hoy por hoy uno de los máximos exponentes del merengue moderno; los astros del pop, **Chayanne**, **Robi Draco Rosa** y **Car-**

los Ponce; la orquesta merenguera **La Mákina** (fundada y dirigida por el saxofonista dominicano **Orlando Santana**) y, naturalmente, el archi-famoso **Ricky Martin**.

En España

La salsa logra vencer la resistencia...

El impacto de la música afroantillana entre los españoles podría ubicarse en los albores de los años '30 con el surgimiento de la orquesta **Lecuona Cuban Boys** y la aparición, del cantante —también cubano— **Antonio Machín** (1903-1977) en 1939. Hubo otros solistas y conjuntos que alcanzaron alguna exposición en el ambiente musical español a partir de los '50, pero es menester admitir que fueron pocos y la prensa solía calificar tales excepciones como "toques exóticos".

La *salsa* comienza a calar en el gusto de los españoles durante los postreros años '70, especialmente en las Islas Canarias, Madrid y Barcelona, gracias a una serie de "disc-jockeys" aficionados al género que, por lo general, actuaban como productores independientes. El colombiano Andrés Romero y el cubano Dagoberto "El Gato" Salazar en Madrid, Esteban Rojo en Barcelona y, muy especialmente, Javier Zerolo Aguilar en Santa Cruz de Tenerife. Este último instituyó el espacio "Échale salsita" en Radio Club y hoy es, posiblemente, el más destacado de los empresarios de eventos salseros de España.

En 1982, **Cheo Feliciano** fue una de las estrellas invitadas a participar en las festividades del multitudinario Carnaval de Santa Cruz de Tenerife, un evento que —en el aspecto musical— no demoraría en convertirse en eminentemente caribeño, pues las atracciones artísticas son orquestas de *salsa*, *merengue*, *cumbia* y ritmos afrocubanos. Cheo regresaría en 1983 y 1985.

No obstante, lo que hasta entonces se calificaba como un movimiento progresivo dentro del género, alcanzó categoría de "boom" a partir del fenomenal exitazo del cantante **Lalo Rodríguez** (nacido en Santurce, el 16 de mayo de 1958) con su interpretación de *Ven, devórame otra vez*. El álbum que incluía dicha pieza, *Un nuevo despertar* (TH-Rodven 2517),

La marcha de los jíbaros

lanzado en 1987, generó ventas cercanas al millón de copias —una cifra sin precedentes en la historia de la industria discográfica española—, hecho que definitivamente le allanó el camino a otros exponentes de la *salsa*, tanto boricuas como suramericanos. Igualmente, inspiraría el surgimiento de la mayoría de los primeros salseros netamente peninsulares.

Lalo Rodríguez agotó una extensa y triunfal gira por toda España, la cual se extendió del 28 de junio hasta el 1 de septiembre de 1990. Al año siguiente (1991) realizó otro fructífero recorrido nacional que comenzó el 20 de septiembre y concluyó el 15 de octubre. Durante 1992 retornaría en dos oportunidades. Hasta el día de hoy, por lo menos a lo que a ventas de discos se refiere, el impacto de este talentoso vocalista en el ambiente musical de la Madre Patria sólo sería comparable a los generados por el cantautor dominicano **Juan Luis Guerra** y Su **Grupo 4:40** a principios de los '90, el trío de *pop-rock* madrileño **Mecano** y el madrileño **Alejandro Sanz**, intérprete de la *balada pop*.

Sin embargo, es indiscutible que, al igual que en el resto del mundo, el músico puertorriqueño que con mayor frecuencia visita España es **Tito Puente** —o **Ernest Anthony Puente Ortiz**, nacido en Manhattan, New York (USA), el 20 de abril de 1923, de padre ponceño y madre coameña— quien no sólo actúa en eventos salseros, sino también en importantes festivales de *jazz*.

Breve cronología de las actuaciones de salseros y merengueros boricuas en España durante los últimos 15 años

1985:

   • **Juan Manuel Lebrón** (nacido en Santurce, el 22 de abril de 1947) se convierte en el primer cantante salsero que compite en el Festival de la Canción Iberoamericana (OTI), celebrado este año en Sevilla. Interpreta la pieza ***Represento***, original de Lou Briel. Aunque no logra el triunfo, tal composición sería —posiblemente— la más exitosa de todas las que se presentaron en dicho certamen. Incluso, al año siguiente el artista (más dedicado a su faceta de comediante) recibiría el Disco de Pla-

**La marcha
de los jíbaros**

tino y el premio Búho de Oro en Panamá por las altas ventas registradas en ese mercado.

1986:

• **El Gran Combo** realiza una nueva gira española que incluye Madrid, Barcelona, Sevilla e Islas Canarias.

• **Tito Puente** regresa a España, esta vez en compañía de la sin par **Celia Cruz**.

1987:

• **Frankie Ruiz**, **Eddie Santiago**, las orquestas neoyorkinas de **Johnny Rodríguez** y **Charlie Rodríguez**, recorren las principales ciudades de la Península.

• **El Gran Combo** regresa a Madrid.

1988:

• **Andy Montañez** se presenta por primera vez en el multitudinario Carnaval de Santa Cruz de Tenerife (Islas Canarias). Retornaría a este evento en varias oportunidades.

• **Eddie Santiago**, **Frankie Ruiz** y **Pete "El Conde" Rodríguez** agotan series de actuaciones en Madrid y Santa Cruz de Tenerife.

1990:

• Nueva visita de **Frankie Ruiz** y su orquesta. Alterna con el máximo salsero nacional, **Juan Carlos "Caco" Senante**, en Madrid y Santa Cruz de Tenerife (Islas Canarias).

• Primera edición del Festival de Salsa de Verano, instituido por Javier Zerolo Aguilar en Santa Cruz de Tenerife. **El Gran Combo**, **Andy Montañez**, **Frankie Ruiz**, **Eddie Santiago** y **Tito Puente** serían estrellas frecuentes en este evento.

1991:

• **Raphy Leavitt** y **La Selecta** agotan gira de tres semanas entre los meses de abril y mayo. El Palacio de los Deportes de

La marcha de los jíbaros

Madrid, el Estadio de Balompié de Palmas de Gran Canaria y la Plaza de Toros de Santa Cruz de Tenerife son los principales escenarios en que se presenta. Para entonces, la banda disfrutaba de amplia exposición en el medio radial con su interpretación de *Provócame*, incluída en un álbum-recopilación editado por Discos Manzana. Regresarían en septiembre.

• **Gilberto Santa Rosa** debuta en España durante el mes de mayo, compartiendo escenarios de Madrid e Islas Canarias con el consagrado binomio conformado por **Pete "El Conde" Rodríguez** y el dominicano **Johnny Pacheco**, así como con el cubano **Roberto Torres**.

• Durante el transcurso del año, también visitarían la Península para presentaciones en Madrid, Barcelona, Valencia y, en la mayoría de los casos, Santa Cruz de Tenerife (Islas Canarias), entre otros: **El Gran Combo**, **Eddie Palmieri**, **Andy Montañez**, **Eddie Santiago**, **Frankie Ruiz** y **David Pabón**.

1992:

• **Andy Montañez** emerge como una de las estrellas más aclamadas en la serie de espectáculos realizados en el Pabellón de Puerto Rico, dentro del marco de la Exposición Mundial de Sevilla. Otros artistas nuestros que se presentan allí son: **Cheo Feliciano**, **Lalo Rodríguez**, **Eddie Santiago**, **Tony Vega**, **Ismael Miranda** y el **Grupo Jataca**.

• **La Orquesta Mulenze**, dirigida por el bajista **Edwin Morales**, realiza serie de actuaciones en Madrid y Valencia con rotundo éxito.

• La orquesta de **Los Hermanos Moreno** —Nelson (trombonista y cantante) y Willie (percusionista)— se presenta en Santa Cruz de Tenerife y Las Palmas (Islas Canarias).

1993:

• **Eddie Palmieri** y su orquesta con la cantante **India** se presentan en el Carnaval de Santa Cruz de Tenerife (Islas Canarias) durante el mes de febrero.

**La marcha
de los jíbaros**

1994:

   • De nuevo en España, Tito Puente, Eddie Santiago, Frankie Ruiz, Tito Nieves e India. Se presentan en Madrid, Barcelona, Valencia y Santa Cruz de Tenerife.

1995:

   • **Luis "Perico" Ortiz** visita la Madre Patria como parte del itinerario de la gira europea —iniciada en febrero— que incluiría también Alemania, Suiza e Inglaterra.

1998:

   • La orquesta **Latin Crossings**, encabezada por **Tito Puente**; el trompetista cubano **Arturo Sandoval** y el cantante y multi-instrumentista británico **Steve Winwood** se presentan en el Festival de Jazz de San Sebastián el jueves 16 de junio.

Que conste en récord...

   • Los hermanos puertorriqueños Nicolás (pianista) y Sixto Venditti (cantante y conguero) fundaron el sexteto Un Poquito de Todo en Madrid, en 1973. Fueron sus otros integrantes originales: **Carlitos Carle** (bajista también boricua nacido en Santurce); **Cipriano Ipacampo** (trompetista colombiano); **Marta Cuevas** (saxofonista y flautista chicana) y **Roberto Barrera** (timbalero panameño). Frente a esta agrupación recorrieron —además de innumerables salas de fiestas de la capital española— los territorios de Barcelona, Sevilla, Badajoz, Oviedo y Galicia. Durante el período 1976-1978, el grupo fue atracción permanente del desveladero madrileño Sudamérica Boite. Aunque Un Poquito de Todo no dejó grabaciones, hay que reconocerle el mérito de haberle abierto camino a otros colectivos similares que, paulatinamente, irían apareciendo en el ambiente musical de la Madre Patria.
   • Durante el período 1976-1981, el "disc-jockey" peruano Carlos Walker, alias "el Hombre del melao" y "el Embajador de la salsa" originaba en Radio Madrid el programa "Cheverísimo", que iba al aire los sábados y domingos, el cual era captado en toda la Península a través de

**La marcha
de los jíbaros**

la Cadena SER. Gracias a dicha audición vespertina de una hora, millares de españoles se familiarizaron con las grabaciones de los principales exponentes puertorriqueños de la *salsa*: **El Gran Combo**, **Richie Ray & Bobby Cruz**, **Pete "El Conde" Rodríguez**, **Roberto Roena** y su Apollo Sound, **Ismael Rivera** e, incluso, hasta el legendario **Daniel Santos**, entre muchos otros.

España: pop

Ricky Martin: primer artista pop boricua que triunfa en España

Tradicionalmente, España ha sido una de las plazas más difíciles de comquistar para los artistas latinoamericanos. Sobre todo, los exponentes de la *onda pop*. Y, al parecer, los motivos no responden al cacareado nacionalismo. Porque, en otras disciplinas del arte popular, la Madre Patria ha mostrado bastante receptividad hacia los representantes de nuestros países. Recordemos, por ejemplo, que —posiblemente— los dos presentadores de radio y televisión más populares del país, en cualquier época, fueron el chileno Bobby Deglané y el peruano Kiko Ledgard.

Hoy día, son muchos los latinoamericanos activos en ambos medios de comunicación, así como en el teatro y el cine, en España. Sin embargo, en lo que respecta al campo musical, las cosas son muy diferentes. La realidad es que son contadísimos los artistas del Nuevo Mundo que han podido cimentar un lugar en el mundo del espectáculo íbero. Baste recordar que, a pesar del éxito que disfrutaban por nuestros países, muy poco lograron en sus intentos por conquistar el mercado musical español figuras como **Lucecita Benítez**, **Danny Rivera** y **Nydia Caro** durante los tempranos '70. Paradójicamente, en un momento en que el ambiente artístico boricua estaba saturado de intérpretes españoles.

Es preciso reconocer que, junto a Italia, Francia e Inglaterra, España es reconocida como una de las cunas del *pop* moderno. Por tanto, ¿para qué necesitaba importar intérpretes de dicho género, cuando allá se forjaban los mejores y verdaderos maestros del *pop* en nuestro idioma?

La marcha de los jíbaros

Más que como dato de verdadera trascendencia —porque en realidad nunca logró cimentar un nombre estelar en esta plaza—, sí como anecdótico, podríamos señalar que el cagüeño **Víctor Mojica** fue contratado por la compañía Philips y lanzado vía un álbum titulado con su nombre en 1959. Había llegado a Madrid poco antes para completar sus estudios de Medicina (que jamás terminaría), luego de haber sido campeón nacional de lucha libre haciéndose llamar "el inmenso criollo". Lo significativo de aquel LP era el hecho de que incluía las baladas *En el arcoiris*, *Censúrame*, *Un consejo* y *El encuentro*, que fueron las primeras cuatro composiciones que se grabaron del entonces desconocido Manuel Alejandro, quien pocos años más tarde —y hasta el día de hoy— emergería como el compositor, orquestador y productor mejor cotizado de España. Curiosamente, ninguna de aquellas selecciones pegó y el único éxito que Mojica pudo anotarse fue el *bolero La renuncia*, gracias a que fue utilizado como tema-rúbrica de la telenovela homónima que emitiera Telemundo (Canal 2) en 1962. No obstante, para 1970 este talentoso artista nuestro ya estaría establecido como uno de los actores hispanos más destacados en Hollywood.

Surge el fenómeno

Hasta 1997, ningún intérprete *pop* latinoamericano había podido colarse en el mercado musical español. Ni siquiera el quinteto juvenil **Menudo** (el fenómeno de popularidad más impresionante que haya conocido la industria latinoamericana del espectáculo) ni **Luis Miguel** —o Luis Miguel Gallego Basteri— (nacido en San Juan, el 19 de abril de 1970), no considerado boricua por la circunstancia de que se crió en la capital azteca. Éste ha sido señalado por la crítica como el mejor cantante popular de su generación. Sin embargo, en este año sí logró anotarse un éxito monumental con su serie de presentaciones en la Península... un lustro después de su triunfo en el consagratorio Festival de la Canción de San Remo, Italia.

Claro, ya para entonces, tanto los críticos como un nutrido sector del público español habían puesto sus miras en el talento latinoamericano. Particularmente, en un apuesto puertorriqueño llamado **Ricky Martin**, quien siempre ha sido vendido como un "galán" para las quinceañeras.

**La marcha
de los jíbaros**

Enrique José Martín Morales —o **Ricky Martin** para el negocio del espectáculo—, el ex-integrante del grupo Menudo que la multinacional discográfica Sony Music lanzara como solista vía el álbum *Ricky Martin* (que mereció el Disco de Oro en Estados Unidos, México, Argentina, Colombia y Puerto Rico), emergió en el panorama musical español en 1997, a raíz de que se distribuyera en ese mercado la producción *A medio vivir*, editada en América dos años antes. Cuatro de los temas incluidos en dicho compacto, *Fuego de noche, nieve de día*, *Volverás*, *Revolución* y *María*, fueron escritos por el madrileño Luis Gómez Escolar en colaboración con el norteamericano K.C. Porter. El último de los mencionados, *María*, constituyó un jitazo mundial, hecho raras veces suscitado tratándose de una melodía interpretada exclusivamente en nuestro idioma. Tal impacto generó la pegajosa melodía —clasificada en la onda del *pop flamenco*— que el álbum registró ventas superiores a las 325,000 copias, marca que sólo tendría parangón con el de su compatriota **Lalo Rodríguez** (salsero) y el del cantautor merenguero dominicano **Juan Luis Guerra** y su Grupo 4:40.

Nacido en el sector sanjuanero de Hato Rey el 24 de diciembre de 1971, **Ricky Martin** se convertía así en el intérprete *pop* latinoamericano más exitoso de todos los tiempos en España hasta ese momento.

Puertorriqueños en Francia

Sin temor a equivocarnos, podríamos asegurar que hasta el día de hoy el único artista *pop* puertorriqueño conocido por los franceses es **Ricky Martin**, gracias al impacto de su interpretación del tema *María*, que llegó a este mercado en 1997. Tal fue el éxito de dicha pieza, que al joven vocalista se le encomendó la grabación del tema oficial, así como su participación en el espactáculo de apertura del partido final de la Copa Mundial de Fútbol Soccer en el Estadio San Denis, el domingo 12 de julio de 1998. Pero, tres meses antes de la celebración de ese importante campeonato, la melodía en cuestión, *La copa de la vida* —escrita por Desmond Child, KC Porter y Robi Draco Rosa— ya era un hit en seis continentes.

Hasta la fecha, ningún otro baladista o bolerista nuestro se ha colado en tan difícil mercado.

**La marcha
de los jíbaros**

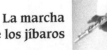

Movimiento rumbero

A dos jóvenes "disc-jockeys" franceses, de la emisora parisina Radio Latina, se le acredita la introducción de la salsa en Francia: José "El Loco" Olivares (hijo de españoles) y Maya Roy. Gracias a ellos, quienes también han sido empresarios de espectáculos, el público francés empezó a conocer a los exponentes de este género.

A partir de la década de los '80, visitarían esta plaza europea **Las Estrellas de Fania** —colectivo integrado predominantemente por músicos puertorriqueños que, incluso, llegó a presentarse en el Teatro Olimpia, en 1982— **El Gran Combo, Eddie Palmieri, Willie Colón, Ray Barretto, Lalo Rodríguez, Junior González, Eddie Santiago, Frankie Ruiz, Jerry Rivera** y un largo etecétera.

Resulta imperativo mencionar que, durante la década de los '30, agotó una temporada en esta nación la vedette sanjuanera **Lolita Cuevas** y que, en 1941, hizo lo propio la rumbera manatieña **Aurorita** —o Luisa Aurora Báez—, quien había sido corista del cabaret neoyorkino China Doll y llegó a trabajar permanentemente con la orquesta de **Xavier Cugat** ya entrados los '50.

Que conste en récord que...

• El venerado **Rafael Cortijo** (1928-1982) es el único puertorriqueño cuya foto aparece en el Salón de la Fama de la Música en París. Curiosamente, la banda que dirigía, **Cortijo y su Combo** —con el genial sonero **Ismael Rivera**— jamás actuó en Francia ni en ninguna otra nación europea.

• Tres puertorriqueños: **Ernesto González** (saxofonista humacaeño), **Luis Armando Cardona** (contrabajista santurcino) y **Mark White** (percusionista sanjuanero) formaron parte de la orquesta del trompetista mexicano **Don Durango** que, durante los '40, actuó permanentemente en el legendario cabaret parisino Moulin Rouge.

• El percusionista y bailarín santurcino **Vitín Vega** integró la orquesta del cubano **Don Aspiazu** durante la etapa —a mediados de los '30— en que éste estuvo en París con la rumbera **Alicia Parlá**.

La marcha de los jíbaros

Boricuas en Italia

El fervor por la figura del astro *pop* **Ricky Martin** también se ha hecho sentir con fuerza en el ambiente musical italiano. A tal punto, que fue estrella invitada al Festival de la Canción de San Remo —el más prestigioso del mundo en el campo de la música popular (1998)— así como a los estelares programas televisivos "Festival Bar" y "Dominica Inn".

Sin embargo, no se trata del más importante artista popular boricua que haya llegado a tan importante plaza europea. Ese honor le corresponde al lareño **José Feliciano**, quien ya había estado en el citado evento en 1971, cuando mereció un honroso segundo lugar con la balada *Qué será*. Fue el primer extranjero que participaba en tal Festival y —obviamente— también el primero que alcanzaba un triunfo allí.

De todas maneras, el puertorriqueño que más veces ha visitado Italia no es otro que **Tito Puente**. Sobre todo, durante la presente década. En 1993, por ejemplo, fue una de las principales atracciones del Festival de Jazz de Umbria, al que retornaría cada año. En febrero de 1994 realizó gira por el país encabezando el grupo **Golden Men Of Latin Jazz**. Hace apenas unos meses (1998) **Gilberto Santa Rosa** efectuó su primer recorrido por esta plaza europea, visitando Milán, Rimini, Bologna y Roma.

Boricuas en otros rincones del mundo

No cabe la menor duda de que **Tito Puente** ha sido el músico puertorriqueño que más países ha recorrido paseando la *salsa* y el *jazz latino*. Hasta 1998, a "el rey del timbal" sólo le faltaba por visitar Rusia, pero son muchos los rincones del planeta que escucharon por primera vez los candentes ritmos caribeños cuando este brillante instrumentista se los presentó frente a su orquesta. En 1958, por ejemplo, Tito actuó en Hong Kong, China, teniendo entonces como principal vocalista al mayagüezano **Santos Colón** (1922-1998). Posteriormente, sus giras incluirían plazas tan remotas como Turquía, Yugoslavia, Bulgaria, Israel y casi todo el continente africano.

Pero, desde las tempranas décadas del siglo XX, han sido numerosos los músicos nuestros que han recorrido Europa y Asia. Recordemos que, integrando la legendaria orquesta del violinista catalán-cubano **Xavier**

**La marcha
de los jíbaros**

Cugat, viajaron intensamente —e, incluso, aparecieron en producciones cinematográficas hollywoodenses—, entre otros: **Miguel Frasqueri** (percusionista santurcino que fue el primer boricua en dicha organización); **Jorge López, Enrique Rodríguez y Juan Torres** (trompetistas); **Ismael "Issy" Morales** (flautista); **Alberto Calderón** (baterista); **Angel "Chino" Santos, Luis Márquez y Francisco López** (percusionistas); **Catalino Rolón** (maraquero, cantante y bailarín); **Pepito Arvelo** (cantante y guitarrista) y la también vocalista **Gloria Esther Ruiz**.

Los cantantes **Daniel Santos, José Luis Moneró, Tito Rodríguez** y **Vitín Avilés** figuraron en esta banda, pero durante sus pasantías trabajaron básicamente en Estados Unidos.

Por su parte, **Rafael Cepeda Atiles** (1910-1996) paseó los autóctonos ritmos de *bomba* y *plena* —de los que fue máximo cultor— por España, Francia, Inglaterra, Holanda y otras naciones europeas, además de Estados Unidos y México, encabezando el ballet folclórico La Familia Cepeda que, como bien lo sugiere su nombre, era integrado por su esposa **Caridad Brenes**, sus hijos y algunos nietos.

Jerry González, trompetista y percusionista, líder de **Fort Apache Band**; **Ray Vega** (también trompetista), **Papo Vázquez, William Cepeda, Jimmy Bosch, Reynaldo Jorge** y **Moisés Nogueras** (trombonistas), **Marcus Rojas** (tubista), **David Sánchez** (saxofonista), **Dave Valentín** y **Néstor Torres** (flautistas), **Edsel Gómez** y **Hilton Ruiz** (pianistas), **Andy González** —hermano de Jerry—, **Eddie Gómez, Oskar Cartaya, John Benítez** y **Joe Santiago** (bajistas); **Steve Berríos** y **Adam Cruz** (bateristas); **Ray Barretto, Johnny Rodríguez, José Mangual, Milton Cardona, Joe Grajales, Marc Quiñones, Giovanni Hidalgo, José Ramírez, Paoli Mejía, Efraín Toro, Johnny Almendra, Bobby Allende** y **Anthony Carrillo** (percusionistas), recorren todo el planeta constantemente integrando o encabezando conjuntos de *jazz* (latino, tradicional y contemporáneo) y orquestas de *salsa*.

El trompetista **Luis Aquino** actuó en Las Vegas, México, China e India —además de Puerto Rico— formando parte de la mundialmente aclamada orquesta del tecladista griego Yanni en 1997. Otro boricua, el percusionista **Danny Reyes**, integra dicha organización desde 1994.

Frankie Ruiz (1958-1998) agotó una serie de presentaciones en Suiza en 1987. En dicho país, el trompetista ponceño **David Ramos**, codirige un conjunto de *jazz latino* junto al pianista cubano **Luis Henríquez**.

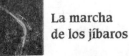

**La marcha
de los jíbaros**

El cantante coameño **Junior González**, se presentó en Finlandia, Holanda e Inglaterra en 1986, mientras que **Eddie Santiago** actuó ante el público londinense en 1991 y 1992. **Gilberto Santa Rosa** hizo lo propio en 1998.

El 18 de septiembre de 1998, el cantante **Tito Rojas** se presentó en la sala Cinerama, de Tel Aviv, Israel, siendo el segundo exponente de la *salsa* que se presenta en ese país. **Tito Puente** fue el primero.

El bajista bayamonés **Eddie Ortiz** dirige la **Orquesta Son Caribe** en Amsterdam, Holanda, desde 1991. En esa misma ciudad, el saxofonista santurcino **Arturo Pérez** fundó, con el trompetista dominicano **Fernando Pichardo**, el **Grupo Merenswing**.

José Feliciano y **Ricky Martin** son los únicos intérpretes puertorriqueños de la música *pop* , conocidos en Filipinas al día de hoy, aunque el grupo juvenil **Menudo** ofreció un concierto en Manila, en 1986, con un éxito sin precedentes. Pero, la llamada "menuditis", se esfumaría poco después. Entre las féminas, tal honor le corresponde a **Dayanara Torres**, quien ostentara la corona Miss Universo 1993.

Nuestros músicos en Alemania

Tan reciente como el 19 de agosto de 1998, el influyente empresario neoyorkino Ralph Mercado, presidente de RMM Records, nos comentaba que "ahora mismo, no hay una sóla ciudad en Alemania donde no exista, por lo menos, una orquesta de *salsa*". Y, efectivamente, junto con el *jazz*, tal es el género en que más se han destacado los músicos puertorriqueños en ese país europeo, en el que, hasta 1995, residían un promedio de 70,000 puertorriqueños y cerca de un millón de inmigrantes de origen latinoamericano. Es preciso señalar que la mayoría de estas bandas surgen en bases militares norteamericanas donde instrumentistas boricuas han estado cumpliendo servicio. Uno de los ejemplos más notables lo constituye el famoso conguero **Ray Barretto**, quien inició su carrera musical mientras estaba asignado a una base de Munich, allá para 1955.

Durante la década de los '60, estaban activas en Hamburgo la Orquesta Revolución del trompetista **Johnny Maldonado** (nacido en Aguadilla,

**La marcha
de los jíbaros**

el 7 de abril de 1938) y las dirigidas por **Willie Mattei** (trombonista) y **Pete Manzano** (percusionista), ambos santurcinos. En Munich hacía campaña el **Combo Borinquen**, del cantante **Luis Rosado** y, en Francfort, la **Orquesta Son 2000**, de los hermanos Félix (timbalero) y Tony Torres (bongosero).

Entre los '70 y '80, surgieron las dirigidas por **Bobby Rivera** (guitarrista), **Carlos Arrieta** (cantante) y **Eddie Tuneo** (timbalero) en Hamburgo, mientras que en Francfort desarrollaba su actividad **El Combo Latino**. En 1983, el tamborero dominicano **Roberto "Bobby" Alcántara** y su entonces novia, la bailarina y corista **Milagros Rodríguez** —nacida en Hamburgo, en 1963, de padres boricuas— fundaron el **Grupo Merenbomba**, posiblemente el más popular entre los exponentes del merengue en Hamburgo, tomando en cuenta que hasta el presente (1998) ha grabado tres álbumes.

Cobran auge la salsa, el jazz afrocubano y el merengue

A partir de los tempranos '70, en las principales ciudades alemanas surgirían salones de baile y discotecas donde se rendiría culto a la *salsa*, el *jazz* afrocubano y el *merengue*. Podemos mencionar, entre las más famosas y —por ende— concurridas: Music Hall Discoteque (en Francfort); Luizenpark (en Mannheim) y la del Hotel Tiergarden en Nuremberg. Por estos escenarios desfilarían, entre tantos nombres estelares, **Pedro Conga** y Su Orquesta Internacional (1978), **Tito Puente** (1979, 1981, 1983 y 1985), **Lalo Rodríguez** (1982), **El Gran Combo** (1985 y 1986), **Junior González** (1986); **Luis "Perico" Ortiz** y su orquesta con el vocalista **Domingo Quiñones** (1987);, **Paquito Guzmán** (1988) y **Frankie Ruiz** (1993).

En 1991, **Eddie Santiago** incluiría esta nación en su gira denominada "King World Tour", emprendida en Estados Unidos y que abarcaría igualmente Suiza e Inglaterra. En septiembre, el turno le tocaría a **Gilberto Santa Rosa**. En lo sucesivo, la mayoría de los salseros y jazzistas puertorriqueños estelares visitarían Alemania, pues es indiscutible que tanto la *salsa* como el *jazz* cuentan con innumerables seguidores en el país. En

La marcha de los jíbaros

octubre de 1995, el trompetista humacaeño **Luisito Ayala** (n. en Humacao, en 1950) frente a su Orquesta Puerto Rican Power visitó las ciudades de Berlín, Munchen, Koin, Hamburgo y Mannheim como parte de una gira europea que incluyó, igualmente, diversas regiones de Bélgica, Suiza y Londres (Inglaterra).

Mención aparte merece el percusionista ponceño **Freddie Santiago**, quien ha desarrollado su carrera musical en Munich desde 1979, habiendo trabajado con las orquestas de *jazz* de Peter Herbolzheimer, Erwin Lhn, Werner Muller, Milo Pavlovic y Dieter Reith, así como con la Filarmónica de Munich y la Orquesta de la Ópera de Munich.

En lo que respecta a la música *pop*, los únicos artistas boricuas verdaderamente conocidos en esta nación son **José Feliciano** —por su tradicional repertorio en inglés— y **Ricky Martin**, quien en 1997 se anotó un jitazo con su interpretación de *María* y, en 1998, con *La Copa de la Vida*, ambas vocalizadas en español.

Japón acoge a nuestros salseros y jazzistas

Los ritmos bailables afroantillanos comenzaron a escucharse en Japón a partir de los postreros años '30, llevados primero por la **Lecuona Cuban Boys** (1938) y, posteriormente —los '40 y '50—, por bandas como **Habana Cuban Boys** (surgida de una división de la anterior), la dirigida por **Xavier Cugat**, en cuyas filas figuraba buen número de instrumentistas puertorriqueños. Se recuerda, además, que la de **Noro Morales** (1911-1964) actuó en esta plaza en 1952. A tal punto impactó esta música a los japoneses que, ya para los albores de los '60, en la capital nipona existían varias orquestas que interpretaban, básicamente, el mismo repertorio de las mencionadas. Sin duda alguna, la más popular de todas sería la **Tokio Cuban Boys**, fundada por el pianista **Bobby Shirai** en 1959 y todavía activa.

El año de 1962 fue muy significativo en la gestión de imponer la *rumba*, el *mambo*, el *cha-cha-chá* y el *jazz* afrocubano en la llamada "tierra del Sol naciente", pues las súper-bandas de **Machito** y **Tito Puente**, visitaron el país por primera vez, anotándose triunfos impresionantes. De

**La marcha
de los jíbaros**

hecho, ambas organizaciones volverían a actuar ante el público japonés en diversas oportunidades. A mediados de los '70, el turno les tocó a las **Estrellas de Fania**, el colectivo de pilares del imperio discográfico creado por Jerry Masucci (1934-1997) y el dominicano Johnny Pacheco —director musical—, cuyos integrantes, en su mayoría, siempre han sido boricuas: **Santos Colón** (1922-1998), **Héctor Lavoe** (1946-1993), **Pete "El Conde" Rodríguez, Cheo Feliciano, Bobby Cruz, Adalberto Santiago, Ismael Quintana** e **Ismael Miranda** (cantantes), **Ricardo Ray** y **Papo Lucca** (pianistas), **Elías Lopéz** (trompetista), **Willie Colón** y **Reynaldo Jorge** (trombonistas), **Bobby Valentín** (bajista), **Yomo Toro** (cuatrista), **Ray Barretto** (conguero) y **Roberto Roena** (percusionista), entre otros. Este bandón ha visitado Japón varias veces, generando verdadera pasión por la denominada *salsa*.

A principios de la década de los '80, algunas de las figuras del consorcio Fania comenzaron a visitar Tokio con sus propias agrupaciones, contándose entre éstas **Willie Colón** y **Eddie Palmieri.** Más adelante, haría lo propio **El Gran Combo**, que hoy cuenta con una considerable legión de fanáticos, en esta nación asiática de 130 millones de habitantes. Es preciso señalar que, mientras tanto, iban proliferando salones en que hoy día se sigue rindiendo culto al ritmo en Tokio, siendo los más concurridos Salsa Sudada, Salsa Caribe, Salseros Club y Cañadonga. También, orquestas integradas por japoneses como Orquesta del Sol (la más veterana después de la Tokio Cuban Boys), Orquesta Yamada, Orquesta Chica Boom (compuesta por mujeres) y, naturalmente, la Orquesta de la Luz, ahora en receso.

Durante la presente década, empero, el máximo impulsor de los salseros puertorriqueños en Japón lo ha sido **Ralph Mercado**, presidente del sello neoyorkino RMM Records, quien organiza constantes giras para sus artistas en esta lejana plaza. En 1994, conjuntamente con los líderes de la Orquesta de la Luz —que ayudó a fundar—, instituyó el Festival de la Salsa de Japón, que incluye conciertos en estadios de Tokio y Osaka. Como director musical designó al pianista y arreglista boricua **Sergio George** y por tal evento desfilaría su elenco de estelaridades, que incluye a puertorriqueños tan talentosos como **India**, **Tito Nieves** y **Marc Anthony**. Este último, reconocido como el vocalista salsero más exitoso de los '90 a nivel mundial, desarrollando su carrera musical a la par de una halagadora actividad en el cine hollywoodense.

**La marcha
de los jíbaros**

Otros intérpretes nuestros que han actuado en escenarios japoneses en tiempos recientes son **Los Hermanos Moreno** —Willie y Nelson— (1995); **Gilberto Santa Rosa** y **Deddy Romero**, ésta última, acompañando a **El Gran Combo** en el Caribbean Carnival '97, celebrado en Tokio.

Naturalmente, la mayoría de los exponentes del *jazz* que ya hemos mencionado (**Dave Valentín**, **Hilton Ruiz**, **Jerry & Andy González**, **Giovanni Hidalgo**, **Bobby Sanabria**, **David Sánchez**, etc.), gozan igualmente de gran arraigo entre los amantes japoneses del género.

Una plaza difícil para artistas de otros géneros

En lo que respecta a la música *pop*, no cabe duda que el artista puertorriqueño más conocido entre el público japonés lo es **José Feliciano**, aunque gracias a su repertorio tradicional en inglés. En determinadas etapas, también lograron notable exposición en este mercado el grupo juvenil **Menudo** (entonces integrado por **Charlie Massó**, **Robi Rosa**, **Ray Reyes**, **Roy Roselló** y **Ricky Martin**) —que en 1986 ofreció dos multitudinarios conciertos en Tokio—, y las neoyorkinas de ascendencia boricua **Lisa Lisa** —o Lisa Marie Vélez— (n. en Manhattan, el 15 de enero de 1967), líder del grupo norteamericano Cult Jam, frente al que se anotó hits como *I Wonder If I Take You Home* (1984) y *All Cried Out* (1986), y **Lisette Meléndez** (n. en Bronx, el 20 de agosto de 1973), quien mereció inmensa popularidad universal con sus álbumes *Together Forever* (1993) y *True to Life* (1994), editados por la compañía Fever Dance Records. Curiosamente, a pesar de su éxito en la onda discotequera —habiéndose introducido con fuerza entre el público anglosajón y oriental—, esta vocalista sorprendió a sus seguidores al ser lanzada como intérprete salsera por la compañía WEA Latina con el álbum *Un poco de mí*, en 1998. Tal producción fue dirigida por Sergio George.

Por otro lado, huelga señalar que el éxito arrollador del ex-Menudo **Ricky Martin** a nivel mundial, también ha repercutido en Japón, donde hoy goza de categoría de ídolo. Y, por ese mismo rumbo va **Chayanne**, particularmente por el impacto de la película Dance With Me, que protagonizó en Hollywood con la estelar cantante y actriz norteamericana Vanessa Williams y se estrenó en agosto pasado. El tema-rúbrica de ese

La marcha de los jíbaros

filme, **You Are My Home** —a ritmo de *salsa*—, que ambos interpretaron a dúo, alcanzó rápidamente los primeros lugares en las escalas japonesas de popularidad.

Arturo Somohano:
otro de nuestros genios

Arturo Somohano Portela (1910-1973), casi autodidacta en el arte del pentagrama, logró escalar las más altas esferas en esta disciplina, siendo uno de nuestros músicos más reconocidos a nivel internacional. Aunque desde los postreros años '20 su actividad artística fue intensa, es indudable que la fundación de la **Orquesta Filarmónica de Puerto Rico** en 1950, constituiría su mayor legado: una organización especializada en música ligera que cultivara un repertorio eminentemente nacional elevando la danza criolla, los aires típicos y las obras de nuestros compositores a la categoría de concierto.

Ya a los quince años, al tiempo que cursaba sus grados secundarios, se había empleado como "amenizador" de películas mudas en un cine de Santurce y, durante los albores de WKAQ Radio, se desempeñó como pianista acompañante. En esta emisora cosecharía sus primeros triunfos poco tiempo más tarde dirigiendo su **Sexteto de Cuerdas** (1932-1936) que, seguidamente, daría paso al **Sexteto del Tango**, con el que más tarde actuaría en WIAC. Alternadamente, producía espectáculos de variedades en los principales teatros capitalinos, ya que poseía un gran espíritu empresarial y era incansable.

Tras haber servido en el ejército norteamericano durante la Segunda Guerra Mundial (1941-1943) —etapa que pasó recorriendo bases militares del Caribe y Estados Unidos integrando revistas musicales—, formó un octeto para amenizar eventos sociales y arreció la campaña que había emprendido pocos años antes encaminada a la reapertura del Teatro Municipal de San Juan, que estaba convertido en un almacén de alúmina. Tal gestión culminó en 1944 con la inauguración del hoy llamado Teatro Tapia. Para dicho evento escribió la comedia musical *El misterio del castillo* (con libreto de Manuel Méndez Ballester), que él mismo dirigió frente a una orquesta creada para la ocasión.

 **La marcha
de los jíbaros**

Tiempo después se dio a la tarea de dar vida a la Filarmónica. Durante años debió solicitar al comercio el patrocinio necesario para organizar sus conciertos, que solían ser en plazas públicas.

Arturo Somohano obtuvo sus mayores triunfos en el extranjero, principalmente en España, nación que visitó en muchas oportunidades. Acompañado por algunos de los miembros de su orquesta y su repertorio — que comenzaba con su *bolero **Dime*** como tema de presentación—, completaba la Filarmónica con músicos de cada país que visitaba. Así la música puertorriqueña no sólo se escuchó en la Madre Patria, sino también en Francia, Italia, Alemania, Bélgica, Noruega, Estados Unidos (más de 200 veces), Islas Vírgenes y varios países latinoamericanos, especialmente Cuba, donde hizo una serie de conciertos auspiciados por la Casa Bacardí en 1947.

Este insigne músico recibió, posiblemente, más condecoraciones y honores que las que haya recibido puertorriqueño alguno hasta el día de hoy.

Arturo Somohano se vio obligado a renunciar a la dirección de su orquesta por razones de salud en 1971. Seleccionó como sustituto al violinista **Gualberto Capdeville**, quien hasta el presente la ha mantenido en el nivel de excelencia que su fundador se empeñó en alcanzar, rebautizada como Orquesta de Conciertos Arturo Somohano.

El 7 de enero de 1989, se develó una estatua de este ilustre artista — obra del escultor Salvador Rivera Cardona— en la Plazoleta ubicada detrás del Teatro Tapia, que ahora lleva su nombre.

Además de brillante pianista, arreglista y director de orquesta, el maestro **Arturo Somohano** fue un prolífico compositor. Sin embargo, su empeño mayor siempre fue destacar las obras de otros autores, por lo que no son tantas las piezas suyas que el público recuerda.

Igualmente, dejó escrito un libro autobiográfico, *Entre músicos te veas*, editado en 1970.

**La marcha
de los jíbaros**

Grupo Menudo, en Japón.

Ricky Martin.

Yolandita Monge.

La India y Tito Rojas.

**La marcha
de los jíbaros**

Cuarteto Los Hispanos (Rafael "Tato" Díaz,
Charlie Vázquez, Carmelo Montalvo y
Angel L. "Wison" Torres).

Iris Chacón, "la vedette de América".

El Gran Combo. Roberto Roena con la campana; cantan Andy Montañez,
Felipe Rodríguez y Pellín Rodríguez.

La marcha
de los jíbaros

Wilkins.

Chayanne.

Raúl Marrero.

Ednita Nazario, en México, junto a Raúl Velasco.

La marcha
de los jíbaros

Gloria Mirabal.

Chucho Avellanet

Sophy (derecha) con la compositora mexicana Lolita de la Colina.

**La marcha
de los jíbaros**

Lalo Rodríguez, 1990.

Jerry Rivera.

Lourdes Chacón.

Nydia Caro.

**La marcha
de los jíbaros**

Arturo Somohano.

Cortijo y su combo original (al centro, con chaquetas oscuras, Cortijo e Ismael).

**La marcha
de los jíbaros**

Bibliografía

Hemos consolidado los libros usados por los distintos colaboradores ya que algunos libros fueron consultados por más de uno.

Al efecto, al final de cada ficha bibliográfica, están las iniciales del autor que los usó en la siguiente forma:

JM: Jorge Martínez Solá

JJ: Jorge Javariz

OA-AVC: Olavo Alén y Ana Victoria Casanova

MAL: Miguel López Ortiz

RM: Roberto Mac Swiney

EG: Elmer González

Los libros que no aparecen con iniciales fueron consultados para escribir el prólogo o contienen información que consideramos puede ser pertinente para el lector.

ABAROA MARTÍNEZ, Gabriel. *El flaco de oro*. Grupo Editorial Planeta, México, 1993 (*RM*)

ABRUÑA RODRÍGUEZ, Edna. *Los Panchos*. Miami, 1991 (*RM*)

ARCE, Limón de. *Trovadores arecibeños* (inédito) (*JJ*)

ARTEAGA, José. *Música del Caribe*. Editorial Voluntad S. A., Bogotá, 1994. (*EG*)

AYOROA SANTALIZ, José Enrique. *De Guajataca a Los Cedros*. Rep. Dominicana, 1990 (*RM*)

BADGER, Reid. *A life in Ragtime: A Biography of James Reese*. Ed. Oxford, Europe, 1995 (*JJ*)

BERENDT, Joachim E. *The Jazz Book*, 6th. ed. Lawrence Hill Books, New York, 1991 (*EG*)

BETANCUR ALVAREZ, Fabio. *Sin clave y bongó no hay son*. Editorial Universidad de Antioquía, Medellín, Colombia, 1993 (*OA-AVC*)

BLOCH, Peter. *La-le-lo-lai. Puerto Rican music and its performers*. Plus Ultra Educational Publishers.

BOGGS, Vernon. *Salsiology*. Excelsior Music Publishing Company, New York, 1992 (*EG*)

CARLES, Philippe y otros. *Diccionario del jazz*. Anaya & Mario Muchnik, Madrid, 1995 (*EG*)

CARR, Ian; FAIRWEATHER, Digby; and PRIESTLEY, Brian. Jazz: *The Rough Guide*. Rough Guides Ltd., London, 1995 (*EG*)

La marcha de los jíbaros

Caso, Fernando H.; *Héctor Campos Parsi en la historia de la música puertorriqueña del siglo XX*. Instituto de Cultura Puertorriqueña, 1980.

Collazo, Bobby. *La última noche que pasé contigo*. Edit. Cubanacán, Puerto Rico, 1987 (*RM*) (*OA-AVC*)

Corral, Carmen. *Catálogo de la Banda Nacional de Concierto*. Manuscrito, La Habana, 1998 (*OA-AVC*)

Denisoff, Serge R. *Inside MTV*. Transactions Publisher, 1989 (*EG*)

Díaz Ayala, Cristóbal. *Cuando salí de La Habana*. Fundación Musicalia, Puerto Rico, 1998 (*OA-AVC*)

—— *Discografía Musical Cubana*. Vol II y siguientes. Inédito (*OA-AVC*)

—— *Música Cubana del Areyto a la Nueva Trova*. Ediciones Universal, Miami, 1993 (*EG*) (*RM*)

Dueñas, Pablo. *Historia documental del bolero mexicano*. México, 1990 (*RM*)

Enciclopedia cinematográfica mexicana (1897-1955). Asociación Nacional de Actores, México (*RM*)

Fajardo Estrada, Ramón. Rita Montaner. *Testimonio de una época*. Fondo Editorial Casa de las Américas. Premio Casa de las Américas, 1997 (*OA-AVC*)

Figueroa, Frank M. *Encyclopedia of Latin American Music in New York*. Pilar Publications, St. Petersburg, 1994 (*EG*) (*JJ*)

Fuente, Rodolfo de la. *Rafael Hernández y Cuba*. En revista Universidad de América, Año 5, No. 1, 1993 (p. 4-7) (*OA-AVC*)

García Riera, Emilio. *Historia documental del cine mexicano*. Editorial Universidad de Guadalajara, México 18 vols., 1994-1997 (*RM*)

Garmabella, José Ramón. *Biografía de Pedro Vargas*. Edit. Comunicación, México, 1985 (*RM*)

Garrido, Juan S. *Historia de la música popular en México*. Edit. Extemporáneos, 2da. ed., México, 1981 (*RM*)

Glasser, Ruth. *My music is my flag. Puerto Rican musicians and their New York communities 1917-1940*. University of California Press, 1995.

Grenet, Emilio. *Popular Cuban Music, 80 Revised and Corrected Compositions*. Secretaría de Agricultura, La Habana, 1939 (*OA-AVC*)

Indice cronológico del cine mexicano (1896-1922). Filmoteca de la Universidad Nacional Autónoma de México, México (*RM*)

Kernfeld, Barry. Editor. *The New Grove Dictionary of Jazz*. McMillan Press Limited, London, 1991 (*EG*)

Leal, Néstor. Boleros. *La canción romántica del Caribe (1930-1960)*. Edit. Grijalbo, Venezuela, 1992 (*RM*)

Leal Benavides, Gustavo. *Los Tres Reyes: el último de los grandes tríos*. Edit. Nueva León, México, 1996 (*RM*)

López, Oscar Luis. *La radio en Cuba*. Editorial Letras Cubanas, La Habana, 1981 (*OA-AVC*)

Loyola, José. *En ritmo de bolero*. Ediciones Unión, La Habana, 1997 (*OA-AVC*)

Madera Ferrón, Héctor. *Silencio… genios trabajando*. Edit. Edamex, México, 1993 (*RM*)

Malavet Vega, Pedro. *La vellonera está directa*. Rep. Dominicana, 1984 (*RM*)

—— *Del bolero a la nueva canción*. Ponce, Puerto Rico, 1988 (*RM*)

La marcha
de los jíbaros

—— *Historia de la canción popular en Puerto Rico (1498-1898)*. Ponce, Puerto Rico, 1992

MEJÍA PRIETO, Jorge. *Historia de la radio y televisión en México*. (**RM**)

NASER, Amín Emilio. *Benny Moré*. Ediciones Unión, La Habana, 1985 (**OA-AVC**)

NUÑEZ, María V.; Guntin, Ramón. *Salsa Caribe y otras músicas antillanas*. Ediciones Cúbicas, S. A., Madrid, 1992 (**EG**)

ORTÍZ RAMOS, Pablo M. *A tres voces y guitarras*. Editora Corripio, San Juan, 1992 (EG) (**RM**) (**OA-AVC**)

PADURA, Leonardo. *De Ponce al cielo*. En revista Tropicana Internacional, No. 1, La Habana, 1996 (p. 35-37) (**OA-AVC**)

—— *Los rostros de la salsa*. Ediciones Unión, La Habana, 1997 (**EG**)

PASARELL, Emilio J. *Desarrollo y orígenes de la afición teatral en Puerto Rico*. Edit. Departamento de Instrucción Pública del ELA, 1970

RAMÍREZ BEDOYA, Héctor. *Historia de la Sonora Matancera y sus estrellas*. Impresos Begón, Medellín, 1996 (**EG**) (**OA-AVC**)

RAMÓN, Neysa. *Apuntes desde la luneta*. En periódico Juventud Rebelde, La Habana, 24 de noviembre de 1983 (p. 4) (**OA-AVC**)

RAMOS, Josean. *Vengo a decirle adiós a los muchachos*. San Juan, Puerto Rico 1985 (RM) (**OA-AVC**)

RESTREPO DUQUE, Hernán. *Lo que cuentan los boleros*. Centro Editorial de Estudios Musicales, Bogotá, 1992 (**RM**)

RICO SALAZAR, Jaime. *Cien años de bolero*. Centro Editorial de Estudios Musicales, Bogotá, 1988 (**RM**)

RÍOS VEGA, Luis; GARCÍA, Magali. *La música cubana siempre ha estado presente en mí*. En Revista Tropicana Internacional, No. 5, La Habana, 1997 (p. 6) (**OA-AVC**)

RIVERA, Félix Joaquín. *La muñeca de chocolate*. Edit. Plaza Mayor, San Juan, Puerto Rico, 1995 (**OA-AVC**)

RONDÓN, César Miguel. *El libro de la salsa*. Editorial Arte, Caracas, 1980 (**EG**)

ROSELL, Rosendo. *Vida y milagros de la farándula cubana*. Vol 1. Rep. Dominicana, 1990 (**RM**)

SAAD, Guillermo. *Marco Antonio Muñiz ¡Soy un escándalo dicen!* Grupo Editorial Siete, México, 1992 (**RM**)

SANTANA ARCHBOLD, Sergio. *Sonora Ponceña. La salsa que vino de Ponce*. En Revista Latin Beat. Vol. 1, No. 7, agosto de 1991 (p. 20-23) (**OA-AVC**)

SANTIAGO, Javier. *Nueva ola portoricencis: la revolución musical que vivió Puerto Rico en la década del 60*. Edit. Del Patio, San Juan, 1994 (**EG**)

SEVEZ, H; Francois F. *Historia del circuito radial La Voz Dominicana (1942-1950)*. Rep. Dominicana, 1950 (**MAL**)

Swing latino: Gente Caribe. El Palacio de la Música S. A., Caracas, 1985 (**EG**)

THOMPSON, Donald y THOMPSON, Annie F. *Music and dance in Puerto Rico from the age of Columbus to modern times: an annotated bibliography*. The Scarecrow Press, New Jersey & London, 1991

ULLOA, Alejandro. *La salsa en Cali*. Universidad del Valle, Cali, 1992 (**EG**)

ZACATECAS, Bertha. *Vidas en el aire*. (**RM**)

ZAVALA, Iris M. *El bolero, historia de un amor*. Edit. Alianza, Madrid, 1991 (**RM**)

La marcha
de los jíbaros

Elmer González consultó los siguientes diarios y revistas:

Descarga Newsletter, Nueva York

El Mundo, San Juan

El Nacional, Caracas

El Nuevo Día, San Juan

El Nuevo Herald, Miami

El Vocero, San Juan

Latin Beat Magazine, Los Angeles

Latin New York, New York

New York Latino, New York

Revista Artistas, San Juan

Revista El Manicero, Barcelona

Revista La Canción Popular, Ponce

Revista TV Guía, San Juan

San Juan Star, San Juan

91.9 La Revista que Suena, Bogotá

Roberto Mac Swiney consultó, entre otras, las siguientes revistas:

Album de Oro

Bembé

Cancionero Picot

Revista del Museo de Arte de Ponce, sobre el disco en Puerto Rico

Revista de la Asociación Puertorriqueña de Coleccionistas de Música Popular

Revista de la Universidad Interamericana de Puerto Rico, sobre Rafael Hernández

Selecciones Musicales

Trópico

Y entrevistó a las siguientes personas:

Pedro Alejos, Luis Arcaraz, Héctor Argente, Jorge Barrientos, Enrique Becerra, Tony Camargo, Enrique Cáceres, Rafael Cardona, Alberto Cervantes, Arturo Cordero, Mario de Jesús, Julio del Razo, Pascual Espinosa, Raúl Esquivel, Víctor Enríquez, Aurelio Estrada, José Flores, Pedro Ferriz Santacruz, Ricardo Fuentes, Gustavo García, Leopoldo García, Carlos González, Celio González, Sixto González, Gustavo Guerrero, Rubén Guevara, Pavel Granados, Juan Helguera, Modesto López, Eduardo Llerenas, Jaime Manzur, Agustín Martínez, María Elena Martínez, César Molina, Enrique Navarro, Sergio Nuño, Joel Palacios, Enrique Partida, Armando Pous, Isabel Rivas, Manuel Rivas, Josefina Rivera, Margarita Romero, Mario Ruiz Armengol.

La marcha
de los jíbaros

Discografía

Se han usado solamente discos compactos (CDs) ya que ya no están disponibles en el mercado los discos de larga duración. Lamentablemente esto excluye a artistas importantes como Sanromá. Se consultó para esta selección a los propios escritores participantes y a Rafael Viera, Javier Santiago y Juan Mora Bosch, limitando la selección a un disco por artista, salvo los casos en que cambios importantes en la estilística de un músico ameritase más de un ejemplo. El criterio básico de selección fue el disco que tuvo más repercusión fuera de Puerto Rico, o el más representativo de cada artista.

Como todo trabajo de este tipo, está sujeto a apreciaciones personales que no necesariamente coinciden con las nuestras.

En los casos en que se conoce la fecha cierta o aproximada de grabación original, la hemos incluido, entre paréntesis, al final de cada entrada. Las abreviaturas de algunos de los sellos disqueros que más aparecen son las siguientes:

DH - Discohit   RMM - Ralph Mercado

HQ - Harlequin   TC - Tumbao

A

ALBINO, Johnny. DH 1123 - Johnny Albino 15 grandes éxitos.

ALEGRE ALL STARS. Alegre 8430 - Alegre All Stars Vol. 3: Lost and Found.

ALLEN, Tito (ver Típica 73). INCA 1051 - Rumba caliente.

ANGLERÓ, Roberto. Multinational 1396 - Tierra negra - Si Dios fuera negro (ca. 1980).

ANTHONY, Marc. RMM 82156 - Contra la corriente (1997).

ATABAL. Saravá 93 - Música morena (1993).

AVELLANET, Chucho. DH 8046 - Los años Rico-Vox (1962-66).

—— DH 1559 - Chucho Avellanet con la Rondalla Venezolana.

AVILÉS, Vitín. Alegre 7009 - Vitín Avilés canta al amor (1974).

La marcha de los jíbaros

B

BARRETO, Ray. Fania 403 - The Message (1972).

—— Blue Note 856974 - Contact (1997).

BATACUMBELE. DH 1692 - Con un poco de Songo (1989).

BENÍTEZ, Lucecita. DH 8046 - Lucecita: los años Hit Parade.

—— Lobo 009 - Grandes éxitos.

BOBO, Willie. Verve-Poly 521-664-z - Spanish Grease/Uno, dos, tres (1966).

BROWN, Roy. LYO 15 - Roy Brown colección (2 CDs).

C

CABÁN VALE, Antonio "el Topo". Producciones del mar 24852 - La patria va (1998).

CAPÓ, Bobby. ALD 036 - Bobby Capó.

CARA, Irene. Polygram 800 034-2 - Fame.

CASTRO ALBERTY, Margarita. LYSD 025 - Rodrigo integrale des mélodies (1995).

CELI BEE. APA-HT 34-2 - The Best of Celi Bee.

CHACÓN, Iris. Borinquen DG 1569 - 20 grandes éxitos.

CHAYANNE. Sony Music CDDI-470673 - Personalidad: 20 éxitos.

CHUITO el de Bayamón. Ansonia 1276 - La vieja voladora Vol. 1

CONJUNTO CLÁSICO. Lo Mejor 801 - Los Rodríguez (1979).

COLÓN, Santitos. TICO 1213 - Santos Colón: Imágenes (1971).

COLÓN, Willie. Fania 337 - El malo (1967).

—— Fania 535 - Solo (1979).

CONCEPCIÓN, César. SEECO 9322 - Joe Valle con César Concepción.

CORDERO, Ernesto (y otros). EC 1997 - Tres conciertos del Caribe.

CORDERO, Federico A. SPG 9001 - Lágrimas en la soledad.

CORTIJO Y SU COMBO. SEECO 9106 - Cortijo invites you to dance.

CUARTETO MARCANO. HQ-74 - Cuarteto Marcano 1939-1945.

CUARTETO MAYARÍ. Spanoramic 106 - Lo mejor del Cuarteto Mayarí.

CUBA, Joe. TICO 1146 - Bang! Bang! Push! Push! (1966).

D

DÁVILA, Chivirico (ver orquesta Orlando Marín). Alegre 6015 - Se te quemó la casa.

DAVILITA. HQCD 102 - Davilita 1932-1939 (26 selecciones).

DÍAZ, Justino. Academy Sound and Vision 609 - Mozart Arias.

**La marcha
de los jíbaros**

Díaz, Tato (ver Carmen Delia Dipiní). DH 1412 - Carmen Delia Dipiní y Tato Díaz La música de Silvia Rexach.

Dipiní, Carmen Delia. DH 1412 - Carmen Delia Dipiní y Tato Díaz La música de Silvia Rexach.

E

El Gran Combo. DH 1509 - 15 grandes éxitos Vol. 2

—— DH 1810 - 15 grandes éxitos Vol. 3

Estremera, Cano (ver Bobby Valentín). Bronco 167 - Encuentro histórico: Bobby Valentín - Cano Estremera (1998).

F

Fabery, Lucy. BMG-TROP 22480 - El hombre que me gusta a mí (1957).

Fania All Stars. Fania 415 - Live at the Cheetah Vol. 1 (1974).

—— Fania 416 - Live at the Cheetah Vol. 2 (1974).

Feliciano, Cheo. TICO 1329 - The Best of Cheo Feliciano.

—— Vaya V-5 - Cheo.

Feliciano, José. BMG 743212-222029 - Más éxitos de José Feliciano.

—— RodVen 3239 - 20 grandes éxitos.

Fernández, Ruth. DH 1032 - Canciones favoritas.

Flores, Pedro (cuarteto y orquesta). HQ 49 - Pedro Flores: 1938-1942.

—— HQ 72 - Pedro Flores: 1935-1938.

—— HQ 116 - Pedro Flores: 1933-1942.

G

González, Cheíto. DH 1025 - Entre las sombras.

González, Jerry (y Fort Apache Band). Sunnyside SSC 1036D - Rumba para Monk (1989).

González, Odilio. WS Latino SCCD 9308 - Penitencia.

Grupo Folklórico y Experimental Nuevayorkino. Salsoul 20-60012 - Concepts in Unity (1975).

Grupo Victoria. HQ 68 - Rafael Hernández.

H

Haciendo punto en otro son. DH 8065 - Haciendo punto en otro son: 1975-1986 Vol. 1

Hidalgo, Giovanni. RMM/Tropijazz 81056 - Worldwide.

**La marcha
de los jíbaros**

I
INDIA. RMM 82157 - India: sobre el fuego.

J
JIMÉNEZ, Andrés "el jíbaro". Cuarto Menguante DCM 85 - En la última trinchera.

JIMÉNEZ, Carmita. DH 1728 - Llueve, preludio para el amor.

JIMÉNEZ CANARIO, Manuel (ver en Varios, Puerto Rican Plenas).

JULIÁ, Raúl. CBS 38325 - Nine: The Musical.

L
LA LIBRE y Manny Oquendo. Salsoul 20-70012 - Increíble.

LA SONORA PONCEÑA. INCA 1045 - Lo mejor de la Sonora Ponceña.

LAVOE, Héctor. Fania JM-700 - Héctor Lavoe: the Fania "Legends of Salsa". Vol. 1

LEAVITT, Raphy y orquesta La Selecta. Multinational Inc 1541 - Grandes éxitos originales.

LEBRÓN BROTHERS. Cotique 1008 - Psychodelic goes Latin.

LOCO, Joe. TC 049 - His Piano and Rhythm - Mambo loco 1951-1953.

LÓPEZ, Virginia. BMG 43216-22812.

LOS HERMANOS MORENO. Combo 2116 - Sabor y romance (1996).

LOS HISPANOS. Westside 4108 - Tito Rodríguez presenta.

LOS PANCHOS. Globo/Sony 81537 - Los Panchos: ayer, hoy y siempre.

LOS PLENEROS DE LA 21. Henry Street 0003 - Somos boricuas.

M
MARÍN, Orlando (orquesta). Alegre 6015 - Se te quemó la casa.

MENUDO. BMG 74321-60819-2 - 15 años de historia.

MIRANDA, Ismael (ver Orquesta Harlow). Fania 396 - Abran paso.

MONGE, Yolandita. Sony Latin CD2T-80844/2-469558 - Antología Vol. 1

MONROIG, Gilberto. DH 8063 - Concierto de amor.

MONTAÑEZ, Andy. Vedisco 5053 - Cantando voy por el mundo entero.

MORALES, Noro. DH 1425 - Noro en su ambiente.

MORENO, Rita. Columbia 4051 - West Side Story.

MUÑOZ, Rafael. HQ 110 - Olvídame.

La marcha
de los jíbaros

N

NAZARIO, Ednita. Emi Latin HZ-7243-8-21432-22 - Por siempre Ednita.
NIEVES, Tito. RMM 82171 - Dale cara a la vida (1998).

O

ORQUESTA HARLOW. Fania 396 - Abran paso.
ORTIZ, Luis "Perico". TTH-NG 720 - Lo mejor de Luis "Perico" Ortiz.

P

PABÓN, Tony (y La Protesta). Rico Records 716 - Introducing Néstor
Sánchez.
PALMIERI, Charlie. Alegre 7003 - El gigante del teclado.
—— Musical Productions 6214 - Electro duro.
PALMIERI, Eddy. CD TICO 1403 - The History of Eddie Palmiery (1975).
—— RMM/TJ 82043 - Vortex.
PAOLI, Antonio. Bongiovanni 1117-2 - El mito dell'opera: Antonio Paoli.
POLANCO, Johnny. Tonga 7303 - La amistad (1997).
PUENTE, Tito. Concord Picante 4732 - Special Delivery (1996).
—— BMG-Tropical 2467 - Dancemania Vol. 1 (1957).

Q

QUIJANO, Joe (y su conjunto). Cesta 21000 - La pachanga se baila así.
QUINTANA, Ismael (ver Eddy Palmieri). CD TICO-1403 - The History of
Eddie Palmieri (1975).

R

RAMÍREZ, Louie. Dominion Entertainment - Lo mejor de noche caliente.
RAMITO (y otros trovadores). Ansonia 1226 - Navidad en el trópico.
RAY, Ricardo (y Bobby Cruz). Alegre 4500 - Se soltó (1966).
—— Alegre 8800 - Agúzate.
RIVERA, Chita. Jay 1265 - The Rink.
RIVERA, Danny. DH 8011 - 17 canciones de amor.
—— TH RVVD2-3214 - Oro romántico.
RIVERA, Ismael. TICO 1215 - Lo último en la avenida (con Kako y su
orquesta).
RIVERA, Mon. Vaya 54 - Mon y sus trombones.

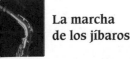

**La marcha
de los jíbaros**

RODRÍGUEZ, Felipe. DH 8055 FR - Los 15 más grandes éxitos.

RODRÍGUEZ, Johnny. HQCD-101 - Johnny Rodríguez 1935-1940.

RODRÍGUEZ, Lalo. Rodven-Polygram 531855 - Antología tropical.

RODRÍGUEZ, Pellín. DH 1515 - 15 grandes éxitos.

RODRÍGUEZ, Pete. Alegre 8550 - I like it like that.

RODRÍGUEZ, Pete "el Conde". Fania 489 - Este negro sí es sabroso.

RODRÍGUEZ, Tito. WS-Latino 4164 - Charanga pachanga.

—— WS-Latino 4050 - With love.

ROENA, Roberto. Fania 705 - Roena: the Fania legends of salsa collection.

ROJAS, Tito. Musical Production 6226 - Pa'l pueblo.

—— Performance Records 1442-2 - Así empezó la historia.

ROSARIO, Willie. Bronco 162 - The Roaring Fifties.

RUIZ, Frankie. Rodven 3109 - Oro salsero.

RUIZ, Hilton. Candid 79532 - Live at Birdland.

S

SANABRIA, Bobby. Flying Fish 70630 - N.Y.C. Aché (1993).

SANABRIA, Nacho. Multinational Inc 1549 - 15 grandes éxitos originales.

SÁNCHEZ, David. Columbia 095317 - Obsesión (1996).

SANTIAGO, Adalberto (ver Ray Barretto). Fania 403 - The Message (1972).

—— Blue Note 856974 - Contact (1997).

SANTA ROSA, Gilberto. Sony-Tropical 81647 - En vivo desde el Carnegie Hall.

SANTIAGO, Eddie. Rodven-Polygram 537809 - Mi historia.

SANTOS, Daniel. CD-BMG (México) 5378129 - Despedida - Orquesta y Cuarteto de Pedro Flores y Orquesta de Sociedad.

—— SEECO 9279 - Un brindis musical.

SANTOS, John. Bembé 2018-2 - ¡Machetazo!

SEXTETO BORINQUEN. Ansonia 1312 - El auténtico. Cantan Pompo y Mario Hernández Vol. 1 (1961).

SILVA, Mirta. Tumbao TCD 92 - La bombonera de San Juan.

SOMOHANO, Arturo. DH 1029 - Fiesta en San Juan.

SOPHY. DH 8002 - Versátil y temperamental.

T

TAÑÓN, Olga. WEA Latina 93307 - Mujer de fuego (1993).

TÍPICA 73. INCA 1051 - Rumba caliente.

La marcha de los jíbaros

V

Valentín, Bobby. Bronco 167 - Encuentro histórico: Bobby Valentín - Cano Estremera (1998).

Valle, Joe (ver César Concepción). SEECO 9322 - Joe Valle con César Concepción.

Varios. RMM-Sony 81126 - La combinación perfecta.

—— DH 1026 - Puerto Rican Plenas.

Vega, Tony. RMM 82096 - Serie Cristal: Greatest Hits of Tony Vega.

W

Wilkins. Globo 2176-2-RL - Una historia importante.

Y

Yayo El Indio. Petty 4104 - En sus mejores interpretaciones.

La marcha
de los jíbaros

Índice de Fotos

**La marcha
de los jíbaros**

La marcha
de los jíbaros

**La marcha
de los jíbaros**

La marcha
de los jíbaros

Índice Onomástico

**La marcha
de los jíbaros**

C

**La marcha
de los jíbaros**

**La marcha
de los jíbaros**

La marcha
de los jíbaros

**La marcha
de los jíbaros**

**La marcha
de los jíbaros**

La marcha
de los jíbaros

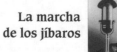

**La marcha
de los jíbaros**

**La marcha
de los jíbaros**

La marcha
de los jíbaros

**La marcha
de los jíbaros**

Q

R

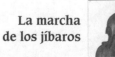

**La marcha
de los jíbaros**

**La marcha
de los jíbaros**

**La marcha
de los jíbaros**

**La marcha
de los jíbaros**

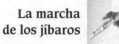

**La marcha
de los jíbaros**

Nota:

En el capítulo "La marcha comienza: la música y los músicos 'clásicos' en Puerto Rico durante el siglo XX", (p. 42-44), aparecen dos listas: una correspondiente a los cantantes líricos que se han distinguido desde el siglo XIX y otra a los maestros de canto. Dichas listas no han sido incluidas en este índice onomástico, ya que los nombres que en ellas se relacionan, se encuentran en orden alfabético.

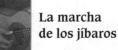

La marcha de los jíbaros

La marcha
de los jíbaros

Notas al disco compacto
del libro

Nuestro agradecimiento a los sellos disqueros y otras entidades que nos permitieron el uso de grabaciones de sus respectivos catálogos para este muestrario musical: los señores Pablo Aponte e Ignacio Mena de Disco Hits; Sr. Bruce Bastin de Harlequin; Fernando Montilla de Montilla Records, Jordi Pujols de Tumbao y Palladium; el Instituto de Cultura Puertorriqueña y el señor Arístides Incháustegui.

1. *Souvenir de Porto Rico: Marche des Gibaros: Marcha* (Louis Moreau Gottschalk). Grabada especialmente para este libro el 28 de septiembre de 1998 por el pianista puertorriqueño Félix Rivera Guzmán, quien debutó con la orquesta Sinfónica de Puerto Rico a los quince años y se ha vuelto a presentar con ésta y otras orquestas en Puerto Rico y los Estados Unidos. Como solista y ejecutante de música de cámara ha ofrecido conciertos en el Caribe, Estados Unidos e Italia, destacándose como intérprete del repertorio clásico y de la música autóctona. Recientemente grabó el disco compacto "Ensueño: piano recital by Félix Rivera Guzmán". Es la primera vez que un pianista puertorriqueño graba la música de Gottschalk. Esta obra sigue una estructura ascencional, como lo hace el Coro de los Peregrinos en la obra Harold en Italia de Berlioz, o La Comparsa de Ernesto Lecuona; o sea comienza en diminuendo o bajo volumen de sonido, y lentamente, como si los jíbaros fuesen acercándose y paulatinamente va aumentando el volumen y el tiempo hasta llegar a un clímax, en que el sonido empieza a disminuir nuevamente, cual si la marcha de los jíbaros se fuese alejando. Pero todo el tiempo se va escuchando el tema del conocido aguinaldo "Si me dan pasteles".

2. *Influencia del arte*: Danza* (Juan Morel Campos). Jesús María Sanromá, pianista. Grabada en 1957. LP del Instituto de Cultura Puertorriqueño ICP-AD XII Vol. 1. Escogida por Martínez Solá como la danza más representativa de Morel, en las manos prodigiosas de Sanromá.

3. *John Lahoud: Son* (L. Margueri). Conjunto La Plata, cantando Davilita. Grabado en Nueva York el 2 de abril de 1937. CD Harlequin 22.

**La marcha
de los jíbaros**

275

Compuesto como propaganda para el jabón del mismo nombre, su picaresca letra lo hizo escandalosamente popular. Hoy se pudiera cantar hasta en conventos...

4. ***Rhumba rhapsody****:* *Bolero* (Rafael Audinot). Noro Morales con
bajo, maracas, conga, timbal y bongó. Grabado en Nueva York en 1945.
CD Tumbao 36.

En abril de 1941, el Cuarteto Caney estaba grabando en Nueva York y
les faltaba un tema para terminar la sesión. Su director, Fernando Storch
le dijo al pianista, el boricua Rafael Audinot, "Vamos a grabar esa melodía que tu tocas cuando terminamos nuestro turno". Allí mismo la bauti-
zaron, y se convirtió en un standard de la música latina. En realidad ni es
rumba ni es *rapsodia*, sino un precioso *bolero* moruno, cuando Noro hace
precisamente eso, arabescos con la música.

5. *El santero: Pregón guaracha* (Claudio Ferrer). Cuarteto Marcano,
cantando Claudio. Nueva York, 1939. CD Harlequin 74.

Otro número de la solera neuyorquina. Los compositores como Claudio
sabían recoger el latido de su gente; contra tantos peligros, frío, caseros
explotadores, policías irlandeses, cobradores de impuestos, etc., era necesario el auxilio de toda la botánica y de todos los santos...

6. *Amor robado: Bolero* (Esteban Taronjí). Felipe Rodríguez, grabado en Puerto Rico, 1953, DH-1006

Uno de los grandes éxitos de Felipe en su época de oro, cuando cantaba a casa llena en el legendario teatro Puerto Rico de Nueva York, entre
otros. Y un extraordinario *bolero* de vellonera, de esos de cortarse las venas.

7. ***Qué chula es Puebla:*** *Corrido* (Rafael Hernández, música, Bernardo SanCristóbal, letra)). Orquesta de Rafael Hernández cantando Margarita Romero y Wello Rivas. Grabado en México, 1939, HQCD-68.

El único letrista que tuvo por un tiempo Rafael fue el español domici-
liado en México, SanCristóbal. Verdadero himno para los pueblanos como
lo atestigua el monumento al Jíbarito existente en dicha ciudad, y que tan
bien nos narra MacSwiney.

8. ***Almorzando con la Sonora:*** *Guaracha* (Daniel Santos). Daniel
Santos con la Sonora Matancera, grabado en vivo de programa radial de
La Habana (Radio Progreso), ca. 1949. Cubanacán 1707.

La alquimia alcanzada entre este conjunto y "el inquieto anacobero",
puede apreciarse al máximo en este número relajado, juguetón y en el

**La marcha
de los jíbaros**

que Daniel cambiaba muchas veces, en sus presentaciones en vivo, los comensales que disfrutaban del pollo, según las figuras conocidas que podían estar presentes en cada ocasión.

9. *Un pollo barín: Guaracha* (derechos reservados). Myrta Silva con la Sonora Matancera, grabado en vivo en La Habana, Radio Progreso, 1949. Cubanacán 1707.

El nombre correcto del número es: *Para que sufran los pollos*. Lo de Myrta y la Sonora fue amor a primera vista. Desgraciadamente, graba- ron poco, sólo cuatro números comerciales y algunos en vivo, como esta joya. Myrta aportó algo en su manera de cantar a la *guaracha* cubana que cautivó al público.

10. *Tanislá* (de la *zarzuela* Cecilia Valdés): *Tango congo* (Gonzalo Roig). Grabado en La Habana por Ruth Fernández y la orquesta dirigida por el maestro Gonzalo Roig, cn 1949. Montilla FM-118.

Cuando Montilla le propició al maestro Roig grabar la Cecilia Valdés, existían varias cantantes cubanas que habían desempeñado el papel de Tanislá en el escenario, pero el maestro prefirió a aquella joven puertorri- queña que a la sazón actuaba en La Habana. El resultado, tanto en este número como en el Popopo de la misma obra, fue antológico.

11. *Filomena Trinidad: Bolero* (Bobby Capó). Bobby Capó con or- questa, grabado en vivo en los 40 en la República Dominicana. Cortesía de Arístides Incháustegui.

Este *bolero* está basado en un hecho real, que nos narra Miguel López Ortiz en el capítulo dedicado a Quisqueya. Una de las cosas que distin- guía a Bobby como compositor e intérprete, era su capacidad de narrar bien una historia, como ésta.

12. *Nave sin rumbo: Bolero* (Silvia Rexach). Carmen Delia Dipiní, con orquesta dirigida por Rhadamés Reyes Alfau. Grabado en San Juan en la década del 70. DH-1412.

El lirismo único de las canciones de Silvia Rexach, tiene su precisa voz en la cálida y vulnerable de Carmen Delia.

13. *Tiemblas*: Bolero* (Tite Curet Alonso). Danny Rivera. Grabado en San Juan en 1984. DH DNAAD01.

No podía faltar un número de Tite, cantado por Danny y dedicado a la memoria del inolvidable Tito.

**La marcha
de los jíbaros**

14. *El timbal:* (Tito Puente). Tito Puente y su orquesta. Grabado en Nueva York entre 1949-51. Tumbao TC-18. Un vehículo para el virtuosismo de Tito y su orquesta.

15. *Cara de payaso:* *Guaracha* (H. Barbosa-L. Reis). Cortijo y su combo, cantando Ismael Rivera. San Juan, década del 60. DH-1055.

De las primeras grabaciones del binomio Cortijo-Ismael pero ya con el estilo y la garra que les diera fama.

16. *Génesis*:* *Balada* (Guillermo Venegas Lloveras). Lucecita Benítez. San Juan, 1969. DH CDXX13.

La canción con que Lucecita triunfara en el Primer Festival de la Canción Latina del Mundo, celebrado en México en 1969, y con la que comienza su carrera internacional.

17. *Lamento del campesino:* *Canción jíbara* (Roberto Cole). Chucho Avellanet con orquesta dirigida por Mandy Vizoso. Grabado en San Juan en la década del 80. LP ICP-MP-23.

Aunque Chucho ha cultivado siempre un amplísimo repertorio internacional, tampoco ha olvidado la música de su tierra, como este bello número de Cole.

18. *Serrana:* *Bolero moruno* (Roberto Angleró). El Gran Combo, cantando Andy Montañez y Pellín Rodríguez. Grabado en San Juan. DH-1551.

Cuatro ases en un tiro, cuando se reúne un compositor como Angleró, Los Mulatos del sabor, y el binomio insuperable de Andy y Pellín.

19. *El príncipe negro:* *Canción* (Rafael Hernández). Grabado en San Juan en la década del 60. Canta Pablo Elvira con orquesta dirigida por el maestro Rafael Hernández. Escrita en 1934. LPICP-MP1

20. *Guaguancó a Borinquen:* *Guaguancó* (Domingo Solís). Grabado en 1972. Tito Rojas. CDPRV-1442-2.

Aunque en este disco compacto hemos dado preferencia a la música más antigua, pues la contemporánea es más asequible para nuestros lectores, hemos incluido, para finalizar, un número representativo de los comienzos de la salsa, que ya también tiene sus años.

---

* © 1998 LAMCO (ACEMLA)

La marcha
de los jíbaros